创新社会管理
实施城镇化发展战略

Chuangxin Shehui Guanli
Shishi Chengzhenhua Fazhan Zhanlüe

罗炳锦 著

厦门大学出版社
XIAMEN UNIVERSITY PRESS
国家一级出版社
全国百佳图书出版单位

序

　　《中华人民共和国国民经济和社会发展第十二个五年(2011—2015年)规划刚要》提出"积极稳妥推进城镇化",2001年诺贝尔经济学奖获得者约瑟夫·斯蒂格利茨先生曾预言:21世纪初期,推动世界经济增长的两大引擎之一就是中国的城镇化发展。积极稳妥地推进城镇化,是转变我国经济增长方式,调整产业结构,保持国民经济持续稳步发展的非常紧迫和现实的问题,它已成为我国国家发展战略的重要组成部分。实施城镇化发展战略,是从国民经济发展全局的高度启动国内需求特别是农村市场的重要举措,可以有效地解决农业和农村经济发展中遇到的一系列深层次矛盾,有利于缓解人口压力与土地承载力的矛盾,提高土地使用效率和保护环境,为农村人口发展提供更大的发展空间。实施城镇化发展战略,对于转变农民生活方式和观念,提高农民素质,以城带乡、以工促农、城乡互动、协调发展,逐步改变城乡二元经济结构,缩小城乡之间的差距,建设社会主义新农村,解决我国"三农"问题和实现农村现代化都具有非常重要的作用。

　　实施城镇化发展战略,提高城镇发展水平,是一项涉及经济、政治、文化与社会建设的综合性、系统性工程,是推进人口聚居、产业、生态环境、基础设施、政府服务等的全面协调发展的过程。城镇化是一项惠民利民的系统工程,具有广泛而丰富的内涵,牵涉到多方利益关系,必然要对原来的利益结构进行调整改革,同时要尽可能地兼顾各方利益,在城镇化进程中将产生大量矛盾和诸多社会问题:规划如何处理好长远与目前、局部与全局矛盾? 基础设施建设如何处理好政府与市场的关系? 如何做到既要遵守国家耕地保护制度,又要切实尊重和保护农民和集体的土地权益？如何处理农民身份转换？如何建立和完善医疗保健制度、失业保险制度、住房制度、教育制度和就业制度社会保障体制，使进城农民无后顾之忧？这些矛盾和问题迫切需要创新社会管理来解决，这就要求我们必须坚持以科学发展观为指导，不断研究采取有效措施，通过科学规划、创新土地管理制度、创新投融资体制、创新户籍管理制度等等创新社会管理方式来解决城镇化进程中面临的各种各样问题。因此，城镇化进程中孕育社会管理创新，只有创新社会管理，才能较好地实施城镇化发展战略。

《创新社会管理 实施城镇化发展战略》是作者（罗炳锦）依据长期的相关理论研究和大量城镇化的实践经验（特别是漳州市城镇化的材料），理论联系实际，比较全面论述论证了创新社会管理，积极稳妥推进城镇化发展战略。《创新社会管理 实施城镇化发展战略》一书概述了城镇化和社会管理的基本内容，分析了城镇化和社会管理所面临的问题，提出了解决城镇化和社会管理所面临问题的对策。全书思路清晰，重点突出，侧重如何创新社会管理，推进城镇化发展战略。书中不乏新颖的观点，如"创新农村投融资体制 增添城镇化的活力"、"创新产业发展方式 构筑城镇产业支撑"和"创新土地管理制度 夯实城镇化的基础"；书中也有不少的实例论证，例如漳州市充分运用省政府有关实施农村土地整治和城乡建设用地增减挂钩的鼓励政策，围绕"三个集中"、采取"三种模式"、落实"三项措施"，扎实推进土地承包经营权的流转和土地的整合拆迁工作。本书具有一定理论基础，对实践具有指导意义。

肖　彪

2012 年 3 月

目　录

第一章

城镇化与城镇化发展战略

一、城镇化

(一)城镇化含义及特征

《中国百科大词典》对城镇化的解释为:"城镇化,又称城市化,是指居住在城镇地区的人口占总人口比例增长的过程,是农业人口向非农业人口转移并在城市集中的过程。"城镇化是农村城镇化的简称。对于城镇化的含义,不同学科和学者基于各自出发点的不同而有不同的理解。例如,地理学认为是农村地域转变为城市地域的过程;社会学认为是由农村生活方式转化为城市生活方式的过程;经济学认为是由农村自然经济转化为城市集约大生产经济的过程;人口学认为是农村人口转变为城市人口的过程。尽管不同学科理解的侧重点不同,但大家一致认为城镇化是一个过程,是指第二、第三产业在城镇集聚,农村人口不断向非农产业和城镇转移,使城镇数量增加、规模扩大,城镇设施渐趋完善、城镇功能日益强化、城镇环境不断变迁和改善、城镇生产方式和生活方式向农村扩散、城镇物质文明和精神文明向农村普及的经济、社会发展过程。城镇化是一种经济和社会现象,是社会生产力发展的必然结果,意味着从城乡分离走向城乡融合,最终实现城乡一体化。城镇化是经济发展的产物,是社会进步的产物,是民主、文明的凝结,是衡量一个国家或地区现代化程度的重要标志,占世界人口 1/4 的中国的城市化进程将是影响 21 世纪人类进程的一件大事。城镇化是一个历史范畴,也是一个发展中的概念,具有如下特征：

1.城镇化是一个历史的过程。世界上最早的城市出现于古代农业文明的发祥地——约旦河注入死海北岸的古里乔，至今已有 9 000 多年的历史；我国最早的城市产生于农耕文明兴盛的中原地区——河南省登丰告城镇附近，至今已有 4 000 多年的历史。从世界范围看，曾经兴起过三次城镇化的浪潮：第一次世界性的城镇化浪潮出现在我国的唐宋时期。建立在发达的农业经济基础之上，随着农业的发展、手工业与商业的繁荣、劳动分工与社会分工的细化，出现了大量规模不等的专业性城镇，我国的城镇化水平当时处于世界的领先地位。第二次世界性的城镇化浪潮出现在 18 世纪中叶。随着新大陆的发现，第一次工业革命、欧洲文艺复兴运动和第一次科技浪潮的兴起，蒸汽机、火车、织布机、电灯、电报、电话的发明，国际贸易的扩大，世界的交流变得越来越频繁和便捷了。伴随着生产力的飞速发展，人类文明进入了一个新的历史阶段，城市集聚人口的速度越来越快。工业化极大地推动了城镇化，工业化的提速往往伴随而来的就是城镇化的提速。19 世纪末 20 世纪初英国的城镇化水平已达到 65%。第三次世界性的城市化浪潮出现在 20 世纪中后叶。以资源、技术和资本集约为特征的现代经济发展，有力地推动了城镇化的进程。经济全球化、区域经济一体化、社会信息化、生活网络化，使城镇化进程处于历史上最为活跃的时期。到 20 世纪末，西方发达国家的城镇化率大都已超过 90%。

2.城镇化是非均衡发展过程。城镇化的发展不可能走均衡发展的路子，这是城镇化发展的一般规律。世界一些主要发达国家的城镇化道路是如此，一些新兴市场经济国家的城镇化道路是如此，东部沿海发达地区城镇化的成功实践也是如此。城镇化的发展不仅受环境、条件的制约，还要受禀赋资源的制约，不是想怎样发展就可以怎样发展，不是想什么时候发展就能什么时候发展，也不是想在什么地方发展就能在什么地方发展。发展条件、发展基础如何，对城镇化的推进有着举足轻重的作用。条件基础越好，发展底子越厚，城镇化的速度就越快；反之，条件基础越差，发展底子越薄，城镇化的速度就越慢。从我国的实际情况出发，必须坚定不移地走非均衡城镇化发展的路子，不可能整齐划一齐步走。有条件的、有环境的、有基础的、有潜力的地方，城市发展和城镇化可以加快一些；条件差些的、环境不太许可的、基础比较薄弱的、潜力比较小的，城市发展和城镇化要积蓄力量、积累条件、蓄势待发。城镇化更是一个漫长的渐进过程。

3.城镇化是一个质与量统一的过程。城镇化的质和量联系着经济发展、社会进步、民主文明的绝大部分成果。从量的角度看，城镇化是一个农村地域不断转化为城市地域,城市地域不断扩大和城市数量不断增加的"量变"过程；是一个农村人口不断转变为城市人口,城市人口规模不断扩大和人口密度不断增加的"量变"过程。但这一"量变"过程并非永无止境,"量变"到一定程度必定转变为城市化的"同化"过程。从质的角度看,城镇化的过程是农村不断被城市"同化"的过程,即城市的先进生产力、现代文明不断向农村传播与扩散,最终达到城乡协调发展的过程。这一"同化"过程就是城乡差别消失、城乡文明共享的"质变"过程。现代化的历史实质上就是农村工业化、城镇化的历史。

4. 城镇化的两大基本动力。城镇化的最根本、最核心、可持续的带动力是工业化,工业化带动城镇化；城镇化的最活跃、最积极、最富弹性的助推力是服务的现代化、服务业发展的多样化。从三次产业理论角度,第一产业是城镇化的原始动因,没有一产的快速发展,没有农村的工业化、城镇化,就没有完整意义上的、成熟的现代城镇化；工业化是城镇化的核心动因,没有工业化,就没有真正的、持续的城镇化,城镇化就没有物质基础和产业支撑,特别是对于像我国这样一个农业人口比重大的发展中国家。第三产业是城镇化的活力动因,现代服务业对城镇化是一个巨大的助推器,产业升级到一定水准,生产力发展到一定阶段,现代服务业和服务的现代化对城镇化的助推力比工业还要快捷、高速、富有成效。进入后工业社会后,服务业的现代化、个性化和多样化,成为推进城镇化的第一动力。

5. 城镇化运动规律。当城镇化刚刚起步时,发展往往较为缓慢；当城镇化率达到35%时,城镇化就进入快速发展阶段；当城镇化率达到70%时,城镇化就进入缓慢发展阶段。两头慢,中间快,城镇化进程呈现出"S"型的运动规律。第一次世界大战以后,一些西方发达的市场经济国家,纷纷进入城镇化的快速发展阶段,从20世纪40年代到70年代,发展达到顶峰。80年代以后,随着后工业化社会和知识经济时代的到来,成熟的、发达的市场经济国家的工业化已经完成,不少工业化国家的城镇化率超过了80%,有些甚至超过了90%。这些国家的城镇化趋势开始趋于饱和,速率大为减缓,城镇化速度进入缓慢发展阶段。进入20世纪60年代,一些新兴市场经济国家的城镇化进程明显加快,尤其是中国、印度、巴西、墨西哥、印尼、土耳其、南非、阿根廷等新兴市场经济大国,涌现了不少大城市、特大城市甚至超级城市。进入80年代后,城市人口的急速集聚主要发生在新兴市场经济国家,尤其是一些发展中的人口大国。

（二）城镇化的模式

1. 世界城镇化模式

城镇化的模式与世界各国政治经济体制、经济发展及人口、土地资源等条件密切相关。城镇化的模式从不同角度可划分为多种不同类型，以城镇化的"发展动力"为依据：一种是内力自生型，即由农村经济发展内在动力推进非农化，或由工矿资源基地开发推进非农化和工业化，进而推进城镇化的类型，同这种基本模式相对应的是由小到大顺序发展的城镇化趋势；另一种是中心辐射型，即在超先发展并成为经济中心的特大城市辐射下推动城镇化的类型，同这种基本模式相对应的是由大到小倒序发展的城镇化趋势。同时，依据不同的社会经济条件，可以由这两种基本模式派生出其他城镇化模式。以城镇的"空间结构"为依据：城镇化模式可以划分为：同心圆辐射模式，即以市中心为圆心，并在它的辐射下呈圆形波浪向四周扩展的城镇化模式；扇形扩展模式，即由市中心沿交通要道成扇形向四周扩展的城镇化模式；多核心板块对接模式，即由中心商业区、工业区、运输中转区、各类住宅区等多核心板块对接而扩展的城镇化模式；带状联结模式，即各个城镇像珠串一样由交通要道（如高速公路、铁路、河流等）联结在一起而扩展的城镇化模式。按照政府与市场机制在城镇化进程中的作用、城镇化进程与工业化和经济发展的相互关系、城镇化和非农化的程度，世界城镇化模式大致可以划分为两种：一是西欧、北美一些发达国家和日本的发达型城镇化模式，这实际上是后工业社会的发达型城镇化；二是亚非拉发展中国家的城镇化模式，属于发展型城镇化。不同国家、不同的城镇化模式所获取的成功经验和深刻教训，值得我们研究和借鉴，以下分别加以探讨。

（1）发达型城镇化模式。发达型城镇化是工业化与城镇化进程相互促进，城镇化与市场化、农业现代化、工业化总体上是一个比较协调互动的关系，是一种同步型城镇化，城镇化率大多在70%以上。其特点是：市场机制在这些国家的城市化进程中发挥了主导作用，政府则通过法律、行政和经济手段，引导城镇化健康发展。发达的市场经济国家在城镇化发展过程中，与城镇化进程相关的人口、土地、资本等经济要素能够自由流动和配置，市场机制发挥了主导作用。各国在城镇化的快速发展过程中，都不同程度地遇到了土地、住房、交通、环境和历史文化保护等方面的问题，各国政府强调对市场竞争和社会保障进行必要的国家干预，通过健全法制、制定和实施国家城镇化战略和公共政策，开发建设区域基础设施，改善城市环境，提供公共服务设施，引导城镇化与市场化、工业化互动发展,积极推进区域结构调整,正确应对快速发展的城镇化进程。在此过程中,通过体制机制的不断完善,针对各个特定阶段出现的问题及时调整政府政策,用行政、财税、规划等手段来弥补市场机制的不足。

(2)发展型城镇化模式。由于历史传统和现实因素的作用,亚非拉发展中国家的城镇化与这些国家长期沉陷为西方列强的殖民地直接相关。表现为在外来资本主导下的工业化与落后的传统农业经济并存,工业发展落后于城镇化,政府调控乏力,城镇化大起大落。其工业化发展赶不上城市化进程,属于"过度城市化"。城市化水平与西方国家接近,但经济水平是西方国家的1/10～1/20,城市发展质量很低。发展型城镇化的特点:(1)发展中国家的工业化所需要的资金积累主要来自于农业,农业剩余转化为资本积累一般有两条途径:一是让农民作为独立的商品生产者,通过市场机制(如通过银行储蓄)来让农业剩余转化为工业建设资本,这种途径政府一般不干预;二是政府通过农业税或工业产品的"剪刀差"来转化农业剩余。(2)发展型城镇化可以建立在第三产业、特别是传统第三产业过度发展的基础上,从而出现所谓过度城镇化问题。拉丁美洲的城镇化是这一方面的典型代表。20世纪60年代末,拉美工业只能吸收不到14%的劳动力(现代化部门低于8%);相反,第三产业却取得了长足的发展。1969年,服务业就业人口在全部经济活动人口中的比重为39%。所以,拉美的城镇化并不是以工业化的发展为前提,而是建立在服务业过度发展的基础上的。(3)发展型城镇化的城市经济具有明显的二元结构。即一方面是现代产业部门,另一方面是传统经济部门。(4)发展型城镇化的动力机制主要是推力而不是拉力,推力造成大量的贫困人口涌进城市。所谓城镇化的"推力"是指农村经济不发达,把大量的剩余劳动力"推"向城市;"拉力"指的是城市经济发展而产生对农村剩余劳动力的吸引力。发展型城镇化一般不像完成型城镇化,建立在高度农业现代化的基础上。许多国家在"唯工业化论"的影响下,忽视了农业的发展。一些农民为了逃避农村贫困和自然灾害的侵扰,而盲目涌进城市。从这个意义上说,这种城镇化的动力来源主要是农村的"外推"作用。(5)发展型城镇化一般面临两大约束:一是农村人口基数大的约束;二是严重的资源约束。完成型城镇化是在人口低速自然增长的条件下进行的,虽然也面临农村剩余劳动力的吸收问题,但在这种情况下,需要被吸收的剩余劳动力的基数相对小一些。发展型城镇化则是在人口高出生率、低死亡率、高自然增长率的条件下拉开城镇化序幕的,所以面临农村人口基数大的约束。(6)发展型城镇化使大量的贫困的农村人口涌入城市,城市中贫民占很大的比重。据统计,孟买生活在贫民区的人口占全体城市人口的45%

（1981 年），墨西哥为 40％（1980 年），马尼拉为 40％（1980 年）。

城镇化发展并没有一成不变的固定模式，探究国外城镇化发展过程，目的是总结经验、吸取教训，按照中国的国情和时代发展的要求，积极引导我国城镇化的健康发展。美国是当今世界最发达的资本主义国家，也是市场经济的典型代表，在其城镇化和城市发展的过程中，市场发挥着至关重要的作用。由于美国政治体制决定了城市规划及其管理属于地方性事务，联邦政府调控手段薄弱，政府也没有及时对以资本为导向的城镇化发展加以有效的引导，造成城镇化发展的自由放任，并为此付出了高昂的代价。其突出的表现就是过度郊区化，城市不断向外低密度蔓延，城镇建设无序，空间和社会结构性问题日益突出。我国的农田人均面积不足世界平均水平的一半。在可耕地少、人口分布不均、生态环境脆弱等国情条件下，必须吸取美国过度郊区化的教训。在当前城市化快速发展阶段，我国部分大城市已经开始出现居住郊区化的趋势，一旦出现类似于美国的情况，造成耕地减少、环境破坏、资源能源消耗过度，后果则会严重得多。亚非拉发展中国家的城镇化教训：一是城市发展与经济发展阶段不能脱节。城市工业发展和产业结构的合理对完善城市发展历程、提供城市就业具有极其重要的作用。由于亚非拉发展中国家早期的工业化发展源于宗主国的工业资本输入，政府没有利用好外资发展自身的民族工业。一旦宗主国工业资本撤出，没有本国工业做支撑，仅靠第三产业的发展不能增加社会财富，提升城市经济和物质文明，造成了城市经济的低迷；二是不能忽视传统农业的现代化和广大农村地区的发展。这些国家在依靠外国资本发展工业的同时，忽视农业现代化和农村的建设，加剧了城乡差距，导致大量农村人口涌向城市，使城市就业、居住、环境和教育设施不足的问题进一步恶化。所以政府应对城市化和城市发展进行有效的计划和引导，否则就会失控，包括对外来资本的进入也不能只是简单地接受。同时，要注重城乡统筹、协调发展。不解决制约社会发展的根本性问题，尽管经历了城镇化，也不会有社会的持续、和谐发展。

2. 中国城镇化模式

中国城镇化模式类型，主要包括如下几种：（1）内力自生型，城镇是依靠农村经济的发展，尤其是乡镇企业的发展而自行生长、形成和发展起来的，典型代表是浙江的温州模式；（2）中心辐射型，又可细化为完全开放型和内外结合型两个子类，前者的典型代表是深圳等经济特区模式以及珠江三角洲模式，而苏南模式是后者的典型代表；（3）资源基地增长型，典型代表有黑龙江大庆模式、新疆克拉玛依模式等；（4）政经中心扩张型，典型代表有京、津、沪、渝、穗等特大城市及其周边区域的联动发展。综观城镇化的多种模式,鉴于中国新农村建设与城镇化之间的诸多矛盾和问题,为实现城乡协调发展,"带状联结模式"和"中心辐射型"的城镇化模式可作为城镇化的主要参考模式。

(三)城镇化的作用

城镇化是人类社会发展的必然要求,城镇化是现代文明的重要载体,城镇化是生产力发展的重要动力,城镇化在人类文明进程中发挥着重要作用。

1.城镇化产生经济效益。一是城镇化基础设施建设能够产生经济效益。城镇化使居民和非农产业在城镇集聚,居民消费的发展需要文化设施、教育设施、娱乐设施,非农产业发展需要供水、供电、仓储、供热、交通、通信等基础设施,城镇化使这两类设施的公共使用就会节省大量成本,提高生产率和经济效益。二是城镇化提高劳动力素质和工作效率。城镇化所形成的人口集结,各种熟练劳动力、技术人员和管理人员的汇合,不仅使劳动力得到最合理的组织和最有效的使用,而且使企业人员更富有进取精神和竞争心理。这正如马克思所指出的"在大多数生产劳动中,单是社会接触就会引起竞争心和特有的精力振奋,从而提高每个人的个人工作效率"。这同农民分散的居住方式所产生的时间观念不强、进取精神不足、故步自封的精神风貌形成了鲜明的对照,城镇居民同农民在精神状况方面的差异,是城镇化转变了农村生产方式和生活方式决定的。

2.城镇化具有集聚和辐射效应。城镇化过程中,城镇集聚人口、集聚产品、集聚产业、集聚社会、集聚文化、集聚科技、集聚教育、集聚信息、集聚资金、集聚物流、集聚技术、集聚人才、集聚文明等;同时城镇又辐射产品、辐射产业、辐射社会、辐射文化、辐射科技、辐射教育、辐射信息、辐射技术、辐射文明。城镇的集聚功能和辐射功能是大体对等对称的。集聚功能越强,辐射功能也就越强;集聚功能越弱,辐射功能也就越弱。城镇作为城乡之间进行联系和交流的中间环节,不仅可以为城市提供从农村聚集而来的原材料、农副产品、初级日用品以及各种劳务,而且还可以为城市向农村转移产品、资金、技术、人才开辟广阔的市场,还可以接受城市更新换代但还有持续使用价值的技术、设备和产品,促进大中城市的产业结构向高、精、尖、新的现代化方向发展。城镇背靠大中城市,腹容广大农村,确实起到了城乡经济的结合部及联系和纽带的作用。它不仅促进了城市社区之间的要素交流,而且还促进了城市社区和农村社区的经济结构、政治结构、文化结构、人才结构、社会组织结构的互相渗透,促使城乡社区在功能上的互相补充。此外,城镇作为联结城乡的纽带,能够充分发挥其城乡经济的网络功能,促进城乡结合,以城带乡,以乡促城,建立城乡社区分工协作的社会经济统一体。

二、城镇化发展战略

世界银行原首席经济学家、2001 年诺贝尔经济学奖获得者约瑟夫·斯蒂格利茨先生曾预言:21 世纪初期,推动世界经济增长的两大引擎之一就是中国的城镇化发展。积极稳妥地推进城镇化,是转变我国经济增长方式,调整产业结构,保持国民经济持续稳步发展的必然选择,它已成为我国国家发展战略的重要组成部分。积极稳妥地推进我国的城镇化,对于从整体上提高我国人口素质,有效调节城乡二元结构,缩小城乡之间的差距,建设社会主义新农村,解决我国"三农"问题和实现农村现代化,必将产生深远的影响。

(一)我国积极稳妥地推进城镇化的战略意义

1.加快推进城镇化,是树立和落实科学发展观的必然要求,是构建社会主义和谐社会的必然要求,也是实现全面小康目标的必然要求。

科学发展观要求我们坚持"五个统筹",实现全面协调可持续发展。加快推进城镇化进程,是落实"五个统筹"的结合点,是实现全面协调可持续发展的着力点。城镇化步伐加快了,城市建设好了,能够有效增强工业对农业的反哺能力、城市对农村的辐射带动作用,促进农村人口向城镇转移,促进新农村建设,形成城乡协调互动、共同发展的格局;能够充分发挥城镇作为区域经济、政治、文化中心的作用,带动周边地区快速发展,推动区域经济一体化;能够依托城镇较好的经济基础,加快社会事业的发展,促进涉及人民群众切身利益的突出问题的解决,进而带动经济社会的协调发展;能够有效协调经济发展与人口增长、资源利用、环境保护、生态建设的关系,增强可持续发展能力,促进人与自然的和谐;能够带动改革的深化、开放的扩大,加快完善社会主义市场经济体制,更好地利用国际国内两个市场、两种资源。加快城镇化建设,让更多的农民实现身份、职业和观念的全新转换,能够缩小社会成员在财富分配、发展机会、享受公共服务等方面的差距,增强社会认同感,促进社会和谐;加快城镇化建设,把大量的农村人口变为城市居民,既可以转变旧有的生产生活方式,提高收入水平,享受现代城市文明,也可以使留在农村的人口提高资源占有水平,实现规模化和集约化经营,提高劳动生产率,改善生活质量,促进共同富裕,早日实现全面小康目标。

2.加快农村城镇化建设步伐是扩大内需、保持国民经济快速稳定增长的推进器。

改革开放 30 多年来,我国经济保持了年均 9％以上的快速增长,GDP 总量跃居世界第二位。我国之所以能取得如此巨大的发展成就,主要是依靠改革开放,调整工业化战略,发展以出口导向为主的劳动密集型产业。然而,当前国内外发展环境正在发生深刻变化,需要相应调整我国经济增长的动力机制。从国际看,一方面在国际金融危机爆发后,世界供求结构正在发生深刻变化,美欧等发达国家纷纷改变高负债的消费方式,政府缩减财政支出,居民降低消费率提高储蓄率,由此造成对劳动密集型产品的进口需求下降;另一方面,目前世界上一些发展中国家,如洪都拉斯、越南等,正在利用比我国更加低廉的土地和劳动力成本,生产与我国相同的劳动密集型产品,在美欧市场上对我国产品形成了明显的替代效应。这给我国继续依靠投资和出口拉动经济增长带来巨大的外部阻力。从国内看,国内市场上已出现产品相对过剩的状况,有效需求严重不足。纵观我国宏观经济形势,通过出口带动经济增长的作用也有限,政府迫切需要采取措施刺激国内需求,拉动经济增长。社会总需求不足,成为影响经济稳定增长的重要因素。但事实上,与发达国家的经济全面过剩有本质上的不同,我国目前的产品积压过剩属于相对过剩,除了供求的结构性错位引起的产品销路不畅外,更为重要的原因是相对于消费者购买力和消费力的过剩,尤其是相对于广大农村人口有限的购买力和消费力的过剩。由于农民收入长期徘徊不前,农民消费观念落后,使我国农村市场销售增长缓慢。农村人口恩格尔系数高达 52％,农民人均购买力和消费力不及市民的 1/3,农村社区因为公共基础设施较差,农民生活方式和消费方式难以发生质变。据研究,持续的经济增长往往与城镇化发展相伴而行。当一个国家和地区进入工业化快速发展阶段,"有活力的城市是增长的发动机"。加快城镇化,可以增加城市人口,扩大消费;可以拉动投资,推动工业和服务业发展;可以创造大量就业机会,增加群众收入;能够产生巨大的直接需求,同时还会创造巨大的投资机会。有专家测算,我国城镇化率每提高 1 个百分点,将增加 1 300 多万城镇人口,新增投资 6.6 万亿元。可见,加快城镇化是实现我国经济平稳较快发展最大的内生动力和坚实支撑,是转变发展方式、实现经济转型和扩大内需的重要突破口。加快农村城镇化可以成为启动农村市场乃至扩大整个国内需求的切入点:

(1)加快农村城镇化是增加农民收入的有效途径。加快农村城镇化进程,把部分农民转变成市民,通过减少农民的办法增加农民收入。这样,一方面,农民转移到城镇成为市民后,彻底割断了同土地的"脐带",耕地可以向种田能手集中,从而扩大农户的经营规模,提高生产效率,增加农民收入;另一方面,转移到城镇从事二、三产业生产的农民成为农副产品的购买者后,可以增加农副产品的需求量,有利于解决当前农副产品需求不旺,农副产品"卖出难"、"卖价低"等问题。

(2)城镇化将吸引大批农民进入城镇生产与生活,农民进入城镇转变为市民后,"脱下草鞋换皮鞋",不仅本身成为农副产品的消费者,而且,其消费方式还将发生质的变化。目前,我国一个市民的消费水平高于农民3倍以上,这就意味着全国城镇人口比重提高一个百分点,全社会消费品零售总额将相应上升1.4个百分点。

(3)加快小城镇交通、供水、供电、通信、文化娱乐设施等基础设施的建设,引导农民进镇建房、买房,可以直接带动建筑、建材、轻工装饰、机械、化工、家电等相关产业的发展。

(4)小城镇基础设施的建设和完善,可以有效地消除制约农民消费的障碍因素,带动家具、家用电器等生活消费品的相应发展,把农民的潜在购买力转变为现实的有效需求。

3. 推进城镇化是从根本上解决"三农"问题、打破城乡二元结构、促进城乡一体化发展的必由之路。

(1)农村城镇化为农民的彻底解放和自由平等权的拓展提供了现实的空间。新中国成立后,农民被剥削和压迫的社会地位发生了翻天覆地的变化,长期被压抑的农村生产力得到了解放。但令人遗憾的是,自50年代中后期起相当长的一段时期里,社会的发展是在农民被束缚于土地上和不断进行的过快的超越实际的农村社会改革(初级社、高级社、人民公社)的前提下进行的,政府实行城乡二元户籍管理制度和画地为牢的城乡隔离政策,这种强制性的制度安排实际剥夺的是农民与市民平等的发展权。近年来,我国为使广大农民分享改革开放成果,启动了村村通公路、通电话、通自来水、通广播电视等工程,实施了良种补贴、农机补贴、普九教育、低保医保和家电下乡等惠农政策。这些政策虽然能让农民得到实惠,但不能从根本上解决问题。加快农村城镇化建设步伐,开辟了新的就业门路,使大量的农村富余劳动力转移出来,进入城镇从事二、三产业,提高农业劳动生产率和增加农民收入,能够有效改善农村人口吃、穿、住、行等基本生活条件和生活环境,彻底改变农村文化、教育、卫生等落后现状,提高农民文化素质,促进农民迅速融入现代社会。加快农村城镇化步伐,让流入小城镇务工经商的农民取得城镇户口,不但实现了农民的职业转换,也实现了地域转移。而且城乡间劳动力的流动还可以带动资金、技术、信息等要素的流动,从而打破城乡相互隔绝的格局,使农村由封闭状态逐步迈上开放发展的道路。农村人口进城定居,可以享受城镇居民的物质文化生活,逐步改变农民传统的生产、生活方式和思想观念,逐步缩小城乡差距和实现社会公平。

(2)农村城镇化有利于农业可持续发展。通过农村工业化和农村城镇化,充分发挥城镇化"一头连着工业化,一头连着农业农村现代化"的双向带动作用,一方面把大量的农业劳动力转移到工业化的城镇中,另一方面依靠工业积累,采取"以工补农,以工建农"的形式,健全农业社会化服务体系,应用先进的农业技术,促进农业的规模经营,提高农业的土地产出率、劳动生产率和农产品商品率,并逐步实现农业的现代化。农村城镇作为农副产品的集散地,是农民进入市场方便可行的空间载体和农村产业化的龙头。

(3)农村城镇化的快速发展有利于城乡的沟通、城乡差距的缩小和城乡一体化目标的实现,使二元结构一元化。在政府支持的前提下,遵循市场机制,大力推进农村城镇化的发展,有利于形成彼此开放的城乡交流关系、国有企业和乡镇企业平等竞争的关系、平等的市民与农民身份、互动互助的工业与农业关系,从而有利于促进城乡关系的可持续发展。

4.农村城镇化有利于缓解人口压力与土地承载力的矛盾,为农村人口发展提供更大的发展空间,成为吸纳农村剩余劳动力的"蓄水池"。

在农业社会里,人口的生存主要依赖于耕地上的农产品产出,人口数量的不断增长对土地承载能力的要求不断提高,而土地资源的供给则几乎具有完全刚性约束。农村城镇化则是打破传统农业社会里人们单纯依赖耕地的结构转换,与农村城镇化同时进行的农村工业化可以从几个方面缓解农村人口压力和人地关系紧张的矛盾:一是新产业贡献,即工业产品的生产及其增长使人们获得了土地以外的生存消费品来源,即使是以农副产品为原料的加工业也因其对农业初级产品的精细深加工而产生了大量的附加值;二是人口空间转移贡献,即在工业化和城镇化的同时,越来越多的农业(农村)人口从土地上转移出去,留在农村地区的人口有了更大的发展空间,人地关系得以改善;三是在农村人口份额降低和人地关系改善后由于农业能够实现规模经营,农产品剩余(或农产品商品率)将可望大幅度上升,从而能够为城市人口提供更多的粮食和工业原料,继而促进农村工业化和城镇化的发展,形成可持续发展的良性循环。城镇化既可以缓和大城市人口过度集聚所产生的"城市病",又可以消除农村非农产业过度分散所产生的"农村病"。农村改革后大量隐蔽的农业剩余劳动力向非农产业转移,"离土不离乡,进厂不进城"的分散布局的农村工业化模式,在乡镇企业迅速发展的农村工业化浪潮中形成了农村工业"村村点火,户户冒烟"的格局,在沿海和内地一些地区引发了"工业乡土化,农业副业化,农村人口'两栖化',小集镇发展无序化,农村生态环境恶化,农民生活方式病态化"等"农村病"。而大量的农村劳动力"离土又离乡",从农村跨省跨地区流徙到沿海地区和大城市,形成声势浩大的"民工潮",也给大城市带来了巨大的压力,由于人口大量膨胀,有的城市出现了诸如交通拥挤不堪、住房价格上涨、环境污染恶化、失业率居高不下、贫富两极分化、社会秩序混乱等"城市病",依靠现有大城市来吸纳和消化农村剩余劳动力的想法是不现实的。顺应农村工业化发展和农民市民化梦想的需要,科学规划地大力发展中小市镇建设,加速农村城镇化进程,既可缓和大量农村人口涌入大城市引发的"城市病",又可以消除农村非农产业过度分散所产生的"农村病",如把每个县里基础设施较好、有一定规模和吸引力的中心镇作为农村城镇化的"龙头",通过城镇化建设成规模不同的中小城镇,就可吸纳农村剩余劳动力1亿多人。城镇化的快速发展,可以就近转移农村剩余劳动力,这是今后吸纳农村剩余劳动力的主渠道。

5.城镇化有利于转变农村经济增长方式、培植大批龙头企业。

(1)农村经济增长方式转变的根本出路在于农村城镇化。传统农业和乡村工业一般具有显著的分散性和粗放式生产经营特征,这种生产经营通常规模小、投入高、产出低、成本高、效益低、信息不灵、交通不便、多占土地、污染环境、劳动者素质和生产经营管理水平低下,在无强大外力作用的情况下,长期陷入低水平经营循环陷阱而难以挣脱。相对于封闭、分散的农村,城镇是资本、人力、技术、信息等各种经济要素的集聚地,同时还由于直接面向市场的竞争压力,有利于也会促进这里的生产经营活动的节约、高效、上规模与创新,新技术、新工艺、新产品、新行业不断涌现。第一,将分散的乡镇企业向交通方便、基础设施较完善的城镇适当集中,可以充分发挥城镇的集聚效益,可以集中治理环境污染,可以减少对耕地资源的占用,从而提高乡镇企业的经济效益、社会效益和生态效益,促进乡镇企业迈上新的台阶,推动农村经济增长方式由粗放型向集约型转变。第二,乡镇企业向城镇集中,农村人口向城镇转移,吸引农村人口到城镇务工经商,带动农村第三产业的发展,促进农村经济结构的进一步调整和升级。第三,城镇作为农村之首、城市之尾,是沟通城市与乡村的桥梁。城镇的快速发展,使农民能够方便地获得农业生产技术和市场需求信息,从而引导农民以市场需求为导向组织生产,调整农村经济结构,克服农业生产的盲目性。第四,城镇化的发展创新使得产业结构日趋高度化,越来越多的资源、资金密集型产业逐渐向新兴的智力技术密集型产业转变,越来越多的企业和行业由外延型扩张向内涵型发展过渡,越来越多的污染型企业和产品为新兴的生态型无公害企业和环保型绿色产品所取代。

(2)农村城镇化拓展了农业产前产后发展的空间,为孕育和培植大批龙头企业和农副产品交易市场创造了条件,成为农业产业化向深层次发展的载体。要解决分散经营的小农与千变万化的大市场的矛盾,就是要发展社会化的农业生产服务体系,延长农业链条,提高农产品附加值,实现"市场牵龙头,龙头带基地,基地连农户"的产业化经营。在实现农业产业化经营过程中,关键的一条是要建设好上联市场、下联农户的龙头企业,龙头企业活了,才能带动一大批农民致富。过去,为农业产前产后服务的龙头企业由于没有城镇作依托,企业经营环境恶劣,使企业市场信息不灵,资金技术不足,经济效益欠佳,难以带动农村经济发展。小城镇作为农村地区资金、技术、信息的聚集地,是龙头企业天然的载体和依托。通过大力发展小城镇,加强小城镇连接大中城市和辐射农村的功能,可以促进各种市场中介组织和农村社会化服务组织的发展,为龙头企业创造良好的经营环境,孕育和培植大批龙头企业和农副产品交易市场。许多地区正是通过"城镇兴龙头,农村建基地"的方式,充分发挥城镇在拓展农业产前产后发展空间方面的作用,取得了较好的社会经济效益。

6.城镇化有利于提高土地使用效率和保护环境。

(1)城镇化有利于提高土地使用效率。农村经济的工业化、非农化既是经济现代化过程出现的普遍现象,也是推动农村城镇化的根本动因。有人担心乡镇企业、其他非农产业及其就业人口和相关人口在城镇的集聚,势必会增长城镇建设用地,但只要城镇化建设中有效率、合理地使用土地,城镇化则是有利于提高土地使用效率的。一是可以节约非农产业用地。诚然,城镇基础设施及城镇非农产业的生产经营要占用相当数量的土地,但这种占用是为了满足非农产业生产经营活动在城镇集聚和发展的需要,在这部分被占用的土地上将创造出比它用于农业生产产出更大的价值和更多的社会财富,这种"以土地换发展"的城镇建设是必要和值得的,并且非农产业在城镇的集聚,比天女散花式地分布于广大的乡村更能共享基础设施,减少基建和项目的耕地占用,遍地开花的乡镇企业、千家万户的建房热、星罗棋布的小集镇的厂区、宅基地和公共设施占地明显大于同等规模的城镇建设用地。有人计算出过于分散的乡镇企业使用土地规模增加了约1/3,能源利用率降低了40%,资金利用率降低了20％左右,行政管理费用却增加了80％。二是可以节约居住用地。农村人口的城镇化会增加城镇建设占地,但在增加这部分占地的同时,却能节约更多的农村人口建房占地。根据管理部门的分析,每增加一个城镇人口需要占用的土地面积(包括就业和生活用地)是80～100平方米。而农村人均宅基地加上乡村建设用地,北方超过160平方米,南方超过100平方米,明显高出城镇建设和住房占地。农村城镇化水平每提高1个百分点,农村人均耕地就增加0.13亩,具有显著的正相关关系。

(2)城镇化有利于保护环境。城镇化使非农产业在城镇的集聚,集中于城镇的工业对环境的污染一般是点污染,比较容易集中治理,而分散化、乡土化的农村工业如小造纸厂、化肥厂、水泥厂等,是我国环境恶化的主要污染源,其粗放式经营所造成的工业污水、污气和废料大多采用直接排放,导致整个面的污染,不便于集中治理,不仅影响了居民的生活,同时还严重地影响了农业生产的自然条件,成为环境保护的突出问题和影响人体健康的主要因素。在生活污染防治方面也是类似的情况,城镇由于人口和生活区比农村社区集中和密集,可以有规模地兴建自来水、下水道、污水粪便垃圾处理设施,同时路面硬化建设和地面集中绿化也易于实施。

7.城镇化转变农民生活方式和观念,提高农民素质,增强可持续发展的"文化力"。

(1)城镇化提高农民素质,增强可持续发展的"文化力"。可持续发展是一种以人为核心的社会发展,可持续发展战略是一种以人为本的发展观。人文价值的高度追求、社会全面进步和人的自由全面发展是可持续发展的最终价值取向。农村城镇化对可持续发展的积极效应不仅体现为人口控制、经济增长,以及人口、资源、环境与经济的关系的表面协调化,而且还体现为它能够为可持续发展提供持久的"文化力"。城镇化是一批进城者的社会身份由"农民"转换为"市民",由"农业劳动者"转变为"非农业就业者",更重要的是能从文化上、素质上或者人的本质上将传统的农民改造为现代的市民。城镇化可以从如下几方面增强城镇人口适应可持续发展的"文化力":第一,转变生活方式。农民进入城镇后实现了多年的城市梦,在观念上觉得自己不再是"乡里人",而是已经转变为"城里人",同时还受城市社会规范的约束和老市民的示范作用,乡土粗俗的农村生活方式很快改变为文明卫生的现代生活方式,许多进城农民还在政府有关部门的引导下,争做文明的"城里人"、"街上人",积极参与周边市政设施建设,美化生活环境。第二,提高农民素质。城镇是一个竞争激烈与发展机会并存的非农产业集聚地,乡村迁入农民进入这一环境首先会摒弃乡村里的经验型农耕模式,转而培养适应知识技术型的非农产业的就业能力。在城镇里,昔日的农民为了生存不得不抖掉身上的泥土灰尘,重视文化学习和职业技能培养,提高自身素质。第三,激发农民的创新精神和冒险精神。城镇是现代文明的载体,是新观念、新技术、新信息的辐射源。农民进入城镇后,会极大地增加彼此的交往和接触,开阔自己的视野。在一个彼此竞争的社会,一个人只有不断超越自我,不断学习新的知识和技能,才能不被淘汰,才能在城镇立足。生活的压力和就业的动机会促使他们改变农村小富即安、不思进取的观念,而增强他们的创业冲动、攀比意识、竞争观念和敢冒风险的精神。

(2)城镇化有利于改造传统的生育观念和生育行为,引导人们有效地和自觉地实行计划生育。多子多福、养儿防老,早生早育、多生多育,这些是在传统农业经济土壤上孕育起来的刚性极强的生育观念和生育行为,也是导致今日我国人口压力不堪重负,严重威胁我国社会经济可持续发展的直接因素,农村计划生育工作成为"天下第一难事"。城镇化是从根本上改变传统生育文化和多生多育生育行为的治本之策。在农村城镇化过程中从农村迁往城镇的农民,绝不仅仅是完成了表面上的农民身份到市民身份的转变,而且是在工作性质、生活方式、生存保障、生活环境、意识形态等方面均会发生革命性的改变。在生育观念和行为方面会产生现代人口学教科书中所说的迁移人口的"生育适应效应",即农村人口迁往城镇后,因为城乡工作节奏的差异、城乡收入水平差距、城市生活方式及城市人口适应观念与行为对"新移民"的适应观念和生育行为的影响或示范作用,他们会在潜移默化的过程中自觉不自觉地逐渐改变传统的多子多福的生育观念,开始转变为增加孩子的智力投资和追求家庭生活质量而晚婚晚育、优生优育。

(二)新中国成立以来的城镇化进程

同国家的经济建设一样,我国的城镇化发展道路并不是一帆风顺的,也走过了一个十分曲折的演变过程,大致分为三个阶段:

1. 第一阶段:1949—1957 年。这是新中国成立初期和第一个五年计划期间,我国农村城镇化和城市规划开始起步和稳定发展。鉴于建国初期内忧外患的国家局势,我国决定集中力量建设以重工业为主的工业性城市,随着工业城市的建设,大批农村人口开始进入城市和工矿就业,成为城市的迁徙性人口,到 1957 年,城市人口比重提高到 15.4%,比 1949 的 10.6% 增加近 5 个百分点,市的基础设施建设在此期间也取得了长足的进步。1954 年颁布的《中华人民共和国宪法》明确规定了镇的设置;1955 年国务院颁布的《中华人民共和国关于设置市镇建制的决定和标准》则又进一步规范了市镇设置人口下限和具体条件,设镇标准为:"县级或县级以上地方国家机关所在地,可以设置镇的建制;不是县级或县级以上地方国家机关所在地,必须是聚居人口 2 000 人以上,有相当数量的工商业居民,并确有必要时方可设置镇的建制。"

2. 第二阶段:1958—1978 年。这一阶段我国城镇人口增长速度变化比较紊乱,总体上是"大起大落"的发展时期。21 年间城镇人口共增长 7 296 万人,城镇化水平由 15.4% 提高到 17.9%,平均每年提高 0.2 个百分点,仅为第一阶段的五分之一。

从 1958 年第二个五年计划开始,我国在城市开始了"大跃进"运动,在农村开始了人民公社运动。在 1958 年至 1960 年期间,由于"大跃进"和人民公社运动,工业化呈爆发式发展,中国出现了大批大炼钢铁的小城镇,农村劳动力爆发性地涌进城镇、城市,建制镇的数量大大增加,城镇人口由 1957 年的 9 949 万人上升到 1960 年的 13 073 万人,城镇人口比例在 1960 年达到 19.3%,比上一个时期提高了 4 个百分点,这是我国城镇化发展大冒进的时期。由于农村人口在短时间内大量涌入城镇和城市,超过了城市的负荷量,城市出现了供给不足和社会不稳定的状况。因此,在 1958 年,国务院颁布了《户口管理条例》,严格划分农业和非农户口,开始控制农业人口迁往城市,从 1961 年下半年开始,国家又实行了"调整、巩固、充实、提高"的方针,为了缓解城市人口压力,动员了近 3 000 万城镇人口下乡到农村参加农业生产,同时调整城市工业项目,提高设置市镇的标准、撤销部分市的镇建制,加之三年自然灾害,到 1965 年全国城市人口的比重骤降至 14%,城镇化表现为严重的"大落"。1966 年,我国开始进入"文革"时期,开始了知识青年上山下乡运动,据统计,从 1967 年到 1978 年,全国有 1 600 多万名知识青年"上山下乡"。同时,在工业建设方面,国家实施"三线"建设方针,由于"三线"工业基地比较分散,难以吸收更多的农村劳动力。因此,当时国家的大量投资并没有使农村人口向城镇人口的转化,根据资料统计,1976 年与 1966 年比较,工业总产值提高了 94%,但是城镇人口只增加了 13.8%,1966 年,我国城镇人口占总人口的比重为 17.86%,到 1978 年,这一比重仍然只有 17.92%,这是城镇化停滞不前阶段。

3. 第三阶段:1978 年至今。改革开放以来,我国进入稳步增长的城镇化阶段,一系列改革开放政策的贯彻执行极大地推动了城镇化的发展,城镇化率由 1978 年的 17.92% 提高到 2010 年的 47.5%,提高了 29.58 个百分点,年均增加 0.92 个百分点,有两三亿人口从农村迁往城市。其中,在 2000 年到

2010 年的 10 年间,城镇化速度进一步加快,城镇化率提高了 11.3 个百分点,年均增加 1.13 个百分点;城镇人口从 4.6 亿人增加到 6.3 亿人,年均增加 1 700 万人,其中大部分是由农村迁入的。可以说,过去 30 多年,中国经历了世界历史上规模最大、速度最快的城镇化进程,创造了世界城镇化新纪录。城镇化的迅速发展,成为推动经济社会大发展的强大动力,中国经济总量从改革之初的世界第 12 位跃居目前的世界第 2 位,创造了"中国速度"。

(1)20 世纪 80 年代的城镇化发展历程及特点:1978 年实行改革开放以后,政府对城镇化的发展给予了更高的重视。1979 年后,我国政府把小城镇建设纳入了政府部门的工作日程当中,1979 年 9 月中共中央在《关于加强农业发展的若干问题的决定》中明确指出:"要十分注意加强小城镇建设,逐步用现代工业、交通业、商业、服务业、现代教育科学文化事业把它们武装起来,作为改变全国农村面貌的前沿阵地"。1980 年 10 月,我国又提出了"控制大城市规模,合理发展中等城市,积极发展小城市"的全面城镇建设方针。正是在这样的战略思想指导下,在随后的 10 年时间里,农民自发建设小城镇的积极性空前高涨,中国涌现出以浙江龙港镇等为代表的数千个小城镇。1984 年十二届三中全会通过了《中共中央关于经济体制改革的决定》,这标志着国家将经济体制改革的重点转向了城市,对国有企业全面推行"拨改贷",深化企业"承包制",实施"利改税",推动了以轻工业为代表的城市工业的全面发展。城市工业的恢复性增长,推动了以福建晋江、湖北沙市、广东顺德等为代表的一大批中等城市的城镇化进程,有力地带动了我国中等城市的合理发展。在整个 20 世纪 80 年代,我国的城镇化发展历程是紧密围绕该时期的城镇化发展战略而不断向前推进的。

(2)20 世纪 90 年代的城镇化发展历程及特点:我国 20 世纪 90 年代的城镇化发展是以大力调整产业结构、地区经济结构和城乡经济结构为重点,其特点是由小城镇大问题转向小城镇大战略,再到积极稳妥地推进城镇化,由 1989 年的城市化方针转向大中小城市和小城镇协调发展的新的城镇化发展战略。进入 90 年代以后,我国的城镇化发展进入全面推进阶段,以城市建设、小城镇发展和普遍建立经济开发区为主要动力。城镇作为区域经济社会发展的中心,其地位和作用得到了前所未有的认识和重视,城镇发展空前活跃。1997 年爆发的亚洲金融危机,促使国家对经济结构进行调整,从而推动国家实施新的城镇化战略。1998 年党的十五届三中全会指出:"发展小城镇,是带动农村经济和社会发展的一个大战略,有利于乡镇企业相对集中,更大规模地转移农业富余劳动力,避免向大中城市盲目流动,有利于提高农民素质,改善生活质量,也有利于扩大内需,推动国民经济更快增长。要指定和完善促进小城镇健康发展的政策措施,进一步改革小城镇户籍管理制度,小城镇要合理布局,科学规划,重视基础设施建设,注意节约用地和保护环境",这些精辟地阐述了发展小城镇的重要意义,为未来的城镇发展指明了方向。在这种新的、比较宽松的历史条件下,城镇的开发建设在全国各地迅速展开。

(3)21世纪初至今的城镇化发展历程及特点:进入新世纪,我国的城镇化的进程步入一个新的阶段,即城镇化的发展不是盲目扩大城市规模,要更加注重质量。在这期间,我国制定并开始实施"十五"计划,在"十五"计划中,国家把城镇化作为是必须着重研究和解决的重大政策性问题来抓。"十五"计划强调的城市发展重点仍然是小城镇和中小城市,并特别强调,要"防止盲目扩大城市规模"。政策上的这种导向,使小城镇偏好形成了强大惯性。2002年党的十六大报告进一步将我国的城镇化发展道路定位于坚持中国特色的城镇化道路,实现大中小城市和小城镇的协调发展。2007年党的十七大提出了"走中国特色城镇化道路,核心是促进大中小城市和小城镇协调发展"的城镇化发展战略,提高城镇化的质量问题受到空前重视。如中央出台若干政策措施,要求解决农民工的养老、住房、子女教育、医疗等问题,并将其纳入城市财政的统筹范围,逐步解决农民工的"市民化"问题;中央及有关部门出台若干政策意见,希望通过加大保障性住房的供给力度来切实解决中低收入群众的居住困难问题;政府对公共交通、节能环保型住宅、城市公共基础设施、城市传统和历史文化风貌的保护、建设宜居城市等方面的工作都空前重视,并取得了较大进展。

(三)城镇化进程中面临的主要问题和挑战

城镇化是社会、经济、环境多因素交织在一起的复杂过程,必须循序渐进地逐步实现。客观分析我国城镇化过程中存在的主要问题,认真探讨城镇化进程中面临的挑战,对于提高城镇化的质量和效益,使城镇化又好又快发展是很有必要的。

1.城镇化过程中存在的主要问题

在加快农村城镇化过程中,一些地方出现"重数量、轻质量"的外延式扩张的倾向,把城镇建设情况与乡镇主要领导人的政绩乃至职务升迁联系在一起,从而使城镇化建设具有急功近利的色彩,而不是经济发展达到一定水平后水到渠成的结果。

(1)有些地方出现不顾条件一哄而上的快速城镇化倾向。一些地方政府单纯追求提高城镇化率,以为只要提高城镇化率就能繁荣经济,从而互相攀比指标,大量圈占土地,搞脱离实际、劳民伤财的"形象工程"、"政绩工程";有些地方不顾长远利益,不注重城镇的内涵发展,突破城市总体规划,盲目扩张,随意扩大城市建设规模和标准,热衷于办工业园区、开发区、大学城等,大量征用农民耕地,导致耕地锐减,土地资源使用效率低下。城市的兴起与发展有其自身的规律。所谓"市随路旺,城随市兴",一定发达程度的商品生产规模、供求集散规模、人口规模以及通畅的交通和信息渠道是城镇存在与发展的客观条件,市场的规模和功能决定着城镇的规模和功能。那些不具备城镇发展条件的地方,如果人为地建设工业区、建设大市场,只会事与愿违。只重经济指标,不重社会、环境效益,只重物质增量,不重系统和谐。从长期看,环境质量的恶化和自然力的衰微,必将制约城镇化战略长期的可持续健康发展。

(2)小城镇的规模普遍偏小。根据我国第一次农业普查资料,全国建制镇镇区平均只有1 221.1户,4 518.6人,镇区面积2.2平方公里。小城镇的规模小,必然造成对各生产要素的聚集效应差,缺乏投资和就业的吸引力,不仅难以把周边的资源吸引过来,对镇域经济也无法起到辐射作用,发展空间和辐射区域狭小,缺乏必要的产业支撑,使得城镇经济难以繁荣起来,城镇功能的发挥也受到极大影响,导致小城镇发展的后劲严重不足,并且不利于集中有限的财力加快农村城镇化建设的步伐,严重制约了城镇化的健康发展。

(3)忽视城市质量和功能建设。地方政府在干部考核机制的诱导下忙于上项目和招商引资,趋利性明显,不少地方政府为攀比城镇化率,用行政手段积聚城市人口,大量征地进行城镇形象工程建设,对政府服务、行政管理、社会保障建设、法制和规则建设、社会公平等关系城市质量的重要问题关注不够;政府的城镇管理水平不能适应城镇化快速增长的需要,表现在城镇交通、治安、贫困、教育、社会保障、资源耗费等多方面,政府职能的错位在一定程度上造成城镇化过于追求速度,忽视城市质量和功能建设。

(4)资金短缺导致政府的急功近利行为。在我国城镇化建设过程中,城镇政府一直承担着投资主体的重任,从基础设施到公用事业,从生产生活设施到各项社会服务设施等几乎包揽了所需资金的全部。但绝大多数城镇政府除了确保党政机关运转所需经费之外,根本没有用于搞城镇公共设施建设的财力,加上缺乏有效的投融资机制,不少地方小城镇建设资金严重匮乏,地方政府只能依靠手中的资源(包括行政资源)扩大资金来源,主要手段有贷款借债、"以地生财"和"集资建镇"等。有的地方超出自身力量贷款借债搞城镇建设,政府债务沉重,形成财政危机。"以地生财"与保护耕地的国策相矛盾,"集资建镇"

是杀鸡取蛋的发展方式,也不利于城镇化的长远发展。

(5)城镇规划不合理且随意更改。规划是小城镇建设和发展的蓝图,没有科学的规划,将给小城镇的长期发展和未来建设造成隐患。从全国情况看,大部分建制镇都有一个明确的规划,但相当一部分城镇的规划和落实中也暴露出一些问题,主要有:一是规划不完整、不全面。规划设计、城镇布局不尽合理,工业区、生活区、行政区、商业区等设置不尽合理,城镇建设过分注重外在形象,对文化内涵、城镇特色重视不够,缺乏个性和人文理念。二是随意更改规划的现象比较严重。乡镇一级主要领导的变动比较频繁,新领导上任后,对小城镇建设往往有自己的想法,从而对原有规划进行变动,频繁的变动使城镇规划缺乏长期性和严肃性。

(6)城镇管理体制不健全。现行的城镇行政管理体制是在人民公社改革完成、乡镇政府成立之后逐步建立起来的,基本沿袭了人民公社的运行模式,计划经济体制的色彩较浓。在市场化改革逐步深化、社会主义市场经济体制逐步建立过程中,小城镇管理体制存在的问题越来越突出。一是管理体制不健全。乡镇虽然是一级党委、政府,但许多职能部门,如工商所、派出所、供销社、电管所、粮管所、土地管理所等都是人财物统归县职能部门垂直领导管理,乡镇政府的职权十分有限,难以对乡镇经济社会的运行实施统一协调管理和服务。二是机构臃肿,人员严重超编。人员过多,人浮于事,工作效率低下,并导致农民负担屡减不轻,党群关系和干群关系紧张。三是党政不分,政企不分。主要表现党政机构重叠,职责不清,则权分离,以及以政代企,对企业事务干预过多等。

2.城镇化面临的挑战

(1)产业失衡。长期以来,我国第三产业一直比较落后,目前第三产业增加值占 GDP 的比重为 33% 左右,低于国际上同收入组级别国家近 20 个百分点。造成这种现象的原因之一就是我国城镇化发展缓慢。发展经济学指出,随着资本密集化程度的提高和科学技术的进步,现代工业部门创造的就业机会已越来越少,大量的农村劳动力将转移到城镇商业、服务业等第三产业领域。美国、日本等国经济发展实践也得出这样的结论,即城镇化水平与第三产业发展的相关性高于与第二产业发展的相关性,第三产业是城镇化的最大推动力。

(2)城镇化结构不平衡。一是人口城镇化和土地城镇化的不平衡不协调。土地的城镇化快于人口的城镇化,城镇建成区人口密度偏低、土地利用比较粗放。突出表现为城镇以一种粗放方式快速蔓延,大量占用耕地,也造成了大量的失地农民。这些失去赖以生存的土地的农民，没有能力在城镇就业，出现了一批种田无地、打工无岗、社保无着落的"三无"人员。二是人口结构的不平衡不协调。城乡人口年龄结构被逐渐倒置，进入城市的主要是农村的青壮年，留下的是老年人、妇女、小孩，在城市人口生产性提高的同时，农村老年人口的比重日益增大。因此，这种人口结构变化趋势意味着，城市得以延长人口红利期，是以农村人口结构扭曲为代价的，会带来了一系列社会问题。

（3）城乡发展不平衡。长期以来，我国实施的城乡二元隔离体制，在城乡之间存在有严格的户籍管理制度，使得城乡之间在就业、教育、医疗、福利、保险等各个领域都存在着制度上和政策上的不公平。这种不公平的社会管理制度，导致大量农民工不被城市接纳乃至受到歧视或伤害，享受不到应有的权利，自身的合法权益难以得到保护。虽然经过 30 多年的改革开放，农村经济得到较快发展，农业大量劳动力转移到其他产业，但城乡二元经济结构仍然没有得到明显改善。城乡居民收入水平、消费水平、生活质量等各方面差距都还比较大，城乡之间发展不平衡还很严重。今后 20 年要把 4 亿农民工转化为市民，必须进行一系列制度性变革，包括户籍制度、就业制度、土地制度、教育制度、医疗制度、住房制度、保险制度、财税制度、公共品供给制度等，任务相当艰巨。

（4）城镇化和农业现代化发展不协调。现代农业是以规模经济为特征的，农业生产规模的扩大，又是农业现代化的基础，只有大量的农业劳动力从农村转移到城镇，才能推进土地的集中和扩大农业的生产规模。而我国大量农村富余劳动力和有限城镇吸纳能力的矛盾将长期存在，专家曾测算 2020 年农村人口仍有 6.2 亿，如此庞大的农业剩余劳动力，限制了农村土地的流转和集中，使农业竞争地位难以提高，农产品供给就可能会出大的问题，从而就会制约城镇化的发展。

（5）城镇化与资源和环境的关系不协调。城镇化过程中，城乡建设与自然资源保护、历史文化资源保护之间的矛盾比较突出，建设性破坏的现象比较多。随着小城镇经济的快速发展，不少地区尤其是落后地区降低了引进产业的环保门槛，而一些大中城市为摆脱环境污染造成的困境，将其某些污染严重和难以治理的企业或部分产品的生产，迁移到邻近的小城镇，导致小城镇主导产业"三高"比例普遍偏高。另一方面，城镇化带来的人口聚集会引起有机物生态循环系统改变，破坏生态系统原有的内在循环平衡机制，城镇面临的水资源、能源、土地资源短缺和环境问题将更加突出。为提升现有 5 亿多城镇人口的生活质量，需要解决住房，文化教育、体育和商业设施，道路，交通，绿化，供水,排污,和环境保护等诸多问题,城镇面临的水资源、能源、土地资源短缺和环境问题将更加突出。

(四)积极稳妥地推进城镇化战略的思路

城镇化水平是一个国家工业化、现代化的重要标志。积极稳妥地推进我国的城镇化,是关系现代化建设全局的重大战略,是当前转变经济增长方式,调整产业结构,保持国民经济持续稳步发展的必然选择。十七届五中全会提出"坚持走中国特色城镇化道路,科学制定城镇化发展规划,促进城镇化健康发展"。农村城镇化建设是一个复杂系统的工程,在建设过程中会遇到许多问题和挑战,我们要以科学发展观为指导,解放思想,实事求是,大胆创新,勇于实践,一定能够破解农村城镇化进程中的问题,迎接农村城镇化进程中的挑战,实现农村城镇化的可持续发展。在积极稳妥地推进城镇化进程中,要重视和解决好以下几个问题:

1. 加快社会管理制度创新步伐,增强城镇化内在发展动力。城镇化是一个社会管理体制的大变革过程,这些变革涉及投资融资、土地管理、财政管理、社会保障、行政区划调整、户籍管理、项目审批体制和城镇行政管理体制等众多领域,改革的广度、深度、力度和创新程度,前所罕见。针对目前我国城镇化进程中存在诸多的制约因素,坚持社会管理创新思想,彻底解除旧体制的束缚,为全面提高我国城镇化水平提供制度支持,将是摆在我们面前的主要任务。社会管理制度创新是推进城乡一体化的动力,只有从体制改革、制度创新上着手,建立统筹城乡发展的保障体系,才能从全局上、根本上突破城乡分割的藩篱,促进公共资源在城乡之间均衡配置、生产要素在城乡之间自由流动,推动城乡经济社会融合发展。发改、财政、城建、国土、社保、农业、林业、公安等部门要根据我国实际,从城乡产业发展、财政管理、居民住房建设、土地经营权和林权流转、基础设施配套建设、农村居民养老和医疗等社会保障、户籍管理等各方面都制定出有利于城镇化发展的激励措施和具体政策,加快社会管理制度创新步伐,为城镇化发展营造联合的制度环境,为推进城镇化进程提供制度保障。如进行城镇建设用地制度创新,有效保护和利用土地资源;进行城镇建设体制创新,构建与完善民间多元化投资体制;进行农村土地流转制度创新,推进农业的适度规模经营;进行户籍制度创新,确立进入城镇农民的城镇居民身份;进行流动人口管理制度创新,提高流动人口的组织化程度;城镇行政管理体制改革创新,强化服务功能。政府的基本工作应主要集中于规划引导、政策制定、公共事务治理、生态保护、公共物品有效供给,发挥市场在项目资源、人口资源集聚、建设中的主导作用。

2.树立"以农为本"的农村城镇化建设理念,夯实城镇化发展的基础。2004年至2011年,中共中央连续八年发布以"三农"为主题的中央一号文件,强调了"三农"问题在中国的社会主义现代化时期"重中之重"的地位,"以农为本"就是城镇化建设要以有利于农业、农村、农民的发展为前提,才能更好地实现农村人口不断向城镇转移,第二、第三产业不断向城镇聚集,农村产业结构不断优化,有效推动农业、农村、农民的现代化进程,逐渐形成城乡经济社会发展一体化新格局。要加大对农业农村基础设施的投入,在我国工业化前期,经济社会的发展主要是农业贡献工业和城市,导致几十年来国家对农业农村投入严重不足。在推进城镇化过程中,落实十七届五中全会提出的"在工业化、城镇化深入发展中同步推进农业现代化"(即"三化同步")的战略和工作要求,既要克服冒进、盲目的城镇化建设,也不能忽视农业和农村的建设,实现"工业反哺农业、城市带动乡村",真正促进"三化同步"发展。现在我国经济社会发展已经达到了工业反哺农业的阶段,加大对农业农村基础设施投入已经势在必行。要着力破解传统农业向现代农业转变的制约因素,如:土地分散经营和资金短缺,不断提高农业机械化作业水平,加大农业科技创新的投入,延长农业产业链条,打造品牌农业,实现农产品的高效益,实现传统农业向现代农业的快速转变。要切实保障农民的物质利益和民主权利,这既是我国农村改革30多年取得巨大成就的根本原因,也是推进城镇化应当遵循的基本原则。必须切实把这个原则贯彻到城镇化进程的每个方面、每个环节之中,特别是要保障农民的土地财产权益、平等就业权益、同工同酬权益等。要有效解决农业人口就业和剩余劳动力转移,这是民生之本。在城镇化进程中,除了贯彻落实户籍制度改革外,还要不断创新体制机制,建立覆盖城乡的公共就业服务体系和社会保障体系,搭建就业平台,健全和完善农村社会保障体系,充分发挥城镇的教育和科研优势,整合培训资源,积极开展农业生产技术和农民务工技能培训,使他们掌握一定的知识和技能,增强农民科学种田和就业创业能力。要从统筹城乡发展、消除城乡二元结构的高度,进一步加强城乡一体化的公共服务体系建设,加快公共服务向农村延伸,积极推进城乡公共服务均等化。要按照经济社会协调发展的要求,大力发展农村教育、卫生、文化、体育等社会事业,加快推进城市公共服务向农村延伸,使城乡群众共享现代文明。要整合城乡资源,加快建设城乡一体的商贸流通体系,使城乡之间真正做到"货畅其流",促进城乡共同发展、共同繁荣。

3.协调做好三产之间的发展,为城镇发展提供产业支撑。城镇的发展离不开产业支撑,但产业的发展要以资源消耗少、环境污染小、科技含量高、经济效益好为前提,发展低碳、节能、环保的绿色产业,绝不能为了追求经济效益而盲目发展。要对现有的乡镇企业进行积极引导,通过合并重组、鼓励科技创新等方式提高企业的升级改造,要按照市场需求、国家产业政策和本地资源优势,合理调整产业结构,提高产品在市场的竞争力。有条件的地方,可以申请规划工业产业集中区,通过工业小区建设促进企业集中连片发展,形成产业集聚群,建立起有利于吸引投资和保证入区企业正常生产经营的政策环境,并保持政策的连续性和稳定性,工业小区内部的人员和机构设置要精干,运转要灵活,办事要高效。同时也要制定相关政策,发展优质的服务业,创造好的发展环境,做到产业之间良性互动,协调发展。大力培育主导产业,城镇化进程中要尽早树立建造主导产业的强烈意识,充分挖掘和发挥当地的自然、经济、区位、地理、人文、技艺、资源等等优势,扬长避短,尽快选择和确立自己的主导产业;已经初步形成主导产业的城镇,要不断发展壮大,真正形成有广泛影响、规模大、质量高、效益好、带动性强的主导产业。

城镇可选择确立的主导产业有以下一些类型:一是基础农业型,主要是围绕农业产前产中产后进行系列服务,形成农产品的贸工农和产加销城镇,在平原地区和城市远郊农业为主的小城镇可着力向这方面发展;二是工业主导型,城市近郊有工业基础,特别是已经形成拳头产品或形成工业集团规模的城镇,应当以此为重点,培育主导产业;三是商业贸易型,有自己特色商品资源的小城镇,可以通过建设或改善市场设施,拓宽交易范围,增大市场容量,发展成为区域性小商城;四是旅游开发型,有名胜古迹、历史文化遗产或靠山靠海的小城镇,可加强吃、住、行、游、购、娱乐设施及软环境建设,形成休闲、度假、观光、购物的旅游型小城镇;五是交通枢纽型,处于交通要道的小城镇,可凭借运输方便、信息快捷、流动人口多的优势,建设产品集散基地或运输量大的工商企业,并搞好三产配套,形成新型城镇;六是海洋开发型,沿海的小城镇可围绕海字大做文章,诸如海洋捕捞、海水养殖、海产品加工等等,形成以海洋渔业为中心内容的主导产业;七是资源采掘型,有矿藏资源的小城镇,应当尽快将资源优势转化为商品优势,以采掘为龙头,带动运输、加工工业共同发展,形成矿务小城镇。城镇都可以依据各自的优势,形成不同特色的主导产业,关键是善于发掘、组织和利用。

总之,城镇化建设的定位规划必须清晰,即应立足当地资源禀赋特征与优势,体现特色经济、产业支柱和生态文明相统一的原则,探索以特色经济与生态文明建设构建产业支柱,以产业支柱推进城乡一体的能够凸显特色与差异化城镇化建设模式,建立城镇化三次产业统筹发展机制,促进城市资金、技术、人才、管理等生产要素向农村合理流动,优化农村产业结构,形成城乡产业分工合理、区域特色鲜明、生产要素和资源优势得到充分发挥的产业发展格局,走城乡经济发展统筹、融合、协调发展之路。

4.认真做好和落实城镇的规划,确保城镇化的可持续发展。制订和落实城镇发展规划时应遵循以下原则:

(1)科学性。规划的制定要严肃认真,要发动社会各界广泛讨论,调研论证。科学规划要根据当地资源、产业、区位、文化等现实状况和优势特色,充分发掘未来发展的潜在能力,才能正确定位城镇化的发展方向,明确城镇的功能定位、城镇发展的规模和城镇内的空间布局。科学规划要有前瞻性,要具有对未来农村发展的融合性,同时又要考虑区域内的协调性。

(2)权威性。要维护规划的权威性,坚持规划所确定的城市性质和发展方向,必须加强城镇体系规划的法律地位和指导作用,体现和落实城乡统筹规划、区域协调发展的战略决策。不能"首长频频换,规划跟着变",发展规划一经确定,即具有法律效力,任何人不能随意更改,任何人也不能随意建房、建厂。坚持以规划指导建设,统筹规划城乡发展,正确处理城镇数量、质量、布局的关系。城镇作为资源、人口的一种配置途径,其形成和发展必然遵循生产力发展的一般规律,应注意城镇化建设中的政府行为过度问题,避免将城镇化建设单纯视为政府项目、政府工程,避免建设中不切实际的"大跃进",避免政府大包大揽。

(3)衔接性。注意城镇规划应同本地区经济社会发展战略及长期规划相衔接,加强城市总体规划与各类专业规划,尤其是土地利用总体规划、自然资源和生态环境保护规划、综合交通体系规划和环境规划等的相互衔接,切实搞好对城镇生产力布局、资源利用、产业结构调整、土地有效利用、人口合理分布、基础设施建设、社会公用事业发展和生态环境保护等方面的综合安排。要坚持近期建设与远期发展相结合、相衔接的原则,坚持快速推进与可持续发展的战略方针,倡导循序渐进,尽可能发挥市场的选择机制,尽量减少不必要的建设指标、建设进度的行政化设置与考核,尤其是在涉及百姓投入的重大事项上,要充分考虑乡镇居民的实际承受能力,坚决克服在城市建设和城市发展上的盲目蛮干、急于求成、好大喜功等不切实际、违反科学的决策和行为,坚决防止不顾长远、只顾近期建设等短视行为,确保城镇化的健康推进。

(4)协调性。小城镇规划必须正确处理经济发展同人口、资源、环境的关系,走可持续发展的路子。编制高起点、高品位的城镇化建设和发展规划,就要统筹规划城乡人口发展、土地利用、城镇村落布局、基础设施建设、产业聚集、环境保护、生态涵养等,把"城乡一体、资源共享、协调发展"作为重要原则贯穿到城镇化建设总体规划中。在推进城镇化过程中,要始终把加强生态环境保护放在首位,注重人与自然的和谐,无论是经济发展,还是城市建设,首先要充分考虑重大生态环境保护问题,坚持把推进城镇化与保护好、建设好、发展好生态环境有机统一起来,坚持资源节约和环境友好的基本原则,全面推行绿色建筑、绿色交通和低碳生态城,努力建设资源节约型、环境友好型城镇,实现生态文明、经济文明和社会文明协调发展。

(5)特色性。各地区必须从省情、市(县)情、镇情的实际出发,分类指导,因地制宜,走具有自己特色的城镇化发展道路。尤其要突出两方面特色:一是产业特色。要因地制宜,立足区位、资源等优势,扬长避短,正确定位,大力培育主导产业,力求突出自身产业特色,如企业发展型、商贸流通型、农业产业化经营型、旅游开发型等。二是环境特色。要充分利用城镇自然生态环境条件,在规划布局上使山、水、城融为一体,建筑与环境紧密结合,要显山露水、依山傍水,创造出一个个独具特色的城镇。充分重视建筑的整体美和建筑形式的多样性,避免千篇一律,千城(镇)一面。

(6)超前性。城镇规划要放眼未来、面向现代化,要充分考虑社会经济发展的长期趋势,避免刚刚建成,又感到落后,再花更大的代价重新改建。例如乡镇的合并规划。合并乡镇是解决我国城镇普遍偏小,对资源的集聚能力普遍较弱,促进城镇化的重要措施。乡镇的合并不是简单地把几个乡镇合并在一起,要尽可能按照经济区域来进行,不能平均化,合并时就要尽可能把处于同一经济区域的乡镇归到同一行政区域,而不要人为割裂,通过乡镇合并使经济资源配置效率达到最大化,使合并后的小城镇能够根据本地资源真正形成明确的主导产业。

第二章

社会管理与社会管理创新

一、社会管理

（一）社会管理的内涵

长期以来，人们对社会的内涵有不同的理解，对管理的内涵有不同的看法。因此，对社会管理的内涵就形成了不同的认识和界定。社会有广义和狭义两种理解。广义的"社会"指的是以物质生产活动为基础而相互联系的人们活动的总体，它是一个具有复杂结构的有机整体，包括政治、经济、文化、教育、外交等社会活动的各个领域；狭义的"社会"指的是与政治活动、经济活动等相区别的以人的生活为中心的广泛领域，主要涉及人的生育、迁徙与流动、教育、医疗、卫生保健、劳动与就业、社会福利与社会保障、社会组织、社会治安等领域。管理是指主体以法律或道德赋予的权威为后盾，对相关的客体进行规范和制约的行为。管理和服务不同，管理需要权威为后盾进行，服务则不需要。从这个角度，可以很好地理解政府的社会管理职能与公共服务职能的区别。社会管理也有广义和狭义之分。在我国，"社会管理"作为一个相对独立的概念初步形成于 20 世纪 80 年代初期，人们通常在两种意义上使用这个概念。狭义的观点认为，社会管理是政府职能的重要组成部分，是指国家通过制定一系列社会政策和法律规范，对社会组织和社会事务进行规范和引导，培育和健全社会结构，调整各类社会利益关系，回应社会诉求，化解社会矛盾，维护社会公正、社会秩序和社会稳定，维护和健全社会内外部环境，促进政治、经济、社会、文化和自然协调发展的一系列活动以及这些活动的过程。广义上的社会管理不限于政府的社会管理职能，它还包括其他主体以及社会自身的管理，是多元主体以多样化形式进行的上述活动以及这些活动的过程。总之，社会管理主要是政府和社会组织为协调利益关系、化解社会矛盾、维护社会秩序、促进社会公正，依法对社会生活、社会事务和社会组织进行的管理、规范、组织和协调。社会管理既是一个过程，也是一种活动。这个过程是政府机构、社会力量和公众互动的过程，是执行和制定社会政策和法规的过程，是社会成员生活质量不断提高、社会和谐发展的过程；这种活动是管理活动，也是服务活动。要准确把握社会管理的定义，需要对社会管理主体、内容、方法、模式和目的有正确的认识。

1.社会管理的主体。正确把握社会管理的主体，解决好"依靠谁"的问题。传统的社会管理强调政府作为唯一的主体自上而下的对社会事务进行规范和制约，政府是唯一的公共利益的提供者，计划一切事务，管理一切事务，把管理当成单纯的控制，把群众当成单纯的管理对象，不可避免的产生低效率和不利于社会稳定的现象。广大人民群众是国家和社会的主人，人民群众是社会发展的主体和决定力量，也是社会管理的主体和依靠力量，所以应该把群众当成社会管理的主体，充分调动人民群众自我组织、自我管理、自我教育、自我服务的积极性和主动性。中国共产党的各级党组织始终是社会管理的领导者，这是中国社会管理的最大优势。各级政府作为公共权力机关，加强社会管理是其主要职责。中国社会管理的一个特色就是政府主导，政府在社会管理过程中具有不可替代的地位。而由人民群众结合形成的各种各样社会组织相比国家，更能敏感地捕捉到不同人群的多样化的需求并且给予有效满足。政府更强调基本的公平，市场更强调效率性，社会组织更强调公益性。所以，政府应该通过和各种各样的社会组织通力合作对社会生活进行规划和管理，发挥多元主体的协同、自律、自治和互律作用，真正形成社会管理的合力。

2.社会管理的主要内容。我国的社会管理以实现好、维护好和发展好最广大人民的根本利益为宗旨，旨在通过健全和完善维护群众权益机制，改善民生的制度安排，发展各项事业，使发展成果惠及全体人民。与此同时，根据改革开放关键期的特点和社会主义初级阶段的主要矛盾，协调社会关系，缓解社会矛盾和冲突，促进社会认同，维护社会稳定，是社会管理的重中之重。社会管理任务的复杂性，决定了管理领域和管理事项以及管理内容的丰富性。社会管理的基本任务是规范社会关系、处理社会问题、规范社会行为、化解社会矛盾、促进社会公正、应对社会风险、促进社会稳定。"社会管理"的具体内容包括"建设服务型政府,强化社会管理和公共服务职能";"推进社区建设,完善基层服务和管理网络";"健全社会组织,增强服务社会功能";"统筹协调各方面利益关系,妥善处理社会矛盾";"完善应急管理体制机制,有效应对各种风险";"加强社会治安综合治理,增强人民群众安全感";"加强国家安全工作和国防建设,保障国家稳定安全"。社会管理的核心是保护、维护群众的权益,促进社会公正。这是一个价值尺度,没有社会公正,协调利益关系、规范社会行为就谈不上。没有社会公正,社会问题、社会矛盾就难以化解。规范了行为,协调了关系,化解了矛盾,处理了问题,目的是保持和促进社会的和谐稳定。

3. 社会管理的方法。社会管理与行政管理有很大的不同。行政管理是运用国家权力对社会事务的一种管理活动。它是运用正式制度的方式(行政、法律、制度等)进行公共社会事务的管理,带有明显的强制性;行政管理既管理社会的公共事务,又执行阶级统治的政治职能,其主体是政府。社会管理主体除了政府,还有社会组织,它既用正式制度的手段也用非正式制度的手段对社会事务进行管理,例如道德、伦理、习俗、宗教等,具有强制性和非强制性二者结合的特点。适应社会管理内容和管理事物的现实要求,社会管理要达到理想的效果,其方法与手段绝对不是单一的,在运用行政手段进行管理的同时更多地运用法律规范、经济调节、道德约束、心理疏导、舆论引导,发挥各种主体的特点和优势,规范社会行为,调节利益关系,减少社会问题。社会管理过程中,在特定的境遇绝对不可缺少强制手段,但更多的管理手段则侧重于协调和参与。寓服务于管理之中,以人为本,服务优先。同时在社会管理的环节和重点上,治本与治标、事后救济与源头防范合理布局。

4. 社会管理的模式。现代社会的管理模式主要有政府主导型模式、市场管理模式和社会自治管理模式。不同历史时期的社会管理体制是不同的。改革开放以来,我国经济社会各领域都发生了深刻变化,原有的计划体制下政府统管一切的社会管理方式已经不适应市场经济条件下的社会管理需求。改革开放之后,根据国内外形势的发展变化,我们不断加强和改进社会管理,有力推进了社会管理改革创新。经过长期探索和实践,我国初步形成了党委领导、政府负责、社会协同、公众参与的社会管理格局,也就是政府主导加上社会自治的管理模式,从整体上看,我国社会管理格局与我国国情和社会主义制度总体上是适应的。

5. 社会管理的目的。社会管理的目的在于满足人类多样化的需求,协调社会生活系统组成部分的利益,通过制定社会规则,包括法律、法规、政策,尤其是社会政策,并通过一定的手段执行,尤其是公共财政和司法,来实现建立在公平正义价值基础上的社会秩序和社会进步,促进社会和谐。在这方面,社会管理与微观经济管理有很大的不同。经济管理主要是对社会经济活动进行合理组织、合理调节,它包括两大方面:宏观经济管理,即国家对国民经济体系和社会经济活动的控制、指导、调节、监督;微观经济管理,即各类企业、合作经济组织、个体劳动者的经营管理,经济管理的目标和价值取向是强调以最小的成本获得最大的利益,强调的是个人利益最大化。社会管理的目标和价值取向是为了公众利益,强调公共利益的最大化。为了社会共同利益,为了社会的公平、正义,强调社会的公共性而不是个人的、家族的、利益集团的、特殊阶层的利益。

(二)新中国成立后社会管理的实践过程

我们党历来高度重视社会管理工作,以毛泽东同志、邓小平同志、江泽民同志为核心的党的三代中央领导集体和以胡锦涛同志为总书记的党中央,团结带领全党全国各族人民,在不同历史时期分别做了大量卓有成效的奠基性、开创性工作,初步形成了中国特色社会主义社会管理体制。

1.1949年到1977年。1949年中华人民共和国成立,中国共产党由革命党转变为执政党,从推翻旧世界转变为建设新世界。新中国刚刚成立,所以社会管理的主要任务在于改造旧社会,建设新中国,稳定新政权。中国共产党领导建立了地方各级人民政权,进行剿匪斗争和镇压反革命运动,打击不法投机资本,建立国营经济和新的经济秩序,完成反封建的土地改革和各项民主改革,恢复国民经济,开展民主建政和民族工作,开展宣传思想工作和教育文化事业的改革,开展"三反"、"五反"运动,实施过渡时期的总路线,基本完成农业、手工业和资本主义工商业的社会主义改造,全面建设社会主义。这阶段社会管理的实践是建立起高度集中的、政府包管一切的社会管理体制,这种管理体制具有以下几个主要特征:一是政府是中国社会管理的唯一主体。政府进行社会管理的手段主要是行政性手段,而管理方式是自上而下的"指挥式"和"控制式"。政府不仅通过统一计划、统负盈亏、统购统销、统收统支,建立起高度集中的计划经济体制;也通过干部统一调配、职业身份统一确定、人员统一安置、社会事务统一部署、一切社会活动统一组织等,建立起以政府为中心的全能社会管理体制。政府分别取缔、改造、重组了各种原有的公会、行会、同业公会组织,发展共产党领导下的总工会,组建妇女联合会等适应社会生活和公共管理需要的社会组织,社会本身基本上没有相对独立的发展空间。二是单位制和街居制是社会管理体制的主要载体。"单位"既是工作组织,也是我国解决各种社会事务和落实社会管理控制任务的基层组织体系。无论是行政单位、事业单位、企业单位,还是农村人民公社,都隶属于一定的政府部门,社会的各类组织,都是政府的一个个下属"单位"。在计划经济体制下,"单位"既是中国社会的基本组织单元,也是我国社会管理的基础。在这种体制下,国家机关、企事业单位、人民公社,都成为一个个"大而全"或"小而全"的单位组织,也成为一种把各种社会问题化解在基层的机制。政府通过街道—居委会体系,管理社会无工作人员、闲散人员、民政救济和社会优抚对象等,街居体制实际上是起一种社会管理的辅助作用。三是以单位制度、户籍制度、职业身份制度和档案制度为基础的社会流动管理体制。为了使社会高度组织化和有序化,在计划经济体制下社会管理的目标,就是使一般社会成员的就业和居住尽量固定。以单位制度、户籍制度、职业身份制度和档案制度为基础,严格限制社会成员在城乡之间、单位之间和不同职业身份之间的一切自由流动。一切国家所需要的人员流动和人口迁移,都是按照统一的计划有组织的进行。四是进行思想教育和社会主义改造。要求在全党以至全国人民中间开展对马克思列宁主义理论和社会主义思想的学习、宣传和教育活动。要求协调好十大关系,把国内外一切积极因素调动起来,为社会主义事业服务。扫除各种社会弊病。改造旧文化,荡涤旧社会留下的污泥浊水,明令禁止娼妓制度,严禁毒品,严禁赌博活动,打击妓院老鸨、毒贩和赌头等。这种在计划经济体制下形成的政府全能的社会管理体制,改变了旧中国社会一盘散沙的状态,建立起高度统一的社会秩序,极大地增强了国家对社会的组织动员能力和控制能力,为我国在非常薄弱的经济基础上调动一切资源完成工业化体系的建设,发挥了积极的作用。然而,这种社会管理体制也存在固有的弊病,党政不分、政企不分、国家与社会不分,政治生活与经济生活不分的社会管理体制,政府承担了过于繁重的社会事务,社会的主动性和积极性受到压抑,社会自身缺乏自我组织、自我管理、自我调节的机制;另一方面,所有社会成员都被管理在一个个相对封闭的单位中,阻碍了正常的社会流动,使社会缺乏活力和创造力,基层社会自我管理的能力没有得到充分发挥,从而严重影响了社会的协调和健康发展。

2.1978年到现在。1978年12月,中共十一届三中全会召开,开启了改革开放历史新时期。党的第二代中央领导集体坚持解放思想、实事求是,科学评价毛泽东同志和毛泽东思想,彻底否定"以阶级斗争为纲"的错误理论和实践,把党和国家的工作中心转移到经济建设上来、实行改革开放的历史性决策,确立社会主义初级阶段基本路线,走自己的路,建设有中国特色的社会主义。

《光明日报》一篇关于真理标准问题的大讨论,首先在思想上对人们进行了一个解放,为改革开放奠定了思想上和理论上的准备工作。农村实行的"家庭联产承包责任制"冲破了"三级所有、队为基础"的国家对农村的社会管理体制,打破了政府单一中心的社会管理格局;农民自发组建的村民委员会,标志着中国社会管理"自我治理"的开始。党的第三代中央领导集体高举邓小平理论伟大旗帜,接力推进改革开放伟大事业,创建社会主义市场经济新体制,开创全面开放新局面,谱写了中华民族自强不息、顽强奋进的新的壮丽史诗。随着社会主义市场经济体制的建立和完善,进一步激发了市场和社会的活力。国有企业改革不断深化,外商投资企业逐步增加,民营企业发展壮大,党政不分、政企不分的问题已经逐步得到部分解决,城市的"单位人"开始向"社会人"转变,标志着中国社会管理社区自治精神的回归。以胡锦涛为总书记的党中央,面对复杂多变的国际环境和艰巨繁重的改革发展任务,带领全国各族人民高举邓小平理论和"三个代表"重要思想伟大旗帜,战胜各种困难和风险,开创了中国特色社会主义事业新局面,开拓了马克思主义中国化新境界。胡锦涛提出了"坚持以人为本,树立全面、协调、可持续的发展观,促进经济社会和人的全面发展",按照"统筹城乡发展、统筹区域发展、统筹经济社会发展、统筹人与自然和谐发展、统筹国内发展和对外开放"的要求推进各项事业的改革和发展。科学发展观的提出,为社会管理提供了新的理论指导思想,标志着中国的社会管理真正的开始以公平正义和服务作为主导价值,并且更加强调服务,强调了民本化、人性化、科学化、规范化、民主化的社会管理理念。提出构建社会主义和谐社会,标志着服务型政府已经成为中国行政体制改革的目标选择。建设服务型政府,就是要让政府由全能型管理型向有限服务型政府转变,由政府本位、官本位体制转向社会本位、公民本位。这阶段社会管理的实践是对社会管理体制进行了一系列改革,取得了显著的成就:一是提高了人民群众的生活保障水平。通过对社会管理体制的一系列改革,改变了把社会成员的工作和居住固定在相对封闭的空间中的状况,极大地促进了城乡之间、单位之间和不同职业岗位之间的社会流动,调动起广大人民群众的潜能、创造力和工作积极性,逐步发挥了各种社会组织的积极作用,人力资源的配置效率有了显著提高,增强了对公共产品和公共服务的供给,基本满足人民群众在教育、医疗、文化生活等方面不断增长的生活需求,完善了对流动人口、生活困难群体和失业者的保障体系和管理体系,提高了人民群众的生活保障水平。二是维护了社会的基本和谐稳定。通过对社会矛盾管理机制的改革,改变过去把社会矛盾政治化、人民内部矛盾敌我化的做法,在改革发展中注重协调各社会阶层和利益群体的利益关系,统筹考虑和准确把握最广大人民的根本利益、现阶段群众的共同利益与不同群体的特殊利益的关系,正确处理各种人民内部矛盾。通过加强食品药品安全监管、生产安全监管和社会治安综合治理,保证了我国在快速发展中的生产秩序和社会生活秩序,维护了社会的基本和谐稳定。

(三)我国社会管理面临的主要问题

从社会变迁的角度看,中国社会已经进入"黄金发展机遇期"和"社会矛盾凸现期"并存的快速转型阶段,这个阶段经济社会形势的一个突出特征,就是经济持续快速发展、政治保持总体稳定、社会问题多发凸显。真正适应社会变迁和转型的需要,符合和谐社会建设需要的社会管理体制还远没有建立,我国社会管理体制还存在不少问题,主要表现在以下几个方面:

1. 利益分化矛盾突出。利益分化已经成为我国经济社会转型期的突出问题,目前影响社会和谐的利益分化主要表现为以下几个方面:

(1)社会各阶层利益分化。党的十一届三中全会以后,伴随着改革开放和社会生产力的发展,作为我国社会结构重要方面的社会阶层结构发生了十分深刻的变化。原有的工人阶级、农民阶级、干部和知识分子的简单阶级阶层结构,现在已经转化成由许多不同利益诉求群体组成的复杂多样的社会阶层结构,产生了个体户、私有企业主、外资企业的高管、民营企业的科技人员、各种中介组织从业人员和自由职业者等新的社会阶层,他们中许多人是从工人、农民、干部和知识分子队伍中分离出来的。即便是同一社会阶层中,经济社会地位和利益诉求也有了很大差异,如在工人队伍中,有垄断行业职工、外资企业职工、一般竞争行业的城市工人,还有农民工等等。不同的社会阶层形成了不同的利益群体,各利益群体分别占有自己的位置,从而构成多元化的利益主体结构。从现实情况看,各阶层利益群体的收入差距在进一步扩大,利益矛盾日益显现出来,使得利益关系呈现复杂多样的面貌。尤其需要注意的是,当前阶层结构出现了一些新变化,各阶层的社会地位出现了固化趋势,阶层向上流动困难;一些社会阶层群体相对社会地位下降,出现失利阶层和失意阶层,强势阶层与弱势阶层出现。社会各阶层因为利益分化而相互排斥现象突出,利益格局调整所引发的矛盾、冲突和群体性事件日益增多。

(2)城乡利益分化。现代化的一个核心任务是城镇化,我国农业人口数量庞大,实现城镇化需要一个相当长的历史过程。在这一历史过程中,由于城镇化水平低,造成"小马拉大车"现象。农村、农业和农民在现代化、工业化中逐渐被边缘化,城乡居民的收入差距以及经济总量逐步拉大,城乡矛盾越发明显。据统计,1978—2008年,我国的城乡收入差距由1978年的2.57∶1扩大到2008年的3.31∶1。同时,农村居民在就业、社保、教育、卫生、文化、福利、环保等公共事业方面与城市居民差别日益明显,社会公共事业及其基础设施远远落后于城市。城乡居民利益分化不断扩大,会使农民群众产生不满情绪,使一些本可以妥善解决的具体纠纷,往往演变成群体性冲突,影响社会稳定。

(3)地区利益分化。我国幅员辽阔,各地资源禀赋和发展条件不同,同时都富起来不可能,在发展水平和收入水平上存在一定的差异是正常的。但我国区域之间居民收入水平和福利水平差距过大且呈现扩大的趋势,这种差距不仅表现在东部沿海、西部地区、东北地区和中部地区等大区之间和行政区域之间,也表现在发达地区与各类问题区域之间,比如资源枯竭地区、老少边穷地区、生态脆弱地区等等。这种地区差距的存在与扩大,必然造成区域干部群众心理上的严重不平衡,不利于增强各地干部群众的凝聚力,也不利于调动各地干部群众共建和谐社会的积极性。

(4)行业利益分化。近年来我国不同行业之间的收入水平呈现扩大的趋势。石油、烟草、电力、电信、金融等具有国有垄断性质的行业职工的平均工资增速明显快于各行业平均水平,工资以外的福利水平更是令一般行业望尘莫及。在市场经济条件下不同行业之间存在收入水平差距是一种正常现象,但问题是很多收入差距不是由于高收入行业提高经营管理水平带来的,而是利用其垄断地位抬高价格来获取暴利,或者利用行政权力低价甚至无偿占有公共资源,获得超额收入。民意中国网和搜狐网的新闻中心对4 965人进行的一项调查显示,97.5%的人认为当前行业收入差距偏大,其中78.4%的人表示"非常大"。受访者认为收入畸高的行业分别是:金融(88.2%)、电力(84.8%)、能源(72.4%)、房地产(68.9%)、通信(60.4%)、党政机关(52.9%)等。这种情况如果不能及时加以调整,不仅会导致收入水平的严重失衡,而且会成为滋生腐败的重要根源,影响社会的和谐稳定。

(5)劳资利益分化。在市场经济条件下,利润最大化是资本的直接追求,工资最大化则是劳动的直接追求,劳资双方各自作为一种独立的利益主体在结合的过程中,发生摩擦和碰撞是不可避免的,尤其是在非公有经济组织中。我国由于劳动力过剩和就业压力大,再加上我国劳动者组织、保护劳动者合法权益的法律法规不健全,企业人力资源管理不到位,政府监管不到位等原因,在劳资博弈中,劳动者往往处于弱势地位。在这种情况下,侵害劳动者合法权益的事件经常发生,例如资方拖欠和克扣工人工资、无偿延长劳动时间、非法雇佣童工、不改善工作环境等问题普遍存在,从而严重侵害了劳动者利益,造成劳资关系紧张，成为影响社会和谐的重要因素。2010 年，以南海本田工厂为代表的一些以加薪为目标的集体停工事件，产生了"蝴蝶效应"，波及沿海其他地区，全国先后发生数十起规模较大的集体停工事件；同样在 2010 年，短短 6 个月的时间里，富士康集团接连发生 11 宗员工坠楼事件，共造成 9 死 2 重伤，这些都是劳资利益分化尖锐的表现。

2. 管理缺失问题凸现

（1）社会管理的观念落后。一是没有真正树立服务型政府观念。传统"官本位"、"权力本位"、"政府本位"的思想仍然存在。政府职能转变不到位、放权不够，政府习惯于对社会进行控制式管理，习惯用自上而下的行政手段来管理社会。而公民和社会组织的社会自治管理能力不高，还没有真正成为政府职能转移的载体，发育仍然显得迟缓，成长也受到约束，难在社会管理中发挥积极的主动作用。这就导致政府社会管理部门权力高度集中，不能适应快速转型期对社会管理的要求，政府的社会管理职能无法真正有效履行。有些地方政府并没有真正打造服务型政府，而是想方设法突出政绩，常常举债做政绩、社会化做政绩，而在思想和工作中常常忽略群众利益。如在社会管理中，有一些干部还是习惯于运用高压的"硬"手段，不习惯用沟通协调、道德约束、自律互律的"软"手段。二是片面追求经济增长，导致经济社会发展失衡。我国各级政府在很大程度上还是生产投资型政府和经济建设型政府，奉行 GDP 主义，单纯追求经济指标，政府掌握的公共资源多投向经济性公共服务领域，较少投向社会性公共服务领域，不重视社会建设，有效的社会管理缺位。在做大"蛋糕"的同时，没有及时跟进分"蛋糕"的规则和秩序，致使经济与社会发展不协调，一面是经济保持高增长，另一面社会持续高风险。目前，社会上大量出现的矛盾纠纷、群体性事件甚至包括一些恶性案件，可以说就是对这种"经济高增长、社会高风险"问题的集中反映和极端表现。三是社会信任基础缺失。市场经济条件下人们的价值理念发生深刻变化，与这种变化相适应的社会道德和诚信体系建设却滞后于变化。在利益格局重建的过程中，社会上各种思潮、意识此起彼伏、相互激荡，这既促进了人们思想观念的更新进步，也引发不少民众出现思想上的困惑与混乱。一些人没有精神信仰、道德底线，唯利是图、荣辱不分、是非不辨的怪现象层出不穷，信仰危机、道德危机、信任危机呈蔓延之势，成为导致诚信缺失的重要因素。而权钱交易、权力寻租、"潜规则"盛行等腐败消极现象，则进一步侵蚀社会的信任基础。心浮气躁的"一窝蜂"，急功近利的"一夜暴富"、"一夜成名"，盲目攀比的"奢华风"，狭隘极端的"偏执狂"，冷漠麻木的"看客"等不良社会心态也不时出现，有的还比较严重，在一定程度上影响了社会的和谐稳定。

(2)社会管理的基础薄弱。一是社会管理政策法规体系没有形成。社会转型促进了经济的发展,显著地改善了民生,但也带来社会行为规范和价值观念的变化。对个人利益的追求获得了正当性和合理性,但约束、监督追求个人利益的行为规范却没有建立完善;社会生活和生产行为的复杂性大大提高,适应这种复杂性的社会管理政策法规没有及时出台。如对社会组织的管理,社会组织作为新生事物,发展迅猛,新情况、新问题不断出现,目前还没有一部关于社会组织管理的基本法律,国务院1998年颁的《社会团体登记管理条例》和《民办非企业单位登记管理暂行条例》及2004年颁布的《基金会管理条例》已明显不适应社会组织管理工作的需要;社会生活和社会事务的专门法律也比较缺乏,《社团法》和《民法典》的法律还没有制定。二是社会管理人才严重缺乏。社会管理人才来源于政府和社会组织。一方面是政府社会管理人才队伍建设薄弱,社会工作教育力量不足,社会工作教育师资队伍总体水平不高,人才培养层次较低,社会工作教学规范化程度较低。社会工作者队伍发展缓慢,社会工作人才总量不足,社会工作人员薪酬水平低,队伍不稳定,极大阻碍了社会工作的发展。另一方面是社会组织的发展空间有限,作用有限,社区的自治能力弱。我国现行的社会组织管理体制具有"分级登记、双重管理"的特点,这种双重管理体制大大限制了社会组织的发展,也限制了社会组织中社会管理专业人才发挥作用。三是社会管理的投入仍然偏低。一方面,公共财政体系还没有建立,政府财政预算普遍缺乏社会服务项目;另一方面,政府购买社会服务的机制尚未完全建立,政府资金很少投向公益类社会服务组织和专业化社会服务机构。在社会服务和社会工作上,还没有形成政府、市场和社会多元投入机制。我国"社保、救济、教育、卫生"等社会性公共服务支出只占公共财政的16.1%,政府用于社会性公共服务的投入仍然偏低,导致基本民生供给滞后,特别是在教育、医疗、保障房建设等关系基本民生需求的领域,投入明显不足,有的方面还过度推行市场化、产业化,迷信市场机制作用可以替代服务型政府的功能,致使"上学难、上学贵""看病难、看病贵""买房难、买房贵"等问题更加突出。一些低收入、低文化、低年龄的弱势个体、群体,其"失落感"、"挫折感"、"无望感"加重,甚至有个别人员用极端犯罪行为来报复社会,造成极为恶劣的社会影响。

(3)社会管理的方式落后。随着经济体制的深刻变革,我国社会生活的组织方式也发生从"单位人"到"社会人"的变化。一方面,随着在一些工作单位中普遍实行"住房自有化、就业市场化、社会保障社会化、后勤服务市场化"等改革,作为传统管理体制基础的"单位组织",其把社会问题解决在基层的能力弱化,有些单位组织则彻底解体;在这种情况下,造成政府往往要直接面对分散的个人,治理的摩擦成本大量增加,自上而下社会事务的贯彻和落实,自下而上社会问题的调解和解决,都受到阻碍。比如税收、治安、民政、社保、就业、卫生防疫,以及征兵、献血这样的社会事务,现在仅靠"单位"已很难贯彻落实;另外基层发生的一些社会纠纷和社会矛盾,现在无法"解决在基层",对老百姓来说,"打官司"成本太高,而且相当一部分群众"信访不信法",而找基层政府反映诉求,现在又强调政企分开、政社分开,所以越级上访、到北京上访的现象越来越突出,群众上访和地方政府拦截上访形成尖锐冲突。另一方面,全国范围内人口的流动性大大增强,新经济组织、新社会组织大量涌现,手机用户和网民数量不断上升,互联网等新兴媒体影响力迅速扩大,对社会大众的价值观念和行为方式产生深刻的影响。面对这些新变化带来的新挑战,如何解决好诸如"社会人"、流动人口、"两新"组织、社会治安、虚拟社会等具体领域的服务管理问题,我们的管理理念落后,与开放、动态、信息化的社会环境不相适应,与维护国家安全和社会和谐稳定的新形势新任务不相适应。

(4)社会管理的机制问题。一是利益协调机制不畅,导致群体性事件激增频发。在利益整合机制上,仍然是政府主导,缺乏社会协同和公民参与。公众参与的方式还比较有限,从而制约了公民参与的热情。比如,在听证制度上,听证范围不合理,听证程序不完善,听证结果偏向举办部门,使公众参与流于形式;在利益诉求机制上,利益诉求机制不畅,导致群体性事件激增频发。近年来,不少地方的群体性事件呈现数量高发、规模扩大、对抗性增强的特点。从群体性事件"萌发—酝酿—爆发"的过程来看,在老百姓和政府之间缺乏一个畅通、有效的利益诉求和回应机制,一方面老百姓缺乏理性表达不满的渠道,另一方面政府缺少及时了解情况和提早化解问题的途径,使解决机制中没有必要的"减压阀"、"缓冲器",大量利益矛盾得不到很好的疏导,导致大事不能化小,而小事易于积累、激化变成大事,最终升级为群体性事件。二是收入分配机制还不完善。中国的贫富差距继续拉大,城乡间、行业间、人群间收入分配不公、差距过大。我国目前收入差距格局,有许多不同于一般国家的特点:首先,我国是在平均计划分配制度基础上演变成收入差距较大的国家,在这过程当中,分配状况和政策取向变化很大,群众对收入分配的看法分歧也很大。其次,除了市场分配的差距,在国家财政的再分配方面也有很大差距,如不同地区之间同级公务员的工资水平也有很大差距,不仅群众对分配差距过大的状况有意见,干部群体对目前的分配体制也有诸多怨言。再次,是一些权钱交易和贪污腐败现象将贫富差距问题在人们心理上进一步扩大,造成一些"仇富"现象。现阶段收入差距的持续扩大,已经成为影响中国发展稳定的重大问题和引发各种社会问题的深层原因。

3. 人口变化压力加大

(1) 流动人口压力大。改革开放后我国快速的工业化进程,形成了规模巨大的流动人口,目前我国流动人口总量已从改革开放初期的 200 万人增加到 1.4 亿人,占全国人口的十分之一,而且每年以 600 万～800 万人的速度在增长,流动人口大量涌入东部地区和大中城市,为这些地方的经济建设做出了巨大贡献,但也加剧了这些地方人口与资源环境的紧张状况,增加了社会管理和社会服务的压力。多数城市的流动人口难以真正融入城市生活体系,在户籍、就业、住房、子女教育、社会保障等诸多方面面临很多困难。进城流动人口多数聚居在城乡结合部和地下建筑,多数城市过去按照城市人口配备的社会管理和公共服务体系,也没有根据新的人口布局进行调整,往往造成流动人口聚居的城乡结合部的管理力量非常薄弱,由此而引发的偷盗、抢劫、黑社会、贩毒吸毒、卖淫嫖娼等社会问题,在一些流动人口大规模聚居的地区比较突出。大量流动的社会群体已经成为社会生活中不可忽视的重要群体,管理好规模巨大的流动人口,涉及社会管理体制的方方面面,对完善就业体制、救助体制、保障体制、教育体制、福利体制等都提出了很高要求,压力很大。

(2) 人口老龄化压力大。我国是世界上老年人口最多的国家。第六次人口普查我国 60 岁以上老年人 177 648 705 人,老龄化率为 13.26%,并将以每年平均 800 万人的规模增长。预计本世纪 40 年代后期形成老龄人口高峰平台,届时每 3～4 人中就有 1 名老年人。中国人口老龄化呈现出一定的阶段性的特点:一是老龄人口绝对值为世界之冠,占世界老龄人口总数的 1/5,占亚洲的 1/2;二是人口老龄化发展速度快,从 2000 年到 2020 年,老年人口比重将从 6.97% 增加到 11.8%,净增 5 个百分点;三是未富先老,目前,我国人均 GNP 不足 1 000 美元,而发达国家进入老龄社会时一般在 1 万美元以上;四是农村人口的老龄化水平超过了城镇。目前,农村为 7.35%,城镇为 6.30%。在人生的整个阶段,高龄时期是最难面对的,因为高龄人口是社会最脆弱群体,对家庭和社会的依赖性最强,自立性最弱。人口老龄化对社会保障体系和公共服务体系的压力加大,对劳动力结构的调整以及消费产业的服务能力都提出了挑战,并影响到社会代际关系的和谐。农村社会养老保障制度不健全,青壮年大量流入城市,形势更为严峻。

(3) 就业压力大。我国劳动力供求总量矛盾与结构性矛盾并存,城镇就业压力与大量农村剩余劳动力转移就业压力叠加,新成长的劳动力就业问题与下岗失业人员再就业问题交织,新生代农民工不愿再返回农村生活和难以在城市留下工作和生活,这几年大学生的失业率明显提高,有些地方的青少年辍学后整天泡在网吧里玩游戏。这些就业现实的难题,给社会管理带来了巨大的压力。大量无业闲散人员游离于城乡的边缘,若有零星、偶发的"燃点"因素,这股力量有可能将直接威胁社会稳定。就业系民生之本,千方百计拓宽就业渠道,是从源头上消除和化解不和谐、不稳定因素的一个有效举措。

4.时代变化挑战严峻

(1)全球化带来的挑战。我们所处的时代是政治经济社会生活全球化的时代,中国也进入了全方位对外开放的阶段。在全球化条件下,我国社会管理面临政治经济两方面的严峻挑战。国际贸易、国际旅游、国际交流的深入开展带来不同文化的碰撞,促进了跨文化的交流和理解,同时也在社会认同和社会整合方面引起了一些问题,国际反华势力和境内外各种敌对势力千方百计利用我国社会中出现的各种问题,或直接插手,或间接炒作,煽风点火,挑拨离间,把非对抗性矛盾激变为对抗性矛盾,增加问题的处理难度;同时还大肆鼓吹西方价值观,歪曲民意,"绑架"民众,极力促使人民内部矛盾转化异化,借以攻击我国政治制度、社会制度和法律制度,这些都使我国的社会管理面临新的挑战。经济全球化的发展,国内市场与国际市场的融合,既拓展了我们的发展空间,也使国际性的经济社会风险更容易导入国内。2008年金融危机后,各国都加强了贸易保护措施,国际经济衰退不振,国际消费市场低迷,中国作为"世界工厂",是世界上外贸依存度最高的国家,世界经济的低迷,我国的出口必将受到影响,进而严重影响中国经济增长和就业。因为我们的工业是以销定产,出口受到影响,工业的出口交货值就下降,就导致整个工业的增长速度下降,经济增长放缓,失业将成为最大难题,进而成为社会不安定因素。如2008年年底,全国各地外贸企业的大量农民工失业返乡,给当时的社会管理带来巨大的压力。

(2)城市化带来的挑战。新世纪以来,破除城乡二元结构、实现城乡一体化发展成为各地的重要发展目标,中国城市化进程加快,这是经济社会发展的必然趋势。但在城市化过程中,由于土地征用而造成的失地农民增加,伴随着大量农村剩余劳动力向城市的转移,在城市中就业的农村转移人口已经形成庞大的农民工群体,这个群体面临工资偏低,被拖欠现象严重,劳动时间长,安全条件差,缺乏社会保障,职业病和工伤事故多,培训就业、子女上学、生活居住等等问题,引发不少社会矛盾和纠纷,成为社会管理的盲区。在城市化的过程中,城市化落后于工业化、人口城市化又落后于土地城镇化的问题比较突出。在土地增值成为地方经济重要推动力和政府可支配财政收入重要来源的刺激下,新一轮"土地置换"形成热潮,大规模圈占农地和强行拆迁问题引发的社会问题增多,由此引发的恶性事件、群体性事件频繁发生,对社会和谐稳定产生不利影响。

(3)信息化带来的挑战。信息化是当今社会发展的大趋势,当今时代网络技术日新月异,日益渗透到人们生活的方方面面,成为现代生活不可缺少的重要组成部分。互联网在给人们带来巨大便利的同时,也出现了网瘾问题,网络语言暴力、网络色情、网络谣言等新型社会问题,甚至出现了利用网络进行欺诈勒索他人、利用网络侵犯他人知识产权、攻击他人计算机系统等多种网络犯罪形式,给社会稳定和发展带来了极大危害。随着社会的信息化,电子政务与社会管理成为了全新的课题,包括信息安全与管理、行政效率等问题都对社会管理带来严峻挑战。

二、创新社会管理

(一)社会管理创新及其重要意义

社会管理创新,是指在现有的社会资源和管理经验的基础上,引入新的社会管理理念、知识和方法,对传统的社会管理模式及管理方法进行完善,从而建构新的社会管理机制,更好地实现社会管理目标的活动。社会管理创新既是活动,也是活动的过程,其目的在于形成更为良好的社会秩序,产生更为理想的政治、经济和社会效益。加强和创新社会管理,是构建社会主义和谐社会的必然要求,是维护最广大人民群众根本利益的必然要求,是提高党的执政能力和巩固党的执政地位的必然要求,也是维护社会稳定的必然要求,对实现全面建设小康社会宏伟目标、实现党和国家长治久安具有重大战略意义。

1.加强和创新社会管理,是实现科学发展的重要保证。加强和创新社会管理,是科学发展的重要内容,也是实现科学发展的重要保证。以人为本是科学发展观的核心,社会发展必须以人的发展为出发点和归宿,为促进人的全面发展创造良好的社会经济生态环境。从现实情况看,当前我国经济社会发展总体形势是好的,我国已经初步形成了党委领导、政府负责、社会协同、公众参与的社会管理格局。但市场的开放性、社会的流动性、就业的多样性加剧,发展中不平衡、不协调、不可持续问题依然突出，经济和社会发展"一条腿长、一条腿短"的状况并未根本改变，城乡、区域发展不协调，各社会阶层和群体之间的利益冲突趋于明显，全国刑事犯罪、社会治安案件居高不下，群体事件易发多发。长期存在的粗放型增长方式，造成了资源浪费、环境恶化、生态破坏，付出了沉重的环境代价，而当时这些被掩盖的社会环境问题，现已成为影响人民健康的重要因素，导致的社会矛盾和群体事件日益增多，成为社会普遍关注的热点问题。所以，要加强和创新社会管理，用统筹兼顾的方法，协调社会各阶层、群体、成员间的利益关系，促进各类社会组织和基层社区健康发展，最大限度激发社会活力、最大限度增加和谐因素、最大限度减少不和谐因素，推动经济社会全面协调可持续发展，为科学发展提供重要的社会保证。

2.加强和创新社会管理，是全面建设小康社会的基本条件。党的十六大提出了我国全面建设小康社会的奋斗目标，党的十七大丰富了全面建设小康社会的内涵，强调要增强发展协调性、扩大社会主义民主、加强文化建设、加快发展社会事业、建设生态文明等。而创新社会管理模式，对全面建成小康社会具有重大的作用。科学有效的社会管理，能够创造良好的发展环境、有序的生活环境、稳定的社会环境，为经济社会持续健康发展创造条件。这就迫切要求我们以社会管理创新为推手，更好地化解各种社会矛盾和社会冲突，为人民群众创造一个既有秩序又有活力的工作与生活环境，完善基本公共服务和社会保障体系，健全社会治安综合防控体系，强化食品药品生产等公共安全管理体系，加强生态环境管理体系等，逐步构建起与建设小康社会相适应的较为完善的社会民生保障体系，维护社会秩序，促进社会和谐，保障人民安居乐业，为实现全面建设小康社会宏伟目标创造更加良好的社会条件。

3.加强和创新社会管理，是维护广大人民根本利益的基本要求。人民群众是历史的创造者，是推动社会变革和发展的基本力量，是推动党和国家事业发展的根本基础。我们党的根基在人民，血脉在人民，力量在人民。坚持人民利益高于一切，是共产党人价值观的核心内容；维护人民群众利益，是我们党执政的根本目的。社会管理是对人的管理和服务，涉及广大人民群众切身利益，必须始终坚持以人为本、执政为民，切实贯彻党的全心全意为人民服务的根本宗旨，不断实现好、维护好、发展好最广大人民群众的根本利益。这就迫切要求加强和创新社会管理，坚持贯彻党的群众路线，始终保持党同人民群众的血肉联系，坚持人民主体地位，思想上尊重群众，感情上贴近群众，工作上依靠群众，把群众满意不满意作为加强和创新社会管理的出发点和落脚点，发挥人民首创精神，紧紧依靠人民群众开创新形势下社会管理新局面，全面提升社会管理的人性化、科学化、制度化水平。坚持以人民群众利益为重,更好地维护好、发展好、实现好人民群众的利益,增强人民群众的安全感和幸福感,着力解决好人民群众最关心最直接最现实的利益问题。要统筹协调各方面利益关系,积极解决与人民群众利益密切相关的就业、就医、就学、交通、治安等民生问题,才能最大限度地防止因决策不当带来损害群众利益的问题,才能最大限度减少社会改革中的利益调整障碍,才能最大限度激发社会活力,才能最大限度维护人民群众根本利益。

4.加强和创新社会管理,是巩固执政党地位的现实选择。我们党之所以能在90年的奋斗历程中不断从胜利走向胜利,根本原因就在于始终坚持立党宗旨,赢得了人民群众的拥护和支持。在新的历史条件下,在全面建设小康社会、推进中国特色社会主义伟大事业的历史进程中,人民群众始终是起着决定性作用的主体力量。因此,任何时候任何情况下,全心全意为人民服务的根本宗旨不能忘,人民群众是真正英雄的观点不能丢,从群众中来到群众中去的路线不能变。坚定群众立场、树立群众观点、坚持群众路线、密切党群关系、增进同群众的感情、维护群众权益,是遵循共产党执政规律的根本要求,是巩固党的执政地位、实现党的执政使命的根本要求。国际经济表明,人均国内生产总值从3 000美元向10 000美元提升的阶段,既是中等收入国家向中等发达国家迈进的重要阶段,又是矛盾增多、爬坡过坎的关键阶段,这个阶段实质是风险社会。在这种背景下,社会管理老办法不管用,新办法不会用,软办法不顶用,硬办法不敢用,致使一些素质能力不能适应的党政干部在社会管理理念上,重经济、轻社会,重管控、轻服务;在社会管理手段上,重刚性、轻柔性,管、卡、压、罚并举;在社会管理体制上,政府部门条块分割,相互封闭,各自为政,难以适应多元、开放的社会需要;在社会管理方法上,以官为本,以权为本,以警为本,而不是以人为本,以民为本。有些地方的领导干部在社会管理中用钱买太平,认为不出事是水平,能摆平是本事,这是治标不治本,不能从根本上解决社会中的问题。这完全不适应多元社会、多元主体的新需求、新期待。所以,要求各级党组织和领导干部,始终牢记执政为民的思想,树立服务型政府理念,妥善处理好事关广大人民根本利益的民生问题,在加强和创新社会管理中不断增强执政能力,全面提升社会管理的人性化、科学化、制度化水平,更好地凝聚社会各方共识与合力,提高应对各种社会风险、化解社会问题和矛盾能力,为巩固党的执政地位打下良好基础。

5.加强和创新社会管理,是适应社会发展阶段性特征的时代课题。把社会管理及其创新放在社会建设这么突出重要的位置,是由国内外发展形势和我国基本国情、社会发展现阶段特征决定的。我国基本国情是仍处于并将长期处于社会主义初级阶段,主要矛盾仍然是人民群众日益增长的物质文化需要同落后的社会生产之间的矛盾。中国社会发展现阶段特征是正处于急剧的"社会转型"期——经济体制深刻变革,社会结构深刻变动,利益格局深刻调整,思想观念深刻变化,中国社会正从农业社会向工业社会转型,从静态的社会向加速分化和流动的社会转化,当代中国即处于发展的重要战略机遇期,又处于社会矛盾凸显期:经济快速增长同发展不平衡、资源环境约束之间的矛盾以及社会公共需求全面快速增长与公共服务不到位、基本公共产品短缺之间的矛盾正在日益凸显,对社会的稳定与发展带来了巨大的压力;人们的思想意识、价值取向、道德观念多元多样多变,公平意识、民主意识、权利意识、法治意识、监督意识不断增强,共享改革发展成果的愿望日益强烈;我们的人口结构、家庭结构、就业结构、城乡结构、区域结构、阶层结构都发生广泛而深刻的变化,许多新经济组织、新社会组织大量涌现;中国社会建立在不同所有制、不同职业的利益群体也逐渐形成,社会性需求呈现出多元性、复杂性特征,不同群体不同层次的需求同时存在。社会需求不像原来通过经济建设满足人们的温饱和财富需求那么简单,而是多种社会性需求同时出现(安全的需求、归属的需求、自尊的需求、自我价值实现的需求等)。不同的社会群体有不同的利益取向,社会整体难以达成共识;随着人口的流动性持续增强,随着我国信息化的发展,互联网的普及,虚拟社会影响不断扩大。我国社会经济发展呈现这些新的阶段性特征,给社会管理提出了新的时代课题,决定了我们必须通过加强和创新社会管理,妥善处理各种社会问题,应对各种社会风险,以推动经济社会持续健康发展。

6.加强和创新社会管理,是解决社会管理领域中存在问题的现实需求。我国社会管理与我国国情和社会主义制度总体上是适应的。但是,随着改革开放的深化和现代化进程的加快,社会管理的范围、内容、对象和外部环境正发生重大而深刻的变化,传统的社会管理模式与市场化、多元化、网络化、动态化的社会环境之间不相适应的问题日益突出,社会管理领域存在不少问题。一是社会管理组织不适应。原有单位管理功能弱化,新的社区管理功能不完善,社会成员的组织化程度越来越低,社会管理缺乏组织依托。二是社会管理职能不适应。大部分经济组织、企事业单位的社会管理职能相继剥离并让渡给社会,而社会支持系统尚未建立,社会问题自上而下的解决遇到了"断裂层"。三是社会管理体制不适应。从"单位制"到"社区制"的转变,既是社会管理单元从工作场所向居住场所的转变,也是社会管理网络从工作场所到居住场所的转移。上述这些问题的存在充分说明,顺应我国体制转轨和社会转型的需要,必须摒弃陈旧的不合时宜的社会管理方式,加强和创新社会管理,提高新形势下社会管理的能力和水平。

(二)创新社会管理的主要对策

加强和创新社会管理是一项复杂的系统工程和实践活动,必须全面把握、统筹推进。我们要坚持以邓小平理论和"三个代表"重要思想为指导,深入贯彻落实科学发展观,按照"党委领导、政府负责、社会协同、公众参与"的要求,坚持继承与创新统一,促进服务与管理融合,建立健全政府调控机制与社会协调机制互联、政府行政功能与社会自治功能互补、政府管理力量与社会调节力量互动的社会管理网络。探索出具有时代特征和中国特色的新型社会管理模式,积极营造和谐稳定的社会环境、公平竞争的市场环境、规范有序的法制环境与安居乐业的生活环境。

1.创新社会管理理念。理念是一种"理想的、永恒的、精神的普遍规范"。社会管理理念,是人们对于社会管理活动的一种理性认识,或者说是对于管理社会活动的一种观念的把握。社会管理理念对于人类的社会管理实践具有指导和规范的作用,是支配基层社会管理的导向和动力,在某种意义上可以这样讲,有什么样的社会管理理念就有什么样的社会管理实践,社会管理理念的好坏制约着社会管理实践的成败。因而在当今改革发展的关键时期,社会管理创新必须首先在理念上有所突破,才能以理念创新推动社会管理创新,以全新的理念引领基层社会管理的改革和完善。

(1)要树立以人为本的理念。社会管理之"本"是"人"不是"物",是对人的管理和服务。社会是人的集合体,人是社会构成的最基本要素。社会建设与管理要落实到人身上,以人为本,因而,加强社会建设,创新社会管理,其实质就是要顺应新时期、新的社会发展条件下人们对美好幸福生活的新期待,不断提高人民群众的物质和精神生活水平。贯彻这一理念,我们就必须按照以人为本、执政为民的要求,贯彻全心全意为人民服务的根本宗旨,坚持人民主体地位,把人民满意作为加强和创新社会管理的出发点和落脚点,把加强和创新社会管理同人民群众意愿和需要紧密结合起来,以人民群众利益为重、以人民群众期盼为念,思想上尊重群众、感情上贴近群众、工作上依靠群众,把参与权放给群众,把知情权还给群众,把决策权交给群众,把监督权赋予群众,体现群众的主人翁地位。要更加自觉地关注民生、增进民利、维护民权、保障民生,使人民群众获得的公共服务范围不断扩大、质量不断提高,安全感、幸福感和公民意识不断增强,回应人民群众对社会公平正义的新期待,让人民群众尽可能多地分享发展的资源和成果。群众工作是我们党执政的基础工作,重视和善于开展群众工作,是我们党的优良传统和政治优势。随着改革开放的深入和社会主义市场经济的发展,社会经济成分、组织形式、就业方式、利益关系和分配方式等日益多样化,群众工作对象更加多元、内容更加丰富、环境更加复杂、任务日益艰巨。加强和创新社会管理,切实做好新形势下的群众工作,努力适应新形势新任务对群众工作提出的新要求,积极探索加强和改进群众工作的新途径、新办法,继承发扬我们党高度重视思想政治工作、群众工作的优良传统和政治优势,更多地运用民主管理的方式、群众路线的方式、说服教育的方式来进行社会管理,把群众工作贯穿到社会管理的各个方面和环节,从源头上化解社会矛盾、维护社会稳定、促进社会和谐。

(2)要树立服务为先的理念。社会管理在我国历来被赋予很强的政治性,并且主要是由执法和管理部门通过相应的组织体系,对违反法律和规则的人进行制裁,以维护社会秩序。但从学理上看,社会管理主要是一个治理或行政层面的概念,而不是一个国家政治层面的概念,即社会管理不能等同于社会控制。为实现建设社会主义和谐社会的目标,社会管理不但不能囿于社会控制的思路,而必须把服务纳入其中,实现由传统的控制型、防范型管理向协商型、服务型管理转变。政府的职能主要有两大块,管理和服务,最好的管理方式就是把服务作为基本价值和核心内容,树立服务为先的理念,在服务中实现管理,在管理中体现服务,把管理与服务有机统一起来,并促进其中的服务发挥管理前移的功能,使管理前和管理过程中的服务都能从源头上预防、减少和消解社会矛盾,减轻社会管理的压力,靠服务来赢得人民群众的理解和支持。因此,在加强和创新社会管理过程中,确立服务为先的理念,有助于纠正"重管理轻服务"的片面性,摈弃单纯运用强制力对基层进行控制的传统做法,政府在社会管理中的主要职能就是为群众提供更多、更好、更均等的公共服务。把服务作为基层社会管理的重中之重,更多地运用民主管理的方式、群众路线的方式、说服教育的方式来进行社会管理。尽可能通过平等的对话、沟通、协商、协调等办法解决社会问题,化解社会矛盾。要大力弘扬改革创新精神,围绕社区化建设与服务、基层组织运行、民生事业发展、群众诉求表达、流动人口服务管理、信息网络监管等重点工作,创新体制机制,健全规章制度,建立起社会管理和服务工作的长效机制,努力扩大社会管理和服务的覆盖面,满足各类社会群体的服务需求,确保社会既充满活力又和谐稳定。

(3)要树立公平正义的理念。公平正义作为一套价值体系和伦理观念,指称的是人与人之间和谐稳定的关系,关照的是人的行为、生存方式和生活环境是否符合人性,是否有利于促进人的全面发展。历史的发展表明,公平正义是保障社会和谐运转的必备要素,社会主义将公平正义视为核心价值。维护公平正义是维系社会秩序和活力的基本条件,是社会主义和谐社会的内在要求。一是要树立维权就是维护稳定的理念,把维护民权作为加强和创新社会管理的价值取向,努力促进社会公平正义。发展社会主义民主政治,从各个层次、各个领域扩大公民有序政治参与。建立健全权利平等、机会平等、规则平等的法律制度,尊重公民的合法权利。要围绕法治政府建设,规范行政行为,全面实行政务公开,加大对依法行政监督检查力度,构筑法制化、规范化的行政管理体系。要在工程招投标、机关事业人员招考、干部选拔、升学就医、就业创业等方面坚持公平公正公开的原则,营造机会平等、规则平等的社会氛围。二是要努力维护司法公正。坚持司法公正,建设公平高效权威的司法制度,秉公执法,廉洁执法。诉讼是人民群众维护权益的最后一道屏障,司法机关要以对法律和人民高度负责的精神,依法保护群众的正当合法权益。要深入推进普法教育,实施司法救助制度,增强群众的法治意识和依法维权能力。突出解决群众反映强烈的执法不严、裁判不公问题。三是要建立公平合理的收入分配制度。合理的收入分配制度是社会公平的重要体现。为维护分配的公平正义,除了落实"提高劳动报酬在初次分配中的比重"等经济政策外,还必须通过政府的再分配和慈善事业的第三次分配对居民收入进行调节,将贫富差距控制在适当的范围内。要大力整顿收入分配秩序,打击各种非法牟利行为,取缔各种非法收入,从源头上治理贪污腐败现象,统筹治理一般竞争行业与垄断行业的收入差距过大问题,规范公务员的工资制度体系,协调劳动收益与资本收益的关系,坚决扭转收入分配差距的扩大趋势,维护社会公平正义,让人民群众共享改革发展的成果。

(4)要树立共同治理的理念。社会管理不等于政府管理、不同于经济管理,既是政府向社会提供公共服务并依法对有关社会事务进行规范和调节的过程,也是社会自我服务并依据法律和道德进行自我规范和调节的过程。人民群众既是管理的对象,也是管理的主体,只有依靠人民群众的共同参与和社会组织的积极协同,才能激发社会活力。实践证明,单靠行政手段来进行社会管理远远不够,必须要有人民群众的共同参与和社会组织的积极协同,这样才能激发社会活力,促进社会和谐。这就要求我们在管理主体上,要从重政府作用、轻多方参与向政府主导型的社会共同治理转变。改变政府在社会管理中包揽一切的做法,解决好越位、错位和缺位问题。既要发挥政府主导作用,又要鼓励和支持社会各方更加积极、有效地参与社会管理,激发群众参与社会管理的热情,实现行政管理与群众自治有效衔接,发挥多元主体的作用,尽快从传统管理转向时代发展要求的"善治"。善治是政府与公民对社会生活的共同治理,是社会治理的最佳状态。善治意味着,即使政府不在场,或政府治理失效,社会政治生活也依旧井然有序。从这个意义上说,没有高度发达的社会自治,就难有作为理想政治状态的善治。社会自治就是人民群众的自我管理。在目前我国的社会政治生活中,它的主要形式表现为城乡居民自治、社区自治、地方自治、行业自治和社会组织的自治。社会自治对于发展社会主义民主和维护国家的长治久安有着深远的意义。社会自治是人民群众当家做主的最直接形式,是社会主义民主政治的基础和重要特征,是还政于民的现实途径。社会自治可以最大限度地激发公民的主体意识,培养公民的新型政治文化,调动公民的参政积极性,增强公民的社会责任,提高公民的治理能力,塑造公民的政治认同和社会团结。社会自治还可以大大减轻政府的社会管理负担,降低政府的行政成本,减轻政府维护社会稳定的巨大压力。因此,我们在加强和创新社会管理同时,要大力推进社会自治。

(5)要树立统筹兼顾、协商协调的理念。一要树立统筹兼顾的理念。要摒弃重经济管理轻社会管理的观念,树立经济管理和社会管理并重的理念。发展经济始终是中心任务,没有强大的经济作为物质保障,社会管理必将是空谈。没有强大的社会管理作支撑,我们的经济发展就没有了根本的保障,甚至会前功尽弃。只有经济管理和社会管理统筹兼顾,人民群众才能真正安居乐业,人民群众才能真正享受经济发展的成果。在过去很长的时期内,重经济管理轻社会管理的意识相当普遍,在经济总量不断扩大的同时,社会成员收入差距有拉大趋势,社会矛盾易发多发。如有的地方在经济发展初期,为了发展经济,盲目引进高能耗、高污染项目,对环境污染、资源浪费造成了无可挽回的地步。我们要科学发展,就应该在思想观念上,从重经济建设、轻社会管理向更加重视社会管理和经济社会协调发展转变。努力解决经济建设"一手硬"、社会管理"一手软"的问题,切实把加强社会建设、创新社会管理作为重要而紧迫的战略任务,下大气力统筹推进,不断提高政府社会管理的能力和水平,努力取得加强和创新社会管理的新突破,促进经济社会协调发展;二要树立协商协调的理念。社会管理不是也不可能消灭所有社会矛盾,抓好源头治理可以尽可能地减少社会问题,但不可能解决所有问题,仍然会有大量社会问题和社会矛盾存在,旧的矛盾和问题解决了,又会出现新的矛盾和问题。为此,要改变过去主要靠行政手段通过管、控、压、罚等方式进行社会管理的观念,更多地学会运用群众路线的方式、民主的方式、服务的方式,尽可能通过平等地对话、沟通、协商、协调、引导等办法进行社会管理,化解社会矛盾,解决社会问题。要构建动态调节和化解机制,正确反映和协调各个方面、各个层次、各个阶段的利益诉求,兼顾好各方面群众的关切,既左顾右盼,又瞻前顾后,以使社会矛盾和问题不断得到及时化解和向好的方面转化,尽最大可能做到不积累、不激化、不蔓延、不升级、不向坏的方面转化,促进社会动态平衡。

(6)要树立依法管理、综合施策的理念。一要树立依法管理的理念。改革开放以后,我国法制建设取得巨大成就,依法治国的局面基本形成。但与经济领域的立法相比,我国在社会领域的立法还相对滞后。特别是在社会管理方面,无法可依、有法不依和以行政决定代替依法治理的情况,在一些地方还相当普遍的存在。加强和创新社会管理,必须牢固树立依法管理的理念。第一是要加强立法。社会管理的法律法规,是中国特色社会主义法律体系的重要组成部分,加强社会管理领域立法、执法工作,完善社会管理的法律体系建设,特别是完善劳动关系纠纷、土地征用、房屋拆迁、社会治安、生产安全、食品药品安全、环境保护等方面的法律法规建设,使各项社会管理工作有法可依、有法必依,依靠法律来规范个人、组织的行为,协调社会关系。第二是要依法治理。坚持依法行政、公正司法,真正依法调整社会关系、规范社会行为、查处违法犯罪活动,维护群众合法权益,维护社会稳定。社会管理的各级主体必须在宪法和法律的范围内进行活动。党委和政府履行义务,承担责任,不得为了管理的方便,损害公民的权益;社会组织和公民个人参与社会管理必须依法有序,同时对党委和政府的管理活动进行监督,共同推动社会的和谐发展。第三是要大力加强法制宣传教育,要加强社会主义法治理念教育,在全社会树立依法办事、守法光荣的风尚,引导群众理性合法表达利益诉求。

二要树立综合施策的理念。要综合运用经济调节、行政管理、道德约束、心理疏导、舆论引导等手段,规范社会行为,调节利益关系,减少社会问题,化解社会矛盾。第一是道德约束。道德在规范社会行为、维护社会秩序中发挥着持久性的基础作用。要善于运用道德的软力量,把法治与德治结合起来,发挥道德力量的示范和引导作用,宣传全国道德模范,把道德观念内化为人们的自身修养,把道德要求转化为人们的自觉行动。加强以社会公德、职业道德和家庭美德为基本内容的公民道德建设,倡导爱国守法的传统道德、诚信敬业的职业道德和互助友爱的家庭美德。发挥道德规范和道德舆论在遏制拜金主义、享乐主义、极端个人主义、欺骗欺诈、以权谋私、腐化堕落等行为方面的作用,形成鼓励见义勇为、扶危济困、乐于奉献和维护社会公平正义的社会氛围和机制。第二是进一步制定完善有关经济政策和社会政策,健全社会规范体系,完善与新型社会管理体制相配合的道德秩序、诚信体系和行为规范,弥补社会政策的不足,提升社会管理的软实力;加强社会主义核心价值体系在民主法治、和谐正义、共同富裕等方面的价值建设,加快建立和完善个人行为的规范体系,探索建立公民个人信用制度,健全违反社会公共行为准则的惩戒制度,更好地调节和保护各方面的利益。第三是要做好心理疏导工作。面对竞争压力越来越大、心理问题越来越多,个人心理健康成为社会管理中亟待引起重视的新问题。要教育引导公民特别是青少年,树立正确的世界观、人生观、价值观,加强自身修养,提高自我和谐能力。在全社会开展个人心理健康知识的宣传,普及相关知识。建立健全个人心理医疗服务体系,大力开展个人心理调节疏导工作,建立心理危机干预预警机制。对因生活和工作等受到挫折而缺乏信仰、法治观念淡薄、对生活失去希望的人要给予更多关注,见微知著,针对不同情况开展疏导、帮助、教育,使其重振生活信心,避免走向极端。第四是要善于舆论引导。舆论引导是社会管理的重要方式,要坚持正确舆论导向,提高舆论引导能力,通过舆情了解社情民意,理顺社会情绪。把社会主义核心价值体系提炼成全社会易于认同易于遵守的几个字的价值观,从娃娃抓起,在全社会大力宣传,做到朗朗上口、人人皆知、全民皆信、大众皆为,其作用是不可估量的。第五是注重社会管理信息化。社会管理事务纷繁复杂,传统的管理方式已难以满足公众对公共服务的种种需要,信息化建设是提升社会管理效能的必由之路,要顺应社会信息化的新形势,把广泛运用现代信息技术作为加强和创新社会管理的有效手段,加强社会管理信息网络建设。各级政府应该充分利用各种先进的信息技术,以电子政务为平台,通过构建完善便捷的信息化管理平台,建立规范高效的动态采集机制,及时准确掌握社会动态基础信息,更好地服务于公众,提升社会管理信息化水平。信息化不仅能方便快捷的服务公众,也有利于政府信息的公开透明,进而增加公众对政府的了解与信任。同时,要解决虚拟网络社会带来的种种挑战,也迫切需要政府部门加大对虚拟网络社会的信息化管理,建立健全虚拟社会综合管理机制。建立党委统一领导、政府严格管理、企业依法运营、行业加强自律、全社会共同监督的综合管理格局,形成法律规范、行政监管、行业自律、公众监督、社会教育相结合的互联网管理体系,提高依法管理、规范管理、系统管理、动态管理的能力和水平。要依法规范网络信息传播秩序,建立投诉、查处机制。要依法严厉打击网络色情、赌博、诈骗等违法犯罪活动,净化网络环境。健全网上舆情引导处置机制,及时跟踪舆情动态、分析舆情走势、评估舆情影响,积极主动地引导网上舆论,只有合理的管理和引导才能真正使虚拟网络社会得到良性发展。

2.创新社会管理格局。创新社会管理格局,改进社会管理方式,既是加强和创新社会管理的重要内容,又是落实社会管理任务的基本保障。党的十七届五中全会《中共中央关于制定国民经济和社会发展第十二个五年规划的建议》和国家"十二五"规划纲要提出:"按照健全党委领导、政府负责、社会协同、公众参与的社会管理格局的要求,加强社会管理法律、体制、能力建设。"党委领导是根本,政府负责是关键,社会协同是依托,公众参与是基础,四位一体,有机联系,不可分割。这是对我国多年来社会管理实践的科学总结,符合我国现阶段社会管理的客观要求,具有中国特色,体现时代特征。

在实际操作过程中,大家对新的社会管理格局的理解并不一致。一些人认为,现在社会问题突出,加强社会管理主要是要强化政府的权力,否则政府在社会问题面前束手无策,软的措施不管用,硬的措施又不敢用。而另一些人认为,我们国家现在的特点是强政府强市场弱社会,重要的是制衡权力、驾驭市场,通过发展社会组织来发育社会,创新社会管理体制。加强和创新社会管理,是社会管理领域的一场改革。改革沿着什么方向、按照什么思路进行,事关加强和创新社会管理的成败。中国超大型的人口规模、辽阔的国土疆域、悠久的历史传统、深厚的文化积淀,决定了中国独特的政治、经济、文化、社会形态。对于这样的大国的社会管理,世界上没有现成模式,只能走自己的路。在这方面,我们反对的是"搬来主义",不管有用无用,全部照搬,赞成的是结合我国国情进行消化、吸收,真正为我所用,造福人民。我们加强和创新社会管理,不能照搬西方国家"公民社会"的模式,忘记了社会主义的定位。我们要建设的是中国特色社会主义的和谐社会,不是资本主义那种"公民社会"。我国与西方国家根本不同的政治制度、根本不同的社会制度、根本不同的国情、根本不同的发展阶段,决定了我们在借鉴国外社会管理有益成果的同时,必须清醒地知道坚持什么、防止什么、创新什么,真正走出一条中国特色社会主义社会管理之路。我们的社会管理体制改革是我国社会主义社会管理体制的自我完善和发展,必须正确处理发挥传统优势同与时俱进、创新发展的关系,绝不能全盘否定过去,推倒重来,另搞一套。从中国的国情出发,我国不能走把管理权力都集中到政府、政府包管一切社会事务的老路,也不可能走一些西方国家倡导的完全依赖民间组织发育社会的道路。所以,我们一定要从巩固党的执政地位、维护国家长治久安、保障人民安居乐业的高度来考虑加强和创新社会管理,坚持我们自己的政治优势、制度优势,按照中国特色社会主义社会管理自我完善和发展的改革方向,切实解决社会管理中与新形势不相适应的问题,坚持继承与创新统一,促进服务与管理融合,建立健全政府调控机制与社会协调机制互联、政府行政功能与社会自治功能互补、政府管理力量与社会调节力量互动的社会管理网络,维护人民群众根本利益。

(1)党委领导,就是既要发挥党委在社会管理格局中总揽全局、协同各方的领导核心作用,又要组织动员基层党组织和广大党员积极投身于直接服务群众的工作。一是党委总揽全局。各级党委要认真贯彻党的路线、方针、政策和工作部署,把领导社会管理工作放在党委工作突出重要的位置上,经常分析社会形势,正确把握社会管理的大政方针。支持政府依法行政和依法管理,引导各种社会组织、群众组织、自治组织和人民群众积极有序参与社会管理,充分发挥基层党组织和共产党员在社会管理中的作用。要合理配置党政部门社会管理的职责权限,切实解决多头管理、分散管理、难以形成有效合力的问题。在坚持党的领导的同时,要不断改善党的领导,发挥政治优势,善于舆论引导,充分发挥各种媒体作用,不断提高化解各种社会矛盾、构建和谐社会的能力。二是发挥基层党组织的作用。党的基层组织是党的全部工作和战斗力的基础,也是加强和创新社会管理最基本、最直接、最有效的力量。加强和创新社会管理的难点和重点在基层。一个地方的经济发展如何?社会稳定如何?关键是看党组织强不强。所以要以公道正派、依法办事、公私分明、公平公正、群众信任、廉洁自律为主要标准选配基层党组织领导。要充分发挥基层党组织服务党员、服务群众的作用,把基层党组织和广大党员组织起来,把工青妇等群众组织、基层群众性自治组织、社会组织、企事业单位组织起来,把各方面社会工作者及志愿者组织起来,把党的政治、组织优势转化为管理、服务优势,实现党的领导作用能够全面覆盖,不断增强党的威信,提高党的凝聚力。党的十七大提出"充分发挥基层党组织推动发展、服务群众、凝聚人心、促进和谐的作用","拓宽党员服务群众渠道,构建党员联系和服务群众工作体系"。进一步健全基层党组织领导联系党员制度,使党员的诉求能及时得到解决;进一步健全党员联系群众制度,经常走访慰问群众,使群众的意见建议诉求及时反映到基层党组织,并积极地回应群众的各种诉求化解社会矛盾。

(2)政府负责,就是要强化政府的社会管理职能,做到职能到位、工作到位、责任到位。一要明确政府的角色是社会生活的服务者,是为公民提供公共服务的"人民的公仆"。在社会管理职能的履行上,政府社会管理的主要职能是服务社会,是以公共利益为中心,以实现社会公平为己任,努力为人民群众提供高质量的服务管理。各级政府要按照转变职能、理顺关系、优化结构、提高效能的要求,通过制定法律法规、完善社会政策、健全社会管理体系、培育和管好社会组织、畅通公民参与渠道,健全政府职责体系,强化社会管理职能,努力建设服务型政府,提供更多更好的公共服务,切实发挥好政府在社会管理中的主导作用。二要科学界定各职能部门在社会管理和公共服务中的工作职责,努力使政府及各职能部门的管理更加协调有效,确保各职能部门形成运转协调的社会管理和公共服务合力。凡是公民、法人和其他组织通过自律能够解决的,行业和中介组织能够解决的问题,政府就不去干预,对于应该由政府负责的社会管理和公共服务,一定要做到人员到位、投入到位、工作到位、责任到位。三要创造有利于提高各级干部管理社会事务能力的制度环境,建立和完善社会管理的考核机制,研究制定科学的社会管理考核指标体系,把考核结果作为各级干部及其工作人员奖惩和使用的重要依据,在社会管理中落实责任制及问责制,从而形成有利于开展社会管理工作的良好组织氛围和制度基础。

(3)社会协同,就是要发挥各类社会组织的作用,整合社会管理资源,积极推动建立政府调控机制同社会协同机制互联、政府行政功能同社会自治功能互补、政府管理力量与社会调解力量互动的社会协同管理网络。社会管理是对全社会的管理,也是全社会共同参与的管理。大量社会性、公益性、事务性的社会管理,如果统统由党委和政府来管,是管不了也管不好的,必须充分发挥社会各方面力量的协同、自治、自律、他律、互律作用。一要发挥好工青妇等群众组织作用。要特别注重发挥工青妇等群众组织在社会管理和公共服务方面的重要作用,这些群众组织有自下而上的完备组织系统,有一支具有群众工作、思想政治工作和社会工作经验的人才队伍,它们不仅是党和国家联系群众的桥梁和纽带,而且能够在反映群众诉求、化解社会矛盾、提供公共服务、参与社会管理等方面发挥独特的作用。所以,工青妇等群众组织要在党的领导下加强自身改革和建设,完善组织群众、引导群众、服务群众、维护群众合法权益的职能,充分运用党委和政府赋予的工作资源和条件,做好直接服务群众的工作,发挥好在社会管理和公共服务中的桥梁、纽带作用。二要加强以城乡社区为重点的基层基础建设。要建立健全以社区党组织为核心、以社区自治组织为主体、以政府部门派驻社区力量为依托、以物业管理机构和社区社会组织为补充、以社区信息综合管理平台为载体、驻社区单位和社区群团组织密切配合、社区居民广泛参与的新型社区管理体系,真正把城乡社区打造成为政府社会管理的平台、居民日常生活的依托、社会和谐稳定的基础。要着力强化基层群众性自治组织的社会管理和服务职责,充分发挥其在基层社会管理和公共服务中的积极作用,加强农村村民委员会和城市居民委员会建设,强化城乡社区区域性社会管理职能,发挥好农村社区内各类经济组织、专业合作、协作组织,城镇社区内业主委员会、物业管理机构、驻在社区的各类机构在社会管理中的积极作用,搭建社区社会管理服务的平台,培育社区服务性、公益性、互助性社会组织,引导各类社会组织、志愿者有序有效参与社区管理和服务,努力使"社会人"变成"社区人"。加强对互助性、公益性、娱乐性社区组织的指导和服务,有效发挥它们在满足群众需求、活跃社区文化生活、疏导群众情绪等方面的积极作用。整合基层社会管理资源,坚持把政法、信访、司法、民政以及与群众关系密切的职能部门整合起来,联合办公,联防联治,综合治理。各地区各部门要把更多的人力、财力、物力投向基层,增强基层组织社会管理的能力,切实把社会问题和社会矛盾解决在基层。三要发挥社会组织的积极作用。社会自治的组织载体,主要就是各种社会组织,而不应当是政府组织,没有一大批高素质的社会组织和一个健康的公民社会,就不可能有真正的社会自治。各类社会组织是社会协同管理的重要力量,要规范发展社会组织,适当降低准入门槛,让公民有更多的机会利用这种载体实现自我管理和参与社会管理。要坚持鼓励发展和监管引导并重的方针,完善培育扶持的政策措施,推动包括社会团体、行业组织、中介机构、志愿者团体等在内的各种社会组织发展壮大,着力培育发展经济类、公益类、农村专业经济协会和社区民间组织,支持和引导科、教、文、卫、体以及随着人民生活水平的提高逐渐涌现的新型社会组织;完善社会组织承接政府职能的管理制度,扩大政府公共决策中的社会组织参与力度;发挥各类社会组织提供服务、反映诉求、规范行为的作用,提高社会组织在社会管理中的协同能力,真正发挥好在社会管理和公共服务中的重要作用;加强社会组织管理和服务体系建设,各类社会组织都要深化自身改革,完善内部治理结构,规范行为,增强活力。完善法制监督、政府监督、社会监督、自我监督相结合的制度体系,加大对非法、违法、违纪社会组织的查处力度,打击邪教组织、黑社会、非法传销组织和社会敌对组织,保证社会组织的健康发展。四要强化各类企事业单位社会管理的责任。首先是鼓励和支持各种所有制企业承担社会责任。企业要形成兼顾国家、社会、股东、管理者、员工等各方面利益的平衡治理机制,处理好企业内部的劳动关系,培育先进的企业文化、职工文化,加强对员工特别是新生代农民工的人文关怀,改善用工环境,保持员工队伍基本稳定,合理处理企业内部的劳资关系,真正承担起社会责任。在这方面,国有企业要发挥表率作用。鼓励和支持各种所有制企业继续承担有关社会管理和社会服务的责任,包括发挥好各类所有制企业在社区建设、安全生产、处理劳资关系、发展慈善事业、促进社会和谐稳定等方面的作用。其次是事业单位要承担社会责任。事业单位要维护集体利益和职工个人权益,保持社会稳定。要按照分类指导、分业推进、分级组织、分步实施的原则,积极稳妥地推进改革,推动公益事业更好更快发展,不断满足人民群众日益增长的公益服务需求。

(4)公众参与,就是要充分发挥人民国家人民管理的作用,引导公民依法理性有序地参与社会管理。一要充分发挥群众参与社会管理的基础作用。大力培育公民参与意识,履行公民义务,探索公民参与社会管理的机制和途径,深化政务公开、司法公开,扩大基层民主,拓宽公民参与渠道,为公民参与社会管理创造条件。要提高基层群众自治组织自我管理、自我服务、自我教育、自我监督能力。在加强政法队伍建设的同时,加快组建专业社会工作者队伍,大力发展信息员、保安员、协管员、巡防队等多种形式的群防群治力量,真正把社会管理建立在广泛的群众基础之上。积极开展志愿服务活动,健全社会志愿者服务长效机制,努力形成社会管理人人参与、人人共享的良好局面。二要加强群众遵纪守法意识。充分利用各种宣传方式,加强群众遵纪守法的教育引导,提高群众的素质,使群众学会并逐渐养成对社会环境、秩序、公共设施等自觉维护,养成良好的公共生活习惯,不断增强遵纪守法意识,切实履行公民义务。

3.创新社会管理制度体系。创建新型社会管理制度体系,是加强和创新社会管理的关键,是促进社会管理既有秩序又有活力的重要保障。新中国成立以来特别是改革开放以来社会管理的实践,同经济建设一样,也是勇于探索、不断创新的实践。面对工业化、信息化、城镇化、市场化、国际化进程不断加快的新形势,面对经济体制深刻变革、社会结构深刻变动、利益格局深刻调整、思想观念深刻变化的新特征,我们必须进一步用时代发展的要求审视自己、以改革创新的精神提高和完善自己,加快创建新型社会管理制度体系。当前的主要任务是,着力从源头治理、动态协调和应急处置三个层面,构建相互联系、相互支持的一整套规范、机制和制度体系,尽可能减少社会问题,及时化解社会矛盾,果断处置社会冲突与社会对抗,最大限度地激发社会创造活力,最大限度地增加和谐因素和减少不和谐因素,最大限度地化消极因素为积极因素。

(1)加强源头治理体系建设。在我们这样一个处于快速发展时期的发展中大国,发生一些社会矛盾和问题是难以避免的。许多社会矛盾是在改革发展过程中产生的,也要靠改革发展去解决。关键是要及时发现矛盾问题,弄清其产生的原因、发展的规律,从源头上主动解决问题、减少矛盾,把社会管理的关口前移,不断增强工作的前瞻性、主动性、有效性,最大限度地使社会矛盾不积累、不激化。源头治理是治本之举。加强源头治理,就是要构建源头治理体系,使关口前移,尽可能防止、减少、弱化严重社会问题和社会冲突的产生。这不仅仅是社会管理部门的责任,也是各级党委和政府、各部门和全社会的共同责任。

一要健全社会规范体系。社会规范体系是通过制定法律和道德规范等确定共同行为准则和制度来指导和约束人们行为、维护社会秩序的基本手段,无论是社会建设、社会管理,还是社会管理创新,都必须有法规范作支撑、制度作保障。社会规范体系不健全,或不遵守共同行为准则,是产生社会矛盾、引发社会冲突、危害正常的社会生活的重要根源。因此,为了推进社会管理创新健康发展,确保社会管理创新的实效性和持续性,就必须加快社会管理领域的立法工作,依靠法律来规范个人、组织的行为,协调社会关系;进一步制定完善有关经济政策和社会政策,健全社会规范体系,弥补社会政策的不足;加快建立和完善个人行为的规范体系,探索建立公民个人基本信息制度、个人信用管理制度等社会基础制度建设,解决好权、责、利的统一问题,健全违反社会公共行为准则的惩戒制度。切实做到有法可依,依法管理和服务,依法善治,形成解决问题和创新社会管理发展的长效机制。通过自律、互律、他律,把人们的行为尽可能地纳入共同行为准则的轨道,形成既要维护社会公共权益、又要尊重个人合法权益,既有统一意志、又有个人心情舒畅的社会环境。

二要完善群众基本利益保障机制。解决好民生问题,是社会管理源头治理的根本。各级政府要切实履行好保障和改善民生的职能,把促进基本公共服务均等化作为社会管理源头治理的重要基础,把改善民生的制度安排、重大举措落实到教育、就业、医疗、养老、住房等人民群众普遍关心的热点难点问题上,把改善民生的重点放在农村和困难群众上,最大限度地使有劳动能力的人能够实现就业。坚持优先发展教育,更加重视教育公平,满足群众多样化的教育需求。坚持公共医疗卫生的公益性质,努力健全覆盖全国城乡的基本医疗卫生制度,逐步实现人人享有基本医疗卫生服务。把保障性住房作为重要的民生问题,加大保障性住房建设和农村危房改造力度,有效解决城乡低收入家庭和各类棚户区家庭的住房困难。进一步完善城镇居民养老、医疗、失业、工伤、生育保险制度,健全农村社会保险的各项制度,扩大社会保险覆盖面,提高社会保障水平。建立健全社会救助体系,重点解决好五保户、特困户、贫困家庭学生的生活困难,实现城乡居民最低生活保障的全覆盖。要着力提升社会福利水平,改善福利院、敬老院、流浪乞讨救助管理等社会福利基础设施。要完善补贴制度,健全最低生活保障、失业保障标准与物价联动机制,妥善安排好低收入群众生活。充分发挥慈善事业在社会管理中的作用,加强民生权益保障管理,以民生和谐促进社会管理的创新。

三要完善政府决策机制。决策不当是引发一些社会问题的重要因素。政府科学决策是体现人民当家做主、增进公民政治参与、强化社会管理源头治理的重要环节。各级政府要不断完善重大事项调查研究和集体决策制度,重大政策专家咨询制度、公示制度、公开征求意见制度,进一步健全民主决策程序,建立社会风险评估机制。重大政策制定、重大项目审批、重大工程立项、重大举措出台前,都要采取公示、听证等方式广泛听取意见,充分考虑可能出现的社会风险、环境影响、矛盾纠纷及各类不稳定因素,对大多数群众不理解不支持的事项缓出台或不出台,确保决策的合法性、合理性、可行性、安全性。凡是涉及公众利益的重大政策措施,都要通过多种渠道,广泛征求群众意见,全面落实好群众的知情权、参与权、表达权、监督权。

四要建立健全实有人口动态管理机制。我们要从我国实际出发,修改居民身份证法,完善居民身份证使用、查验制度,以公安人口信息为基础,融合人口和计划生育、人力资源和社会保障、住房和城乡建设、民政、教育、交通、工商、税务、统计等部门和金融系统的相关信息资源,建立以公民身份号码为唯一代码的国家人口基础信息库,实现对所有人口底数清、情况明、管得住、服务好。同时,要完善公民信息管理、使用的有关规定,依法保护公民信息,维护公民合法权益。加强和改进流动人口的服务管理,积极探索流动人口管理新办法

五要健全规范社会管理工作机制。第一是建立常态化的工作机制。加强社会管理一个极其重要的方面就是要建立行之有效服务百姓、化解问题的工作机制。作为基层社会管理和群众工作的具体执行部门,必须将以人为本、执政为民要求真正落实到工作部署、财政预算、机构设置、干部配备等各个环节上,牢记工作和服务向社会管理延伸是自身应尽的职责,建立健全常态化的工作机制。第二是完善权力运行机制。主要是规范行政权的运作,深化行政管理体制改革,将政府的社会管理职能转变到通过制定社会政策和法规,依法管理社会组织和社会事务、调节收入分配、维护社会稳定、应对公共危机等方面,把更多的资源转向公共服务领域。第三是加强社会管理能力建设。进一步加强和改善对社会管理的组织领导,切实加强各级政府和社会领域其他组织的社会管理能力建设,着力提高政府社会管理决策能力、处理社会纠纷和维护社会稳定的能力、有效开展群众工作和激发创造社会活力的能力。第四是加强

社会管理人才队伍建设。进一步加强高等教育对社会管理人才的培养,强化对社会管理人员的在职培训,为社会管理提供人才保证;积极营造尊重、支持社会管理人才工作的良好社会环境,激励他们的工作热情,发挥他们的工作潜能。多渠道、多方位选拔政治素质好、业务素质好的人员,充实加强社会管理队伍。

(2)要建立和完善社会公共安全防控体系。公共安全是社会管理的一项基本内容,而且随着经济的发展和社会的进步,所涉及领域越来越广,影响因素越来越多,事故危害越来越大,管理要求也越来越高。社会公共安全防控体系是维护社会秩序、保障社会健康运行的重要支撑,增强人民群众安全感,是提高人民群众幸福指数的一个重要方面。所以,要进一步建立健全我国的公共安全体系,完善公共安全领域的制度建设和法制建设,加强政府和民众的应急应对能力,普及公共安全教育,进一步加大公共安全投入力度,健全对事故灾难、公共卫生事件、食品安全事件、社会安全事件的预防预警体系建设。

一要抓好治安安全。要建立健全社会治安防控体系,在防控主体上,要充分发挥公安机关警务力量的主导作用,同时要发挥保安和志愿者的作用;在防控范围上,要建立健全街区防控网、社区防控网、单位内部防控网、视频防控网、虚拟社会防控网组成的治安防控体系,做到社会全覆盖;在防控对象上,要特别加强对重点人群的管理与服务;在防控组织建设上,要加强群防群治组织、110 系统以及区域警务协作建设。在防控手段上,要充分利用现代科技手段,实现人防、物防与技防的有效结合。特别要贯彻落实宽严相济刑事政策,健全社会治安重点地区排查整治长效机制,加大对严重影响人民群众生命财产安全的黑恶势力、涉枪涉爆、抢劫抢夺盗窃、拐卖儿童妇女等犯罪活动的防范打击力度,坚决遏制严重刑事犯罪高发的势头;要通过完善立法、司法解释、刑罚执行制度等,把减少社会对抗、促进社会和谐的要求落实到侦查破案、批捕起诉、定罪量刑、监管改造等执法各环节。要把近年来大型活动安保工作取得的成功经验运用到社会治安防控体系建设中,大力加强平安志愿者等群防群治队伍建设,积极探索新形势下群防群治的新途径新办法,提高对社会治安局势的控制力。

二要抓好社会生产生活安全。第一是要抓好生产安全。要强化安全生产责任,健全保障体系,坚决杜绝重大事故发生。要深入排查治理安全隐患,严格处理违法违规行为,做到排查不留死角、整治不留后患。要积极开展专项整治,着力重点行业、重点企业和重点部位,落实各项防范措施。第二是要抓好食品安全。紧紧抓住源头治理、行业自律、执法监管环节,确保让人民群众吃得安全、吃得放心、吃得健康。第三是要抓好消防安全。要加强源头普查,最大限度地排除消防隐患;完善设施装备,有效提升火灾扑救和应急救援能力;严格日常监管,确保责任到位、落实到位;注重灭火救援,健全完善消防指挥系统、应急预案和处置机制。第四是要抓好环境安全。要继续开展专项行动,加大监管执法力度,严厉查处各类环境违法行为,重点解决损害群众健康的环境问题,更加注重环境系统的完整性和环境要素的关联性,维护生态环境安全。

(3)要健全社会管理机制。健全社会管理机制具有根本性和长效性,其作用是全方位的、全过程的。加强和创新社会管理,要妥善处理各种人民内部矛盾,坚决纠正损害群众利益的不正之风,切实维护群众合法权益。要进一步加强和完善党和政府主导的维护群众权益机制,协调好人民群众的根本利益、现阶段群众的共同利益以及特殊群体的特殊利益之间的关系,形成科学有效的利益诉求表达机制和矛盾调解机制。

一要健全利益诉求表达机制。建立方式多样、规范有序、畅通高效的诉求表达渠道,是及时解决社会问题和社会矛盾的重要条件。要进一步拓展社情民意表达渠道,切实把群众利益诉求纳入制度化、规范化和法治化轨道。要完善信访工作责任制,坚持领导干部联系群众制度、下访接待制度、联点指导制度和调查研究制度,及时解决与群众反映的突出问题。要深入开展"三送"活动,让广大党员更好地为群众代言、为群众排忧、为群众服务。要坚持人大代表和政协委员联系群众制度,始终与群众定期联系沟通。要创新社情民意表达方式,采取媒体对话、网民交流、设立信箱、公开电话、组织听证等多种形式,对事关群众切身利益的问题进行交流沟通,努力使社会各个群体反映有渠道、倾诉有人听、困难有人帮。教育和引导诉求方依法有序理性表达诉求。

二要健全矛盾调解机制。社会矛盾调解是当前有序解决社会问题的主要方式。首先是要进一步完善矛盾纠纷排查处理工作制度。建立和完善矛盾纠纷滚动排查和预警机制,是有效预防社会问题、社会矛盾积累和激化、促进社会运行动态优化的重要措施。各级政府要针对所在地区社会管理中的热点、重点和难点问题,进行经常性的分析排查,建立矛盾纠纷滚动排查机制。加强对重点地区、重点工程、特殊群体、敏感时期的监控和排查,建立矛盾纠纷情报信息预警机制。对排查出来的问题,要按照"见微知著、抢得先机、争取主动、防止激化"的要求,及时予以解决。其次是要建立和完善社会矛盾调解机制。建立党和政府主导的维护群众权益的制度,构建和完善人民调解、行政调解、司法调解相互衔接的大调解工作机制。要完善司法调解格局,把调解优先的原则贯穿到执法办案工作中去,构建司法诉求机制,健全法律援助体系,确保群众能够得到及时的司法救助。要夯实人民调解基础,建立健全区(县)、街道(乡镇)、社区(村)与楼门院(小组)四级纵向调解网络。建立健全由各级政府负总责、政府法制部门牵头、各职能部门为主体的行政调解工作新机制,认真办理行政复议、行政调解案件。充分挖掘民间资源,充分利用乡规民约,充分动员各种社会力量参与化解调处矛盾纠纷,形成社会管理合力,及时有效地把矛盾化解在基层。要善于运用教育、对话、协商、谈判等方式解决不同利益主体之间的利益冲突,建立有效的利益协调机制。

(4)要加强应急管理机制建设。我国用了几十年的时间,完成了很多国家在现代化中用上百年的时间完成的发展转变过程。发展时间的压缩,也使很多不同发展阶段面临的问题压缩在同一时空。我国当前面临的社会问题,既有火灾、交通事故、矿难、旱灾涝灾、地震、劳动纠纷、贫富冲突等传统安全问题,也面临难以预测、扩展迅速、容易引起恐慌的化学污染、核污染、食品安全、不明传染病、金融危机、恐怖主义等新型社会风险。这些不同性质的安全问题有时交织在一起,增加了处理的难度。因此,要健全对各种社会风险安全事件的预防预警和应急体系建设,加强政府和民众的应急应对能力,提高防范、抵御和治理各种社会风险的能力。一要完善应急管理领导体制。按照"统一领导、综合协调、分类管理、分级负责、属地管理为主"的要求,建立健全各级各类应急管理机构,明确职责权限,理顺工作关系,完善工作制度,保证经费投入,配强领导班子。二要加强应急管理机制建设。健全完善突发事件监测预警机制、信息报告和信息共享机制、风险评估和事故调查机制、应急处置救援机制、社会动员和参与机制,以及信息发布和舆论引导机制、国际合作机制、恢复重建机制。要加强应急管理法律和预案体系建设。进一步完善有关法律法规,抓紧制定各项配套制度和工作细则。进一步完善应急预案体系,提高预案的针对性和有效性;加强预案演练,确保预案规定内容落到实处,提高预案管理水平。三要加强全民风险防范和应急处置能力建设。依法落实风险和突发事件隐患排查监控责任,实现对各类风险隐患治理的制度化、规范化、常态化。加强应急知识和相关法规的全民宣传教育,将公共安全纳入国民教育体系。利用各种新闻媒体介绍普及应急知识,提高各级干部对突发事件的应对处置能力,提高全社会防灾救灾和应对危机的能力,形成统一指挥、反应灵敏、协调有序、运转高效的应急管理机制。

第三章

实施城镇化发展战略
加强和创新社会管理

一、城镇化进程中加强和创新社会管理的必要性

城镇化是农村户口变城镇户口或人口从农村迁城镇,并享受城镇居民待遇,改变传统的农村生产方式和生活方式,逐步消除城乡二元经济结构,使城乡协调发展,消除城乡差别的过程,是诸多因素共生演化发展的过程,是推进人口聚居、产业、生态环境、基础设施、政府服务等的全面协调发展的过程。实施城镇化发展战略,提高城镇发展水平,是一项涉及经济、政治、文化与社会建设的综合性、系统性工程,是一项艰巨而复杂的历史任务,也是一项需要不断深入研究探索的重大课题。这就需要我们用科学发展观来指导新型城镇化工作,加强和创新社会管理,加快推进新型城镇化高效、持续、健康发展。

(一)加强和创新社会管理是城镇化进程中落实科学发展观的必然要求

科学发展观要求坚持以人为本,实现经济社会全面、协调、可持续发展。城镇化是从国民经济发展全局的高度解决"三农"问题,实行以城带乡、以工促农、城乡互动、协调发展,逐步改变城乡二元经济结构的发展战略。在城镇化进程中将产生大量矛盾和诸多社会问题:规划如何处理好长远与目前、局部与全局矛盾? 基础设施建设如何处理好政府与市场的关系? 如何做到既保护国家耕地保护制度,又要切实尊重和保护农民和集体的土地权益? 如何处理农

民身份转换？如何建立和完善医疗保健制度、失业保险制度、住房制度、教育制度和就业制度社会保障体制，努力使进城农民无后顾之忧？这些矛盾和问题迫切需要创新社会管理来解决，这就要求我们必须坚持以科学发展观为指导，不断研究采取有效措施，通过科学规划、创新土地管理制度、创新投融资体制、创新户籍管理制度等等创新社会管理方式解决城镇化进程中面临的问题。

（二）加强和创新社会管理是城镇化进程中构建农村和谐社会的必然要求

农村社会不和谐、不安定，整个社会就不可能和谐安定，"三农"工作是全党工作的重中之重。农村发展和稳定，事关全局，必须高度重视城镇化背景下的农村社会管理创新，切实解决农村社会管理中与新形势不相适应的问题。随着城镇化进程加快，工业用地、城镇用地需求急剧增加，在土地征用、房屋拆迁中产生大量矛盾，部分地方已出现"无土地、无职业、无社保"的"三无"农民。2亿多农民从农村涌向城市，一方面，由于户籍制度、社会保障等方面体制性障碍，使农民工在就业、医疗、住房、子女上学等方面与城镇居民存在明显差异，引发了诸多社会管理问题。另一方面，农村不少家庭出现空巢化，留守老人、留守妇女、留守儿童数量庞大，也带来诸多新的社会问题。农村社会事业发展，相对于城市来说更滞后，公共管理、教育、卫生、文化、医疗和养老等公共服务和社会保障水平更低。这些矛盾和问题都迫切需要解决，只有在城镇化进程中加强和创新农村社会管理，强化农村社会公共事务的管理，强化农村社会矛盾的调解处理，培养农民对于农村的社区认同感，增强农村干部群众间的互信，妥善处理农民群众最关心最直接最现实的利益问题，才能有效缓解和解决农村社会转型过程中出现的各种问题，才能保证农村社会转型的顺利完成和经济社会的稳定发展，才能确保农村社会的和谐稳定。

（三）加强和创新社会管理是城镇化进程中实现全面建设小康社会目标的必然要求

全面建设小康社会，重点、难点在农村，只有农村经济发展了、农村社会发展了，全面建设小康社会的目标才能真正实现。农村经济发展面临最大的问题是农民增收难。近年来，随着国家一系列强农惠农政策的实施，农民收入实现了持续较快增长。但是总的来看，农民增收基础还不牢固，农民收入水平依然较低，城乡居民收入绝对差距扩大的趋势仍然没有得到根本扭转。而且，随着城乡交流的加快，农民群众对于物质文化生活的需求也随之提高并趋向多样化,但较低的收入水平和收入预期又限制、压抑了他们的需求。创新社会管理,推进城镇化能促进农村经济发展和农民收入提高,可以全面提高财政对农村基础设施和基本公共服务的保障水平,促进公共财政资源在城乡之间均衡配置,提高农业现代化水平,发展农村二三产业,鼓励农民就地就近向非农产业转移,提高农民生活水平,改善农村生活生产条件,加快实现全面建设小康社会的目标。

二、城镇化进程中加强和创新社会管理的原则

城镇化进程中加强和创新社会管理,必须坚持科学发展观,按照构建和谐社会的要求,将科学的发展观贯穿整个城镇化进程以及工作的各个方面,要做到这一点,关键要在以人为本、全面、协调、可持续等环节上下功夫,把握好以下几个原则:

(一)创新社会管理重在创新理念、转变观念

社会的变革与发展,需要观念不断更新,观念创新是前提和保证。要敢于突破传统的思维定式,确立系统性、开放性、逆向性辩证思维方式,多方位、多角度、多途径地思考问题。缺乏冒险与积极实践的精神,墨守成规,将不会有创新,难以获得更好的发展。坚持以跨越式发展为主题,在指导思想和思维方式上进行创新,为城镇化推进注入精神动力。在思想观念上,要转变对经济工作"就农业抓农业"的理念,树立把推进城镇化作为解决"三农问题"、统筹城乡发展重大战略的观念;要转变重城镇化速度、轻城镇化质量的观念,树立"速度与效益并重,质量和效益第一"的观念;要转变"以谋求暂时经济利益牺牲环境"杀鸡取卵的理念,树立"环境就是财富,保护环境就是保护生产力"的可持续发展的观念;要树立"以农为本"的农村城镇化建设理念,"以农为本"是农村城镇化建设的基础和前提,农村城镇化建设,一切都要以有利于农业、农村、农民的发展为前提,才能更好地实现农村人口不断向城镇转移,第二、第三产业不断向城镇聚集,农村产业结构不断优化,有效推动农业、农村、农民的现代化进程,逐渐形成城乡经济社会发展一体化新格局。

(二)创新社会管理要坚持以人为本、服务优先

以人为本是科学发展观的价值取向,重视人的幸福、提升老百姓的幸福指

数是任何政府执政理念的必然取向。以人为本的执政理念从客观上要求现代政府关注民意，为人民谋幸福，坚持以人为本是创新社会管理的必然准则。加强和创新社会管理，要始终把实现好、维护好、发展好最广大人民的根本利益作为出发点和落脚点，寓管理于服务之中，实现依法管理、科学管理、人性化管理，使人民群众在社会生活中切实感受到权益得到保障、秩序安全有序、心情更加舒畅。城镇化建设中坚持"以人为本"，就是要以促进人的全面发展，提高农村居民的生活质量为根本出发点，加强农村政治经济文化设施建设，推进农民的城市生活方式的转化，加强城乡文化普及教育和普法宣传，引导广大城乡居民培养科学的世界观、人生观和生活消费观，推进现代文明向农村扩散；要加强培训，加速提高农村人力资本和人口综合素质，将农村人口转移、解决转移人口就业和居住问题放到更加突出的位置，更好地满足农民工的多方面需求。遵循管理是手段，服务是根本的原则，积极探索城镇管理体制改革，完善城镇社会管理和服务职能，进一步拓展便民服务，促进政府各项服务职能向基层延伸，不断拓展政企联动、城乡互动等多种模式，在提供更多、更好、更便捷的服务中彰显人性化管理理念。

（三）创新社会管理要坚持统筹兼顾、动态协调

创新社会管理要正确反映和协调各个方面、各个层次、各个阶段的利益诉求和社会矛盾，既要"左顾右盼"，又要"瞻前顾后"，使社会管理能够体现维护公平正义的"刚性"、协调各方利益的"柔性"、应对新情况新问题的"弹性"，促进社会动态平衡，保障国家长治久安。城镇化建设的规划要有前瞻性，要具有对未来农村发展的可融性，同时又要考虑区域内的协调性，就必然要坚持统筹兼顾、动态协调，调研论证，要根据当地资源、产业、区位、文化等现实状况和优势特色，充分发掘未来发展的潜在能力，才能正确定位城镇化的发展方向，明确城镇的功能定位。城镇化建设在用地、投资和城镇管理等各方面也要坚持统筹兼顾、动态协调。在用地方面，既要考虑保护国家耕地保护制度，也要切实尊重和保护农民和集体的土地权益；在城镇建设投资方面，不但要发挥财政资金和财政政策的导向作用和引导功能，还要发挥市场机制的作用，吸附社会资本、民间资本参与城镇基础设施建设，落实"谁投资、谁所有、谁受益"的投资管理制度；在城镇管理方面，随着大量的农村人口的迁入和城镇居民的迁移，条块分割的城镇管理体制和行政管理方式为主的管理方式越来越不适应经济社会发展的需要，必须将新的城镇区域进行重新划分和调整，建立一种新型的城镇社区管理体制，将与居民生活有关的各种公益性和服务性事务逐渐纳入

社区服务范畴,形成有组织、有特色、多形式的社区网络,有利于新社区人们和谐生活和发展。

(四)创新社会管理要坚持多方参与、共同治理

加强和创新社会管理要充分发挥政府在社会管理中的主导作用,同时要充分发挥多元主体在社会管理中的协同、自治、自律、互律作用,使各种社会力量形成推动社会和谐发展、保障社会安定有序的合力。要按照健全党委领导、政府负责、社会协同、公众参与的社会管理格局的要求,加强社会管理法律、体制、能力建设,加快构建源头治理、动态管理和应急处置相结合的社会管理机制,建立、完善与之相适应的农村社会管理模式。要进一步加强农村基层党组织建设,要发挥好农民的主体作用,进一步完善村民自治,调动和激发村民参与村级事务管理的积极性、主动性和创造性;要强化和提高农村社会公共事务的管理服务能力,培育更多的农村管理和服务主体,加强各种群众组织、农民专业合作组织、协会在农村公共事务管理中的作用;要强化农村社会矛盾的调处,通过建立和延伸有效的社会管理网络,从矛盾预警到调处做到快速反应,努力做到关口前移,把矛盾纠纷控制在初始阶段,解决在萌芽状态,使农村社会矛盾得到有效处理;在社会管理中扩大公民的有序参与,坚持"问政于民、问需于民、问计于民",组织群众积极参与民主选举、决策、管理、监督。

三、城镇化进程中加强和创新社会管理的内容

城镇化既是经济资源向城镇聚集的过程,也是农民转变为市民的过程,需要突破现行政策、体制、机制上的障碍,着力解决农民市民化过程中"地从哪里来、人往哪里去、钱从哪里来"以及农民进城后的居住、就业、社保等难题,保证农民"进得来、留得住、有发展、活得好",必然产生大量矛盾和诸多社会问题,解决这些矛盾和问题迫切需要创新社会管理,这就要求我们采取有效措施,加快创新社会管理步伐,全面增强城镇化内在发展动力。因此,要在实施城镇化发展战略进程中创新土地管理制度、创新农村投融资体制、创新产业发展方式、创新户籍管理制度、创新农村社会保障制度、创新城镇管理体制、创新村民自治制度、创新农民就业安居制度(这几方面内容将在后面各章详细论述,所以在此不多谈)、创新流动人口管理和创新农村公共服务体系。

（一）创新流动人口管理

流动人口是指那些离开户籍所在地,在另一地区滞留、居住、从事各种活动的人口,其中绝大多数是从农村转移出来进城务工经商的富余劳动力,是与城镇化进程伴生的人口现象。目前,我国流动人口从改革开放初期约 200 万人增加到 1.4 亿多人,流动人口管理已经成为我国社会管理的重要组成部分。做好流动人口社会管理服务工作,不仅是计划生育工作和社会治安综合治理的需要,更是维护社会稳定、全面建设小康社会、构建社会主义和谐社会的需要,直接影响到我国城镇化进程,影响到我国现代化建设成败。人口流动对于优化人力资源配置、推动经济社会发展具有重要作用。同时,流动人口所带来的一些问题也不容忽视。近年来,许多地方流动人口违法犯罪问题比较突出,大城市和沿海地区抓获的犯罪嫌疑人中流动人口所占比例一直在 50% 以上,个别地方高达 80%。一些以地缘、亲缘为纽带的流动人口聚居在"城中村",其中许多违法犯罪分子逐渐形成团伙帮派,向团伙犯罪、有组织犯罪转变,甚至形成黑恶势力,不仅影响社会治安,而且给社会稳定和安全埋下隐患。目前,失地农民数量日益增多,许多流动人口正在由城乡流动向滞留城镇转变,在城镇出生长大的流动人口后代几乎很难再回农村。同时还要看到,几乎有 1/3 的农民工从事建筑及其有关行业,这些行业发展到一定程度后总会有减速、甚至停滞的时候。还有更多流动人口的文化素质和技能,在短期内根本适应不了沿海地区和大中城市产业结构调整的需要,不少人不可能长期在城镇居住。这就需要未雨绸缪考虑到部分流动人口今后的出路问题,避免大量无稳定职业、无固定居住场所、无生活来源的人口盲目流动。妥善解决好流动人口问题,日益成为摆在我们面前的突出问题。党的十六届六中全会明确提出要"加强流动人口服务和管理,促进流动人口同当地居民和睦相处"。在 2011 年 2 月中央党校举办的省部级主要领导干部社会管理及创新专题研讨班开班式上,胡锦涛总书记指出:"进一步加强和完善流动人口和特殊人群管理和服务,建立覆盖全国人口的国家人口基础信息库,建立健全实有人口动态管理机制,完善特殊人群管理和服务政策。"这些都对新时期流动人口管理工作提出了新的、更高的要求。各级党委、政府一定要高度重视流动人口问题,有关部门要加强对流动人口服务管理工作的调查研究,进一步增强搞好流动人口服务管理工作的自觉性、主动性,全面贯彻落实科学发展观和以人为本理念,按照构建社会主义和谐社会的要求,认真借鉴和汲取世界其他国家的成功经验和失败教训,把握宏观趋势,分析深层原因,寻求治本之策,综合管理、全方位管理,切实解决好在城镇化进程中流动人口社会服务管理工作中存在的突出矛盾和问题,创新流动人口管理制度。以创新为着力点,努力构建科学化、规范化、社会化和人性化的流动人口管理制度体系。

1.加快流动人口服务管理立法。我国目前有关流动人口管理的法律法规,包括户口登记条例、城镇暂住人口管理暂行规定、租赁房屋治安管理规定,以及部分地方规章,基本上都是在上个世纪九十年代以前制定和发布的,内容多以限制性规定为主,引导人口有序流动、为流动人口服务、保障流动人口权益方面的内容不多。有关流动人口服务管理的法律法规不健全,各地各部门政策规定相互不协调,增加了管理工作的难度。建议尽快建立健全与构建社会主义和谐社会相适应的流动人口服务管理相关的法律、法规。通过立法和统一规范,使流动人口服务管理有法可依,并具有科学性、权威性和普遍的约束力。完善有关制度,抓紧清理有关流动人口管理的法规和政策,及时废止过时的政策,取消带有歧视性的政策,消除不同规范之间的矛盾和冲突。

2.稳步推进户籍制度改革和建立健全有关流动人口服务管理的社会保障制度。要从实际出发,稳妥地、有步骤地实行按居住地登记户口、城乡统一的户籍制度。尽快改革城乡二元户籍制度,推进基本公共服务均等化,为流动人口提供各种基本的社会公共服务,使流动人口共享改革发展成果;尽快建立健全有关流动人口服务管理的社会保障制度。主要涉及劳动、就业、教育、医疗、计划生育、社会保障等多方面政策和制度的设定,并使其能够在各地间相互流转、相互协同。在完善劳动关系的前提下,将流动人口纳入工伤保险范畴;按照流动人口工作年限、流动频度等实际情况,建立不同层次的医疗保障体系,以保障流动人口基本的医疗救治服务;建立一定的失业保障制度,让其有限度地参加城镇职工失业保险;对于居住稳定的人员,其养老保险的缴纳办法可以视同于城镇职工和居民;建立流动人口的社会救助制度,完善流动人口的法律援助制度。

3.坚持管理与服务并重,维护和保障流动人口的合法权益。尽管流动人口中违法犯罪比例比户籍常住人口高,但绝大多数都是遵纪守法的公民,流动人口为流入地经济和社会发展作出了重要贡献。目前在一些地方常常把流动人口视为社会不安定的制造者,在具体工作中往往是歧视多于尊重、管理多于服务、防范多于保护,这与贯彻以人为本理念、实现人人平等、构建和谐社会的要求是很不适应的。各级政府一定要尽快实现由以社会控制为主的治安管理向综合服务管理的模式转变,由重管理轻服务向管理服务并重的模式转变,进一步转变政府职能,在加强管理的同时,把尊重和保护流动人口的合法权益置于管理工作的首位,切实保障和维护流动人口参政议政、选民登记、行使选举权和被选举权、加入党团组织、平等就业、劳动安全、同工同酬、按时足额领取工资、申办工商营业执照、购买经济适用房、生活居住、社会保障、子女就学等方面的合法权益,充分发挥工会等组织对维护流动人口合法权益的监督作用,开展多种形式的法制宣传教育,及时解决流动人口权益受侵害问题。将管理寓于服务之中,在服务中实施管理,从而使流动人口的服务和管理日趋和谐、稳定。

4.提升流动人口服务管理社会化水平。当前流动人口管理工作的社会化程度较低,尚未形成政府与企业、出租屋业主、社区居委会网络化管理格局。应从管理主体创新着手,从单纯重视政府作用向社会力量共同治理转变,形成政府与社会合作、多元主体共同管理和服务的新局面。一是重视发挥社区对流动人口服务管理的作用。以社区为依托,充分整合和依靠社区的各种资源,科学运用并发挥社区管理机制和手段的作用。二是重视发挥出租屋业主对流动人口服务管理的作用,推行流动服务管理基层群众自治。按照"谁出租、谁负责"原则,探索创新出租房屋管理模式,采取物业、小区楼长和所在村计生主任相结合的方式,加强出租房屋的管理,重点加强对房屋租赁情况的查验,扩大出租房屋管理面,加强对房屋租赁中介服务公司的房屋租赁业务记录情况和物业公司查验,以出租房屋管理为抓手和突破口,以税管房,以房管人,做好流动人口管理工作。三是重视发挥企业对流动人口服务管理的作用。明确"以业管人"的责任,按照"公平对待、合理引导、完善管理、搞好服务"的工作要求,建立健全企业内部流动就业人员管理制度。

5.优化流动人口的就业环境和居住条件。大力培育劳动就业中介机构和劳动就业信息平台建设,规范服务质量,加强对流动人口职业道德和职业技能的培训,探索和建立公益性就业组织,由政府或非营利性组织出面建立,财政给予适度支持,为流动人口的就业搭建一个良好的环境;将流动人口廉租住房建设纳入当地城镇居住体系建设规划和工业园区建设规划,企业根据自身需要和实力建造员工用房,推行外来务工人员集中住宿。由政府出台划拨土地、贴息贷款、城镇建设配套费减免等优惠政策,鼓励民间资本建设"民工公寓",实行产业化经营、市场化运作和廉价出租。有条件的地方,允许符合条件的优秀外来务工人员,申购当地的经济适用房,使外来务工人员真正有房住、住得起。

6.构筑流动人口信息化综合服务平台。对流动人口信息的充分掌握是积极有效开展服务管理工作的前提和基础,也是正确制定和适时调整流动人口服务管理政策的主要依据和必备条件。一是实现管理系统的"一体化"。科学整合公安、劳动、就业、医疗、计生、房管、社会保障等部门现有信息资源,建立统一、规范、迅捷的信息管理系统,健全以覆盖全国人口数据库为基础、以信息互通为纽带、以层级监管为保障的机制体系,完善流动人口动态监控、绩效评估和统计分析监管平台,实现信息的互通共享。二是建立相关制度,明确工作责任。落实"谁出租,谁负责"、"谁经营,谁负责"、"谁用工,谁负责"的要求,健全信息资料,努力在信息互通中实现资源共享,在部门联动中实现管理互补。三是规范信息采集,推行动态管理,运用科技手段,创新信息管理,及时更新信息,提高服务管理效能。

7.建立流动人口服务管理长效机制。通过管理方式、环节、手段的创新,构建起流动人口服务管理长效机制。在流动人口服务管理方式上,从偏重管制控制向更加重视服务、重视协商协调转变,更多地运用依靠群众的方式、民主的方式、服务的方式和教育、协商、疏导的方式,化解流动人口群体与相关群体的矛盾,解决实际问题;在流动人口服务管理环节上,从偏重事后处置向更加重视源头治理转变,把工作重心从治标转向治本、从事后救急转向源头治理,使流动人口服务管理关口前移;在流动人口服务管理手段上,从偏重行政手段向多种手段综合运用转变,更多地运用法制规范、经济调节、道德约束、心理疏导、舆论引导等手段。以人口流入地为主,进一步加强人口流出地与流入地政府及相关部门之间的联系,搞好区域协作,认真做好衔接工作,拓宽协作覆盖面,适时召开协作会议,共同研究解决流动人口服务管理中出现的问题,不断增强服务管理的针对性、有效性,降低管理成本,提高工作效率,引导人口合理有序流动。

(二)创新和完善农村公共服务体系

农村公共服务体系是地方政府为满足农业农村发展和农民生产生活需要,由政府为主提供具有一定非竞争性和非排他性的公共产品和服务。"十二五"规划纲要强调,坚持以人为本、服务为先,履行政府公共服务职责,提高政府保障能力,逐步缩小城乡区域间基本公共服务差距。提供公共服务,满足公共需求,是现代政府的基本职责。政府应该提供给农民最关心、最急需的基本公共服务,主要包括医疗卫生、义务教育、社会保障、就业、公共基础设施、公共安全等方面。政府提供公共服务的数量和质量,直接关系人们的生活质量,提高农村公共服务水平是逐步实现基本公共服务均等化的基础,为农村提供良好的公共服务关系到农村经济和社会的可持续发展,也是城镇化和社会主义新农村建设的重要内容。在当前实施城镇化发展战略、加快城乡区域统筹转型发展的关键时期，必须更加重视创新和完善农村公共服务体系，不断缩小工农、城乡和阶层之间的差距，为广大农村居民提供基本而有保障的公共产品，推进城乡基本公共服务均等化，促进社会和谐发展。

随着我国改革不断深化和经济社会的不断发展，各级政府加大了对"三农"的投资力度，农村公共服务的供给与服务水平取得较大进展。特别是近几年来我国政府财政在农村基础设施、农村公共卫生、农村社会保障、农业科技支持等方面的投入逐年增加，政府承担的提供公共服务与产品的责任逐渐加强与明显，农民得到的实惠也显而易见。但我国农村公共服务体系仍存在一定的问题和不足，农村公共服务欠账较多，主要表现为农村公共服务供给总体缺乏，农业生产急需的公共产品供给太少。比如大规模农业固定资产投资、大型水利灌溉设施建设、农作物良种的开发培育和及时有效提供农产品市场供求信息等。农村公共服务供给结构失调，一些地方政府对上级要求考核的农村电网改造、交通道路建设等公共设施项目，千方百计地组织资金加以实施，而对农业科技的推广和应用、农业发展的综合规划和信息系统建设等"软"公共产品的建设，却没有太高的积极性。农村公共服务质量不高，覆盖范围不够宽，效率低下。城乡居民在医疗、教育、就业等方面仍存在较大差距。实施城镇化发展战略，按照城乡经济社会发展一体化的要求，创新和完善农村公共服务体系，切实加快农村社会公共服务设施事业发展，逐步提高农村公共服务水平。

1. 强化服务意识。提供公共服务，满足公共需求，是现代政府的基本职责。各级政府应坚持以人为本，以强化服务意识、增强服务效能、提高服务水平为中心，树立科学行政、民主行政、依法行政的理念，增强公共服务意识，努力实现由管理本位向服务本位转变。在创新和完善农村公共服务体系中，应始终坚持以农民基本公共服务需求为导向，从农民群众最关心、最直接、最现实的利益问题着手，有序推进农村公共服务发展。乡镇政府作为与农民最接近的一级政府，应当把为农民提供基本而有保障的公共服务作为自己的主要职能。以发展农村社会事业为重点，提高乡镇政府服务农民的水平，通过有效地提供公共服务来调节农村各种利益关系，逐步形成惠及农民的基本公共服务体系；健全农村社会治安防控体系，创新农村公共服务和社会管理方式，保持乡村安定有序；以提高农村公共服务效率和公共服务质量为中心，整合农村各种资源，以低廉的行政成本为农民提供更多的公共服务。

2. 加大财政投入。一是加大财政投资以建立统筹城乡的公共服务供给体制。有力的财政支撑是政府履行公共服务职能的基本保障,加大财政投资以建立起适应社会主义市场经济要求、符合国际惯例,城乡统一、均衡、公平、公正、平等的新型现代公共服务供给体制。政府要缩减政府的经济建设支出和行政管理支出,从根本上改变非均衡的城乡公共服务供给体制,调整财政支出结构,逐步增加农村公共服务财政支出的总量与比例,增加农村公共服务供给,逐步缩小城乡间基本公共服务的差距。通过完善激励约束机制,完善和规范中央财政对地方的转移支付制度,强化省级政府调节地方财力分配的责任,增强省级财政对市县级财政的指导和协调功能,逐步强化基层政府供给基本公共服务的体制保障能力。政府既是基本公共服务的提供者,也是非基本公共服务供给的倡导者和参与者,还是整个社会公共服务供给的规划者和管理者,满足广大农民对义务教育、医疗卫生、社会保障、基础设施、文化体育、农技推广、公共安全等基本公共服务的需求,是政府的基本职责。二是公共财政对农村投入要突出重点。农业基础科学研究、大型水利工程、气象、种子培育、农村道路建设、全国性的水土保持工程以及全国性的农业病虫害防治等,由于其不具有内部收益,属于纯公共产品的范畴,适合于政府公共提供。公共财政对农村的覆盖不可能全面铺开、一次到位,而是应分阶段、分区域地排出顺序,集中财力优先安排农民最急需、受益面广、公共性强的农村公共产品和服务。当前,应按照"十二五"规划要求,重点加大对发展农村义务教育、中等职业教育、学前教育的投入力度,建立健全农村医疗卫生服务网络,完善农村社会保障体系,增加农村公共文化、体育设施等的供给。

3. 发挥社会组织作用。在明确政府主导作用的同时,发挥农村合作组织以及其他社会组织和协会在满足特定群体的利益要求上的优势,创造良好的农村公共服务投资环境,畅通公共服务供给渠道,鼓励企业和各类社会团体参与农村公共设施和社会事业建设,建立以政府无偿供给、民间资本有偿参与的多元供给体制。创新供给方式,实现服务主体多元化和方式多样化,以弥补政府在公共服务供给中的不足,大力提高农村公共服务供给效率,推动农村公共服务又好又快发展。在经济和技术具备可行性的条件下,社会组织就会有动力提供农村公共物品和服务,尤其是一部分准公共物品,如农村中小学教育、农村职业教育、农村水利灌溉系统、农村医疗、农村道路电网建设等,政府应允许一部分以盈利为目的社会组织进入这些准公共服务供给领域。民间互助互益供给模式适合区域性公共物品的供给,村民往往按照居住村落和血缘关系形成互助互益群体,共同出资修建小范围内的公共物品,如农田水渠、水井、种植、养殖的供产销联合体、灌溉,治虫,湖泊的渔业资源利用,农产品的加工和流通等。最后是民间公益性供给主体。有越来越多的民间非盈利性组织在道德动力的驱使下，志愿供给农村公共物品和服务，弥补政府提供公共服务的失灵。

4. 健全运行机制。一是建立"自下而上"的需求表达机制，切实施行以农民需求为导向的公共物品和服务供给决策机制。建立和完善村民委员会和人民代表大会制度，在村民委员会制度和乡人民代表大会制度的基础上，由全体农民或农民代表对本社区内事关公众切身利益的公共项目进行投票表决，使农民能够通过直接或间接的渠道充分表达对公共服务需求选择的意见，使多数人的需求意愿得到体现，确保农民的知情权、参与权、表达权、监督权，建立自下而上的需求表达机制和公共服务供给决策机制。二是健全农村公共服务监督机制，完善农村公共服务资金的使用与管理制度，实行财务公开，定期公布具体收支情况，对农村公共资源使用情况与供给过程开展监督和检查，防止暗箱操作，保证公共资源合理使用，实现专款专用，提高资金的使用效率，将公共服务置于社会严格监督之下。对于非政府投资主体提供的公共服务的运营，为避免形成区域性垄断，政府要对其进行价格监管，按照投资合同，在不侵犯投资主体正常利益的情况下，最大限度地保障农民的利益。三是建立权责统一的考核和奖惩机制，强化基本公共服务绩效考核和行政问责。对于政府投资提供的公共服务的运营，政府实行公开招标，与中标者签订合同，这就形成了"政府承担、财政保障、竞争择优、购买服务、合同管理、考核兑现"的农村公共服务运营模式，即所谓的政府"花钱买服务，养事不养人"，根据合同制订全面考核方案，根据服务质量和考核成绩，兑现服务费用。对于农村公共服务工作成绩突出的基层政府和工作人员给予表扬和奖励，而达不到绩效考核标准或者工作失职者应追究相应责任，给予处罚。

5. 提高服务水平。着眼消除城乡差别，努力为城乡居民提供平等的基本公共服务，提高农村基本公共服务水平。一是提高农村义务教育水平。需要全面推进以落实教育经费保障机制为重点的农村义务教育改革，加快推进农村小学标准化建设和学校布局的调整优化，加强学前教育，发展职业教育，切实加强农村教师队伍建设，健全完善城乡学校结对帮扶、农村教师与城市教师双向流动等机制，进一步对全部农村义务教育阶段学生免费提供教科书，提高农村义务教育阶段家庭经济困难寄宿生生活费补贴标准，扩大覆盖面，提高农村中小学公用经费和校舍维修经费补足标准，加大农村薄弱学校改造力度，提高农村教育水平。二是增强农村基本医疗服务能力。新型农村合作医疗制度要提高国家补助标准，适当增加农民个人缴费，规范基金管理，完善补偿机制，扩大农民受益面,完善农村医疗救助制度。深入实施"农民健康"工程,加强农村社区卫生服务站(中心)和"流动医院"等医疗卫生服务网络建设,扎实开展基层医务人员的招聘和培养工作,加强农村卫生服务网络建设和药品监督,规范农村医疗卫生服务。三是健全农村社会保障体系。在社会保障方面,针对农村最低生活保障制度刚建立、标准较低的实际情况,要着力建设和完善相关制度,加大农村最低生活保障补助力度,做到应保尽保。做好被征地农民就业培训和社会保障工作。同时,鼓励有条件的地方探索建立多种形式的农村社会养老保险制度。四是健全农业社会化服务体系。要建立市场信息、新技术推广、农业生产全过程服务等社会化农业服务体系。优化基层农业服务机构人员结构与知识结构,鼓励有技术专长的专业技术人员到基层农业服务机构从事农业服务工作,加快现有农业服务人员知识更新的步伐,增强对农业服务人员的培训力度,以适应新形势,学习新知识,更好地服务于农业和农民。五是健全完善文化体育设施。认真做好农村优秀民俗文化资源和非物质文化遗产的系统挖掘和保护,扶持发展民间职业剧团和农村业余剧团,积极举办各类农民文化艺术节、民间艺术节、广场文化艺术节等活动,不断丰富农民群众的精神文化生活,繁荣农村公共文化,加强农村精神文明建设。六是加大农村基础设施建设力度,加快农村饮水安全工程实施进度,推进农村生活污水治理多样化,加快乡镇和农村污水收集管网建设,增加农村沼气投入,进一步改善农村人居环境。加强交通道路、供电供水等基础设施建设,启动实施城乡数字电视建设工程,推进广电网、电信网、互联网"三网融合",努力提高公共设施的共享度。六是创新公共安全管理模式。积极创新农村公共安全管理机制,探索建立综合管理服务工作中心,建立矛盾纠纷"大调解"工作机制,建立健全公安、检察、法院、司法、城管、劳动等部门间的协作机制,构建社会各界广泛参与的"大调解"格局。加强农村防灾减灾能力建设。建立完善气象防灾减灾中心,加强对灾害性天气的预测预报和风险评估,加强农村基础设施的抗灾和保障能力建设,强化农村避灾场所的建设和管理,确保具有较强的抗灾保障能力。

第四章

创新土地管理制度
夯实城镇化的基础

土地制度是反映人与人、人与地之间关系的重要制度集合,它既是一种经济制度,也是一项法权制度。现行的农村土地制度采取农民集体所有的形式,农村集体经济组织代表该组织的全体农民占有农民集体所有的土地,并对该集体所有的土地行使经营管理权。从长期看,社会和经济变迁,不仅需要土地政策的选择,更需要土地制度的更迭。在中国农村工业化、城镇化进程中,土地制度不是外生变量,而是重要的内生变量,甚至是一个决定的因素。回顾新中国土地管理制度,分析农村土地制度缺陷,探讨创新土地管理制度,对于促进城镇化战略的实施具有重要的现实意义。

一、新中国土地管理制度回顾

(一)废除封建土地所有制,建立土地的农民私有制

新中国的成立初期的土地改革,中国共产党依靠政权的强制力量,颁布了《土地改革法》,废除了旧中国的土地私有制,建立起土地农民私有制,国家没收封建地主、官僚资本家土地所有权,无偿分给农民,到1952年土地改革结束时,新政府给3亿多无地或少地的农民,按照"当地平均标准"无偿分配了7亿多亩土地,基本实现了"均田式"的农民土地私有制。农民不仅获得了土地,而且对拥有的土地"有权自由经营、买卖和出租"。

（二）农民土地私有制向土地的集体所有制过渡

从 1953 年至 1957 年期间，根据《关于农业生产互助合作的决议（草案）》和《关于发展农业生产合作社的决议》，农村开始进入合作社时代，也就是土地集中经营，通过建立互助组、初级社、高级社把土地的农民私有制过渡到土地的集体所有制。目的是要确立社会主义性质的土地制度，确立社会主义经济关系。农民个人直接所有的土地，也从土地无偿入股、统一经营，发展到农村土地集体所有。

（三）土地的"三级所有，队为基础"制度的建立

为了巩固和发展农业合作化，从 1958 年开始在全国掀起了人民公社化运动。人民公社运动主要是通过对农业生产合作社的合并，对土地加以集中，实行公社集体所有。由于这种形式的生产关系脱离了当时的生产力发展水平，结果对农业生产造成了很大的破坏。1960 年 11 月，党中央进一步提出了"三级所有，队为基础"的土地制度，即土地归公社、大队和生产队三级集体所有，土地的使用权归生产队，也就是土地集体所有，社员集体在公有土地上统一生产和劳动，社员没有任何私有土地，彻底消灭了私有制。这一阶段是农民的土地使用权彻底被收回的阶段。这种土地制度一直延续到 1978 年。

（四）家庭联产承包责任制让土地所有权与使用权分离

现行的农村土地制度脱胎于 20 世纪 80 年代初以联产承包责任制为首的农村改革。这项划时代意义的改革始作俑者是安徽凤阳小岗村的 18 户农民，他们以托孤的决心，悄悄地实行土地分户承包经营，结果连口粮也保不住的农民当年就有了余粮，集体经营方式下的低效率转变为分户经营的高效率。这种改革的成效立竿见影，很快得到地方政府的认可和保护。1978 年 12 月在党的十一届三中全会上，中共中央作出了《关于加快农业发展若干问题的决定》（草案），推动了土地的家庭承包责任制在全国范围内的实行。80 年代初，中央政府以连续几个 1 号文件的形式，确立了家庭联产承包责任制的地位，让农民吃了定心丸。随后理论界和实践部门通力合作，进一步将这种生产经营方式的变革推进到农村土地制度的安排上。最初农民与集体经济组织（同时代表国家各级政府）之间签订的是生产合同书，随后演化为土地承包合同。生产合同书的主要内容是：农民保证产量、保证上交公粮，不再由集体组织生产、分配产品，即"交够国家的、留够集体的、剩下都是自己的"。土地承包合同则

依照原人民公社时期土地集体所有性质,将土地集体所有权与使用权分离,将具体地块的土地使用权与农民紧密相连,在土地上设定农民与国家、集体的权利义务关系。这是一次由农民引导的土地制度创新,不仅带来了农业和农村经济社会的发展和繁荣,而且还引发了我国整个经济体制改革的启动。

(五)农村土地家庭承包经营制度的完善

由于经验不足,出现了诸如土地按人口均分、地块过小、承包期过短、频繁调整、无承包合同或承包合同不健全等问题。为此,中央在 1984 年 1 月出台的《关于 1984 年农村工作的通知》中提出,土地承包期一般应在 15 年以上,鼓励土地向种田能手集中,允许土地转包。这使得家庭联产承包制和统分结合的双层经营体制作为农村经济的一项基本制度长期稳定下来。1986 年,中央又制定通过了《中华人民共和国土地管理法》,对农村集体土地的所有、使用、管理做出了明确规定,促进了农村集体土地管理的法制化。中共中央、国务院在 1993 年 11 月《关于当前农业和农村经济发展的若干政策措施》中提出了再一次延长土地承包期 30 年不变的政策,目的是稳定农业土地承包关系,鼓励农民增加投入,提高土地生产率;提倡在承包期内实行"增人不增地,减人不减地"的办法;在坚持土地集体所有和不改变土地用途的前提下,经发包方同意,允许土地使用权依法有偿转让;1999 年 1 月 1 日起施行的新土地法,使对土地承包关系的管理逐步过渡到法治轨道,对抑制农村土地的过快非农化、更好地保护耕地起到了积极作用;2008 年 10 月召开的十七届三中全会审议通过的《中共中央关于推进农村改革发展若干重大问题的决定》,决定中提到,"完善土地承包经营权权能,依法保障农民对承包土地的占有、使用、收益等权利。加强土地承包经营权流转管理和服务,建立健全土地承包经营权流转市场,按照依法自愿有偿原则,允许农民以转包、出租、互换、转让、股份合作等形式流转土地承包经营权,发展多种形式的适度规模经营。"我国《物权法》第 128 条规定,土地承包经营权人依照农村土地承包法的规定,有权将土地承包经营权采取转包、互换、转让等方式流转。《农村土地承包法》第 32 条规定,通过家庭承包取得的土地承包经营权可以依法采取转包、出租、互换、转让或者其他方式流转;该法第 42 条同时规定,承包方之间为发展农业经济,可以自愿联合将土地承包经营权入股,从事农业合作生产。这些法律对流转方式的体系设计表明,农民对于自己的土地承包经营权可以采取转包、互换、转让、出租、入股等方式流转。这些流动方式对于农村土地的规模化经营、建立农村产权市场以及加快"城乡经济社会发展一体化"战略的实现都具有重大意义。

二、农村土地制度缺陷的主要表现

马克思指出"生产力决定生产关系,而生产关系又反作用于生产力",社会的物质生产力发展到一定阶段,便同它们一直在其中活动的现存生产关系或财产关系(这只是生产关系的法律用语)发生矛盾。在这一矛盾运动过程中,选择了适应生产力发展要求的生产关系或财产关系,确立了有利于生产效率提高的政策、法律和制度,就选择了繁荣;与此相反,就选择了贫困。我国社会主义经济制度的基础是生产资料的社会主义公有制,即全民所有制和劳动群众集体所有制,土地作为重要的生产资料,其公有制表现为国有和农民集体所有两种所有制形式。与此相对应,我国的土地产权制度首先表现为一种经济制度安排,是社会主义初级阶段实现生产资料公有,进行社会主义现代化建设的生产资料分配和经营方式;其次是一种政治制度安排,是组织和教育农民,实现人民当家做主,统筹城乡发展,维护社会和谐稳定的组织模式;再次才是一种财产法律制度安排,是保护农村集体和农民土地权益,维护国家基本经济秩序的法权关系。新中国成立 60 年来,我国农村土地产权制度经历了土地改革农业合作化、人民公社、家庭联产承包责任制等历史变迁,每一次土地制度的改革变迁,都对当时的经济社会发展做出了极为重要的贡献。总体来看,我国现阶段的农村土地产权制度是适应国情要求的,30 多年改革开放的成就足以证明现阶段的土地产权制度是比较有效率和有生命力的,农村土地产权制度安排具有特殊优越性。一方面,集体土地产权为农民提供了基本的生存保障,是农村长期得以稳定的制度基础。对于社会保障体系还不够完善的广大农村来说,土地不仅是农民的生产资料,更是最稳定的社会保障来源,农民只要不失去土地永远都会有一份来自土地上的收入。另一方面,农村土地产权制度安排有力促进了我国经济的长期快速增长,是工业化和城市化快速推进的重要制度基础。城市土地经营是现阶段经济发展资本原始积累的主要来源。农村集体土地所有制则为城市土地经营奠定了制度上的可行性,并降低了工业化和城市化的成本,也为城市经济发展和基础设施建设提供了重要的财政支撑。然而,这种基于经济制度、政治制度和财产法律制度"三结合"的农村土地产权制度,既有优势也有弊端。产权制度与政治制度的结合,使得土地公有形式与市场经济中对私有产权形式需求的矛盾难以避免,公有制的价值追求与市场机制的价值取向的冲突经常发生,加上产权设置不够完善、产权主体不够明确以及相关机制政策不够配套等问题,在很大程度上影响了农村土地资源的有效配置,也不利于农民土地权益的保护。现行农村土地制度的缺陷主要表现为:

(一)农村集体土地所有权主体虚置

一是土地所有权主体的不明确。我国农村的土地归农民集体所有,在《宪法》、《民法通则》、《土地管理法》和《农业法》等重要法律中都有明确规定。但对"集体"应如何理解和界定,法律规定较为含糊不清。在《宪法》中,只是笼统规定土地归集体所有;在《民法通则》中,界定为乡(镇)、村两级所有;在《中华人民共和国农业法》和《土地管理法》中,则是乡(镇)、村或村内农业集体经济组织所有。可见,集体土地产权的主体有三种形式:乡(镇)农民集体经济组织、村农民集体经济组织、村内农业集体经济组织,可简称为"乡(镇)、村、组"三级。在这里,"集体"的概念比较模糊,哪一级组织是哪些集体土地的产权主体,很不清晰,所有权主体的不明确,形成了多元的所有权代表。多元的所有权代表必然导致了对土地事权、财政权的模糊,从而必然在土地产权市场中为权益而争,这也就人为地加大交易成本,造成了农村土地产权市场分配效率的下降,农村土地产权制度与社会主义市场经济发展的要求不相适应。

二是土地产权体系不完善,产权与治权交叉设置。我国现行农村产权制度规定农村土地归农民集体所有,土地使用权包括农地承包权、宅基地使用权、集体建设用地使用权,实际上是把"谁所有"跟"用途是什么"结合起来,宅基地使用权还与农村集体经济组织的成员身份挂钩,从而造成"产权"与"治权"、"产权"与"成员身份权"的交叉,从而形成了与城市国有土地难以对接的权利体系,既不利于城乡统一的土地市场的建立,也给权益分配、用途管制等政策制度的实施带来很大困难。

三是土地权利基础不扎实,土地缺乏统一登记。根据《物权法》的规定,土地权利的设立、变更、转让和消灭,必须依法登记。然而,目前我国农村土地的登记工作相当分散,同样存在着"产权"与"治权"交叉的问题,林地归林业部门登记,草地和耕地的承包经营权归农业部门登记,农民集体土地所有权、宅基地使用权、集体建设用地使用权归国土部门登记,这种分散、分割的登记,不仅给城乡统一的土地市场建设带来障碍,也不利于土地产权的保护。

(二)征地制度的问题

土地由农业用途转为非农业用途,仍然由政府用行政审批手段控制,仍然要通过征地途径,把农民的集体所有制强制改为国有制,由政府垄断建设用地的一级市场,唯有征地才是农地转为非农用地的合法途径,这种高度集中的土地管理体制制约了土地资源的优化配置,极不适应经济发展和城镇化的需求,并且阻碍农村耕地向规模化、专业化家庭农场集中,阻碍土地向城市化和工业化分配,也阻碍了城镇土地和房产的流动和再配置,加大了交易成本。由于征地审批权力高度集中和涉地行政管理部门较多,一个项目用地从审批到开工建设,往往从基层上报到省政府和国务院批复,并由各规划、计划、土地、建设、外经贸、房地产、国资、环保等许多涉地行政管理部门认可后实施,需要盖少则几十,多则 200 个公章,需要少则 1 年,多则 3 年,甚至更长的时间才能盖完。投资者和建设者,需要支付打通各种关系的协商和谈判成本。在政府管制过度的同时,也存在着政府土地管理失效。集体土地联建、化整为零审批、私下出租和交易农地、私自改变土地和房产用途等等情况防不胜防,最后法不责众,不了了之。土地审批中的腐败久治不绝,而且越趋严重。最突出的表现就是"征地价格的剪刀差"。按照现行的土地政策,征占农村土地的办法是,农村集体向征地用地单位出让土地,不能直接买卖,村民委员会只能把土地卖(出让)给国家土地管理部门,再由土地管理部门出让(卖)给征用部门或企业,而且由政府单方确定征地价格。一般来讲,政府的征地价格低,而其出售给征地单位或企业的市场价格高,即是"征地价格的剪刀差"。而微薄的土地转让费,农民也不能全部获得。土地用途转换的收益分配不合理,各级政府拿大头,集体得中头,很多地方对农民层层盘剥,到农户手中所剩无几。在政府和农民处于市场不平等地位的情况下,尽管随着经济的发展,土地价值日益凸显,农民的利益却没能随着城镇化的进程而同步增长,严重损害了农民利益。

(三)土地承包经营权不完善

一是现行法律制度对土地承包经营权流转主体有限制性规定。例如,《物权法》第 124 条规定:"农村集体经济组织实行家庭承包经营为基础、统分结合的双层经营体制。"《农村土地承包法》第 48 条规定:"发包方将农村土地发包给本集体经济组织以外的单位或个人承包,应当事先经本集体经济组织成员的村民会议 2/3 以上成员或者 2/3 以上村民代表的同意,并报乡(镇)人民政府批准。"从上述法律规定可以看出,土地承包经营权在流转时要受到本集体成员资格的限制,从而限制了流转人和受让人的真实意愿,将那些是种田能手而又非本集体经济组织成员的受让人排除在外,致使土地承包经营权不能进入真正意义上的市场自由流转,最终必然也阻碍土地承包经营权的合理流转。

此外,《农村土地承包法》第 26 条规定,"承包方全家迁入小城镇落户的,应当按照承包方的意愿,保留其土地承包经营权或者允许其依法进行土地承包经营权流转。承包期内,承包方全家迁入设区的市,转为非农业户口的,应当将承包的耕地和草地交回发包方。承包方不交回的,发包方可以收回承包的耕地和草地"。该条款要求收回承包地的规定,既有失公平,同时又在实际执行中由于涉及户籍登记等问题而难以操作。由于农民在家庭承包中享有的土地承包经营权与户籍相挂钩,并随着户籍变化而变化,导致进城农民、婚嫁妇女等农村迁徙人口的土地承包经营权得不到平等保护。一般而言,对土地所有者来说,其希望出租土地的期限越短越好;对土地经营者而言,则希望土地承包的期限越长越有利。自农地实行家庭承包制以来,国家先后规定了 15 年、30 年不变的承包期。农民在承包期内,为了追求土地利用效益的最大化,对承包土地进行掠夺性的垦殖,包括化学肥料的滥用,破坏了土壤植被环境,加剧了土地的沙漠化、盐碱化程度,导致农村耕地面积下降。另外表现在随意改变土地的性质和用途。土地产权的模糊和管理上的失控,导致农民对承包土地的随意性开发,突出表现在随意改变耕地用途,将农业用地改为非农业用地。二是处置权界定不明晰。由于所有权界定的不清楚,必然导致土地处置权的混乱。其结果国家就可以凭借行政力量从集体经济组织中取得对农地的使用权、收益权和处置权,很容易直接侵害集体经济组织和农民的土地权益;乡(镇)政府和村委会不正确地使用土地处置权,侵害农民的使用权;拥有土地使用权的农民没有或拥有很小的土地处置权,基本不能主动地处置土地。在现行征地货币安置方式中,失地农民极易成为"种田无地,上班无岗,低保无份"的"三无"人员,成为新的"负翁"。

(四)农村土地流转不规范

土地流转不规范主要表现在土地流转市场尚未建立,土地流转形式不规范,土地流转规定有缺陷。一是土地流转市场尚未建立。农村土地与城镇土地一样都属于不动产。目前,农地交易市场尚未形成,缺乏必要的市场运作机制。正是因为缺乏土地流转市场,在区域内难以形成有效的土地流转供需信息,存在"有流转意向而又找不到合适的需求方,有需要土地而又找不到有意向的供给方",土地"要转的转不出去,要租的租不到"等情况,使得土地难以形成有效流转,严重制约了土地的合理流动和优化配置,在土地流转过程中,没有相应的法律、法规,没有统一的操作规程和流转文书格式,缺乏完整的政策体系,这往往造成了在土地流转过程中事前信息无人收集,事中无人提供服务,事后无人监管的局面。二是土地流转形式不规范。由于农民法律知识的缺乏,造成土地承包经营权流动的法定程序不能得到严格遵守,根据《物权法》和《农村土地承包法》的规定,土地承包经营权流转时应签订书面合同。然而根据调查,土地流转大部分仍然是农户之间的自发行为,在土地流转过程中有些农户采用口头协议的方式或是只是签订了简单的书面合同,土地流转往往没有经过必要的程序也没有通过相关部门的许可,农户间私下交易比较盛行,在具体的操作中各地的随意性较大,造成土地承包关系混乱,而由此引起的土地承包纠纷数量也在增加,而且一旦发生纠纷往往又难以解决,从而给农村社会稳定埋下隐患,这种状况不利于农村土地规模化经营的发展。三是土地流转规定有缺陷。《物权法》第133条规定:"通过招标、拍卖、公开协商等方式承包荒地等农民土地,依照农村土地承包法等法律和国务院的有关规定,其土地承包经营权可以转让、入股、抵押或者以其他方式流转。"《农村土地承包法》第49条也有类似的规定,这些规定都出现了一种土地流转方式即抵押。也就是说,只有通过招标、拍卖、公开协商等方式取得的农村土地承包经营权才可以抵押,而那些集体经济组织成员按家庭承包方式取得的土地承包经营权则不可以抵押。这一规定既是对农民的歧视,也限制了土地承包经营权的流转。

(五)缺乏严格的土地管理和耕地保护制度

在农地转为非农用地方面,土地市场管理的法律法规和各项制度未能有效落实,政府对土地市场的宏观调控还不够有效。而地方政府却在动员土地资源、兴办工业中发挥着重要作用。显失公平的土地增殖收益分配政策及被抬高的兴办工业门槛,使基层政府和村镇集体经济组织对国家土地控制政策明显地不欢迎,甚至阳奉阴违、自行其是。农村工业化过程中,多占地、乱占地、占良田等土地违规行为屡禁不止。虽然其中不乏寻租行为,集体腐败也是不鲜见的。但是也有不少因素是,各地城镇政府出于政绩情结和外在压力,为发展本地经济处心积虑,采取各种变通办法降低进镇门坎,从而吸引投资。而他们采取的很多手法是撇开土地国有化途径,以极低的价格私自或变相出让集体土地使用权。这就导致了农村国有土地使用权交易市场难以形成,实际上却存在着隐性的集体土地交易市场现象。这种集体土地交易主要表现为征用双方"一对一"的讨价还价方式,或者是由政府撮合的"背靠背"方式。这种地下交易既缺乏公开的竞价机制,又缺乏社会监督,集体土地流动配置所产生的超额利润主要被使用方占用。如不少企业占用农地只与农民签订永久租赁合同,不办理征地手续,不交征地税费,不纳入管理与控制范围。这种土地收益分配方式既不合理也不合法。还有一些地方违反规划和用地审批程序,擅自下放土地审批权,特别是开发商与乡(镇)、村违法私自签订用地协议,圈占土地搞房地产开发,严重影响和干扰了国家对土地供应总量的控制和耕地保护目标。不同区域之间,为创造政绩吸引投资,竞相压低地价,造成土地资源浪费、土地资产流失。

三、创新和完善我国农村土地制度的措施

土地制度是国家特定政治、经济和社会诸多因素共同作用的产物,土地制度创新需充分考虑到制约其生成的种种条件。现阶段的土地制度总体上与我国农业的生产力水平相适应,考虑到市场经济体制客观需要,鉴于土地制度在整个经济制度安排中的重要地位,现阶段土地制度的创新不可能越过公有制框架,主要体现在制度安排与其对应的条件的协调上。所以,创新和完善我国农村土地制度的措施是:

(一)明确土地所有权主体

1.按照产权明晰原则,明确土地产权主体。农村集体土地所有权主体明晰是市场经济的客观要求,是土地市场交易的基础,也是保障土地权益的前提。要尽快制定和出台农村土地承包法的实施细则,明确集体土地所有权主体、承包经营权主体、经营管理者相互之间的关系,明确集体土地流转的范围和主体,明确各级地方政府的地位、职责和作用,对土地流转的主体、客体、价格、程序、中介组织、补偿等进行法律约束和规范。积极探索农村土地所有权主体人格化,实行集体经济组织成员按份共有,以利于维护农民集体土地所有权的实际支配地位,保障农民土地权益。土地所有权主体明晰,还原土地是商品的属性,农民在土地制度中的主体地位才能真正确立起来,这是农村土地市场健康发展的前提,也是土地管理制度创新的关键。

2.根据物权法定原则,完善土地产权体系。可以考虑按照"产权"与"治权"相分离、"所有权"与"使用权"相分离的原则,建立起一套与城市国有土地相衔接的农村土地产权体系。设立农民集体土地所有权、农民集体土地使用权(谁拥有),这是第一层面的设置(这里承包经营权可以考虑纳入其中统一考虑);至于农民集体土地的用途(干什么),依法由土地规划确定,通过土地用途管制制度加以落实这是第二层面设置;至于宅基地,只要符合土地规划、具有

集体经济组织成员身份,可以参照划拨国有土地使用权的模式,按照法定程序取得,这应该是又一层面的问题。进一步细分,可以考虑将集体建设用地使用权细分为集体的划拨土地使用权、集体的出让土地使用权、集体作价出资入股的使用权和集体出租使用权,与国有土地完全对应,以利于建立城乡统一的土地市场。

3. 坚持物权公示原则,建立统一登记体系。要按照《物权法》的要求,积极推动以土地登记为基础的不动产统一登记,尽快转变以地上附着物或者建筑物分散登记的局面。这既是实施《物权法》、保障公民物权的迫切要求,也是社会主义市场经济的客观要求。同时,要结合全国土地资源调查,加快农村土地确权、登记、发证工作,发放土地使用权证,明确土地长期使用年期产权,而且需要从法律角度明确和认证土地使用权。发放农民的土地使用权证具有重要作用。尤其是在土地征用中,属于经济活动的,允许私人开发商与农民直接协商,确保农民权益;允许土地可以抵押,允许自由买卖,促进其对农村金融和农民养老功能的实现。很多发展中国家土地制度改革经验证明,直接给农民发放土地使用权证就是一种低成本、且具有可操作性的手段。一旦把土地使用权证发到农民手中,除非其主动放弃,地方干部很难再进行调整。所以,发放土地使用权证是完善农民土地产权权能保障和实现农民对土地财产权利具有重要意义。

(二)确立长久的土地承包制度

十七届三中全会审议通过的《中共中央关于推进农村改革发展若干重大问题的决定》(以下简称《决定》)强调指出"土地制度是农村的基础制度",《决定》特别强调要赋予农民更加充分而有保障的土地承包经营权,现有的农地承包关系要保持稳定并长久不变。

1. 完善相关法律和政策。土地是国家的宝贵资源,一定要建立与生产力发展相适应的土地制度和法律政策,才能保护好土地。因此,应完善《土地承包法》,在土地承包责任制的基础上,依法保障农民土地的承包权利,制约乡、村集体的权利,制止土地承包向"集体化"回归。结合落实中央关于土地承包经营权"长久不变"政策,一并推进农村土地确权登记颁证工作。各级财政要尽快落实工作经费,促进农村集体土地所有权和农户土地承包经营权的确权登记颁证工作,切实保障集体土地所有权和农民的相应权益。为此,要搞好农村土地确权、登记、颁证制度,以确保农地承包的"长久不变"。这种方法可叫"永包制"。实行"永包制",如果乡、村干部要再调整农民承包地的话,第一要征得承包人的同意,实行自愿原则;第二要谈妥价格,实行等价交换。农民有了保护自己承包耕地的权利,才能和国家一起保护农业耕地。这有利于调动农民积极性、遏制城乡上下的圈地风,实现农业可持续发展。

2.加强宣传,提高对土地集约、节约利用的认识。《决定》提出要"按照产权明晰、用途管制、节约集约、严格管理的原则,进一步完善农村土地管理制度"。要利用一切宣传工具,采取多种形式广泛、深入、持久地宣传合理利用土地的目的、意义、内容等有关政策,牢固树立节约资源的观念,培育人人节约资源的社会风尚,建立资源节约型国民经济体系和资源节约型社会,实现资源的永续利用。进一步提高对合理利用土地的认识,动员全社会的力量来保证每一分土地都不被浪费。

3.要按照严格管理、便民利民的原则,规范农村用地审批。鼓励农村通过统建、联建等方式,努力解决农民住房用地,实现土地资源集约利用。进一步完善农村宅基地置换和流转的相关政策,在有条件的地方积极稳妥地开展农村居民进城后以宅基地换取住房和以土地承包经营权换社保的试点。用好城乡建设用地政策,重视保护被征地农村集体与被征地农民的合法权益。从提高被征地农民的补偿标准、拓宽安置途径、建立农民增收长效机制等方面,保护农民权益。加快农村集体非农建设用地使用制度改革,对依法取得的农村集体非农建设用地,可以通过统一的土地市场,在符合城乡规划和土地利用总体规划的前提下与国有土地享有平等权益。严格执行国有土地使用权出让收支管理办法,土地出让收入主要用于征地和拆迁补偿、土地开发、支农和城市建设等方面的支出。坚守18亿亩耕地红线,保证国家粮食安全。2006年以来,漳州市共上报并获批准的新增建设用地面积为110 400.4亩,其中农用地95 099.7亩,耕地39 656.7亩。在已批准的新增建设用地中,工业用途所占的比例最大,约80%,其次为公共公益事业用地15%,经营性用地约占5%。为保证漳州市新增建设用地农用地转用的指标得到科学合理的使用,在新增建设项目用地报批之前,漳州市国土资源局都会对用地项目进行审核,对于符合漳州市土地利用总体规划、符合国家产业政策的项目才同意使用年度农转用指标组织用地报件上报审批。对于水泥、钢铁、电解铝等高耗能项目,以及国家禁止、限制的项目用地禁止报批。

(三)征地制度的创新

1.积极探索集体和农户非农建设用地流转权。针对征地制度的各种各样的问题,一些地方大胆率先进行征地制度的创新。例如,广东南海市较早探索集体建设用地的流转，并形成了"南海模式"。1992年，南海市开始试行土地股份制，即以行政村或村民小组为单位，将集体财产及集体土地折成股份集中起来组建股份合作组织，然后由股份合作组织直接出租土地或修建厂房再出租，由本村农民分享土地非农化的增值收益。这样，集体土地不经过征地就直接转为建设用地。相对于国有土地，外来企业租用集体土地的手续简捷，且集体建设用地出租年期有长有短，适应不同的用地需求。这种手续简捷、价格低廉且租期较有弹性的供地方式引来了大量企业在南海落户生根，促进了南海的工业化和城市化。江苏昆山的做法略有不同。那里的村集体先通过复垦方式获得一些非农建设用地的"额度"，然后向本村农户"招标"，由农户或由农民成立的合作经济组织（"投资合作社"或"富民合作社"）联合投资修建标准厂房、商铺或打工宿舍楼，向外来工商公司出租。昆山模式下的非农用途的土地转让权不再完全归集体，而主要是通过集体与农户的合约直接界定给农户或农民的合作组织。在上海市郊、湖南长沙、浙江宁波以及安徽的集体建设用地的流转试点，我们都看到相类似的经验。各地"只做不说"的事情，远远超过公开报告的规模，这说明"集体和农户非农建设用地流转权"是一项广受欢迎的产权制度安排。各地集体建设用地流转方式的共同性在于，破除政府对土地一级市场的垄断，大大降低建设用地市场利用的交易费用、增加了集体和农民合理分享工业化、城市化带来的土地增值机会，同时改善了资源配置与收入分配。这类实践也减轻了政府以强制征地来满足工业化、城镇化的负荷，使政府有可能把工作重心转向城市规划和市场秩序的维持，并减少官员个人的寻租空间。农村集体建设用地与农民依法承包的土地一样，都是农民集体所有，是农民的财产。只要符合用途管制和规划，纳入年度土地利用规划，就应该与国有建设用地享有同等的权利。在城镇化过程中要改变唯一的国有化供地方式，坚持多样化的土地供应方式，在坚持土地有偿使用和严格管制下，允许集体土地通过转让、出租、作价入股等方式直接进入城镇土地市场。在属于经济活动的土地征用中，允许私人开发商与农民直接协商，确保农民权益；允许土地可以抵押，促进其对农村金融和农民养老功能的实现。

2.积极落实城乡建设用地增减挂钩。近年来，一些地方在农村土地整治过程中，通过整治节约的少部分农村建设用地以指标调剂的方式按规划调整到城镇使用的政策探索，开展城乡建设用地增减挂钩试点，对统筹城乡发展发挥了积极作用，有效促进了耕地保护。各级人民政府对此要高度重视，以统筹城乡发展、全面建设小康社会为目标，切实加强组织领导，形成地方政府主导、国土资源部门搭建平台、相关部门各司其职协调联动的工作机制。要以新增建设用地土地有偿使用费、用于农业土地开发的土地出让收入、耕地开垦费和土地复垦费等资金为主体，引导和聚合相关涉农资金，保持渠道和用途不变，实行专账管理，统筹集中使用，切实提高各项资金综合使用效益。要按照统筹规划、整合资源、整体推进的原则，以耕地面积增加、建设用地总量减少、农村生产生活条件和生态环境明显改善为目标，规范推进以综合整治为内容的农村土地整治示范建设。开展增减挂钩试点，必须举行听证、论证，充分听取当地农村基层组织和农民的意见，防止农村和农民利益受到侵害。未批准开展增减挂钩试点的地区，不得将农村土地整治节约的建设用地指标调剂给城镇使用。各级国土资源主管部门要结合国土资源综合监管平台建设，加强增减挂钩试点和农村土地整治项目管理信息化建设，实行全程监管；要完善增减挂钩试点和农村土地整治项目在线备案制度，对项目的批准和实施情况，实行网络直报备案，及时向社会公示，自觉接受社会公众监督，对违法违规行为要坚决查处。漳州市自 2010 年以来在省小城镇综合改革建设试点镇龙海市角美镇和长泰县岩溪镇开展农村土地整治和城乡建设用地增减挂钩。共实施农村土地整治项目 11 个，总规模 1 526.23 亩，省厅已先行核定增减挂钩指标 841 亩，已出让挂钩指标 756.1645 亩，有偿使用费到位 16 686.6315 万元。

3.完善征地制度。一是中央应抓紧完善相关法律法规和配套政策，完善规范征地制度。首先，要求严格界定公益性和经营性建设用地。《土地管理法》规定"国家为了公共利益的需要，可以依法对集体所有的土地实行征用"。《决定》明确界定政府征地权，主要限于公益性征地，不能征用经营性用地。所谓公益性用地，是指国家财政出资、完全用于公共事业、非营利性的建设用地。应该将征地行为限制在公益性目的范围内，征地补偿的标准应该以土地市场的交易价格为参考标准，多元化征地补偿的安置措施。同时，有必要对土地征收和拆迁做出最严格的实体和程序上的限制，防止国家土地征收权的扩大化，防止公权对私权的侵犯。其次，逐步缩小征地范围，完善征地补偿机制。土地是财富之母，更是农业之本。一些地方在片面追求经济发展和"政绩工程"动机的促使下，压低征地补偿费用，滥用土地，把大量的农用地转化为城市建设用地，造成了土地资源的严重浪费，甚至形成地方政府的所谓"土地财政"、"土地金融"。所以，要尽快出台逐步缩小征地范围的具体政策和实施办法。在减少征地、保护耕地的同时，提高补偿标准，妥善安置失地农民。按照同地同价原则及时足额给农村集体组织和农民合理补偿，解决好被征地农民的就业、住房、社会保障问题。二是对非公益用地废除强制征用，并按照等价交换和市场供求的原则进行交易。遵照《中华人民共和国宪法》农村集体土地集体所有，城镇土地国有的原则，农村土地除了军事的公益用地国家强制征购（但要合理补偿，提高补偿金额）外，非公益建设用地，不得实行国家强制征用制度；并且，土地对于企业来说，是生产要素，对于居民来说，是生活资料，在市场经济体制中，土地使用年期是商品。放开土地和房产的交易，形成土地使用年期财产权和房产的出租和交易市场。农民宅基地、耕地等土地一定要等价交换，在符合用地规划的前提下，可以不经过国家征用，直接以入股、出租、出售、长期使用权等方式进入用地市场。此外，"四荒"，投资者投资的山林、草场、农场、牧场、林场的土地年期使用权，居民的房产，也都可以进入出租和交易市场，并可以抵押融资。这样在所有制上，形成了国有和集体两个土地供应方面，而集体土地的所有者则更是多个，从而形成竞争性的土地供应市场。并将土地交易收入，包括打破土地垄断后地价进而房价的下降，让利于出让土地的农民和需要住宅的居民。三是发展土地使用权和房产交易出租交易中心。同时发展土地价格和房产价格评估事务所、土地和房产经纪公司、房地产同业协会、房屋物业管理同业协会等等中介组织和同行业协会，将政府的一些管理职能转移给这些中介组织和同业协会，将政府直接管理变成中介管理和同行业自律。

（四）完善土地承包经营权的流转制度

从长期发展的角度去看土地流转问题，不但要切实落实农地承包权"长久不变"，保障农民土地的财产权利，在地权稳定的前提下促进流转。而且只有积极稳妥推进城镇化，让符合条件的农业转移人口尽快进城落户，并享有与城镇人口同等的权益，变"土地的城镇化"为"人口的城镇化"，减少农村人口和农户家庭的数量，才能真正实现土地的适度规模经营。

1. 完善土地流转法律规定。应及时出台和修改有关的土地政策和法律条文，完善《农户承包地使用权流转管理办法》，以确保农村土地流转工作有法可依、有章可循。首先，制定"农村土地流转法"。目前关于农村土地流转的法律规定散见于《土地承包法》和《土地管理法》两部法律中，缺乏系统性，2005年1月中央下发《中共中央关于农户承包地使用权流转工作的通知》，该通知内容较为具体，但没有上升到法律层次，不具有法律约束力。因而急需研究制定"农村土地流转法"，对农村土地承包经营权的法律基础进行确认和保护，对农村土地流转的内涵、形式、运作程序及相应的法律后果做出明确系统的界定，将《土地承包法》和《土地管理法》中限制土地流转的有关内容予以删改，和土地流转的实践需要保持一致。其次，《土地承包法》承认了土地承包经营权的继承性,但没有认可其抵押性。土地抵押是土地转让的一种方式,既然法律允许土地使用权转让,土地抵押也应该成立。再次,新制定的"农村土地流转法"应对"公共利益的需要"作出明确的界定。征地权作为国家的强制性权力,只能严格用于公共利益的需要,经营性项目用地不能启动国家的征地权。

2.加强土地流转程序管理。只有严格把好土地流转操作程序关,才能防止暗箱操作。采取转让方式流转的,应当经发包方同意;采取转包、出租、互换或者其他方式流转的,应当报发包方备案。土地流转当事人经平等协商达成一致意见后,双方应当签订书面合同,并报乡镇农业承包合同管理机构审查、签证和登记。同时要进一步明确农户在土地转让中的主体地位,禁止乡(镇)、村两级组织代替农户或越过农户对外签订土地流转合同。

3.建立健全农村土地流转市场。第一,建立对农地价格的科学评价体系。有了科学、合理的土地价格,土地流转则有据可依,有序市场的建立也指日可待。所以应综合考虑各种影响地价的因素,依科学方法计算地价,得出科学的、合理的土地流转价格。这一价格可以作为基准价而成为政府调控指导价的依据,土地流转中的成交价应围绕这一价格随供求关系的变化而上下变动。第二,建立土地流转中心。在农村土地流转中,供求信息在空间分布上极为分散,传递设施和手段相对落后,存在双边垄断的现象,即土地的转让方找不到土地的受让方,土地的受让方找不到土地的转让方,土地转让信息的取得主要依靠邻居、亲戚、朋友及农村干部的信息交流。这直接导致较高的土地交易成本,土地资源配置的效率低。因此,需要建立专门的土地流转交易场所,解决信息传递问题,以提高农地流转机制的运作效果。第三,发展土地流转中介服务组织。土地流转与一般商品交易不同,其运行过程比较复杂,涉及估价、谈判、签约、鉴证、登记等众多环节,违约后还要处理违约纠纷。以上这些事宜非农户所能独立完成。所以,必须大力发展土地流转咨询、预测、资产估价、土地保险、土地托管、土地融资等各类中介服务组织。乡镇可以依托各乡镇农经站建立土地流转中介组织,明确其法律地位,规范其职能,负责土地流转的管理及中介,包括土地流转规划,收集发布土地供求信息进行项目推介,规范土地流转程序。

(五)推进土地管理制度创新相对应的配套改革

1.推进现行户籍制度改革。随着社会主义市场经济的发展,旧的户籍制度的限制,束缚了农村人口向城市转移,这样既延缓了城市的建设步伐,又制约着土地的流转。这种城乡分割的二元户籍制度是阻碍农村劳动力转移的主要制度根源。因此,要促进农村土地流转,就必须以改革户籍制度为突破口,拆除城乡壁垒,给进城农民以市民待遇,为农村人口向城市转移提供制度性保障。

2.建立城乡统一的劳动力市场,促进农村剩余劳动力转移。应该打破城乡封锁,消除就业歧视,构造城乡统一的劳动力就业市场。必须加强城乡劳动力市场一体化建设,通过劳动力市场,为农村劳动力提供指导、咨询与介绍服务,发展多种形式的劳动就业中介组织,建立完善农村劳动力就业登记调查制度,加强农村劳动力市场信息网络建设。

3.推进农村社会保障改革,弱化农村土地社会保障功能。由于土地为农民提供了农民自己和国家都无力承担的社会保障功能,农民不能轻易放弃与土地的关系,只能在有限的程度上参与到非农产业中去,这就造成了我国城镇化进程跟不上工业化进程的现状。因此,要促进农村土地流转,必须完善农村社会保障体系,逐步将农村的社会保障由依靠承包地转为依靠社会和制度。采取“因地制宜,量力而行,形式多样,农民自愿”的原则,多渠道、多层次、多方式地兴办养老、医疗、生育、伤残等保险,先通过建立“承包地＋个人账户”的双重社会保障制度,积累社会保障基金,在积累一定的资金后,承包地的保障体制逐步退出,即将“承包地＋个人账户”的双重保障体制向单纯的“个人账户”式的社会保障制度转化,弱化土地的社会政治稳定功能,还原土地以正常的生产要素性质,尽可能地发挥土地的经济功能。对进镇农民来说,由于未形成宅基地及承包地与城镇土地置换机制,农民难以带地进镇,城镇可使用土地不能随农民进镇而相应增加,给其从事二三产业带来制约,并且农民原住房难以进入市场买卖也阻止了其举家就近迁入小城镇的积极性。在明晰产权权能的前提下,农村土地价值量和实物量分开,农民进镇带走的不是耕地,而是将其承包权价值量进行折算,转换成进镇的社保基金。

4.发展劳动密集型产业,充分创造就业机会。农村产业结构和就业结构调整的前提是非农产业大发展,能够不断创造出大量非农就业机会,不断将农业劳动力吸纳到非农就业岗位,不断降低农业就业比重和数量。在未来很长的一段时间里,城镇化的农村比较优势将是劳动密集型产业,遵循比较优势发展起来的产业吸纳农村剩余劳动力,因为成本低廉而具有相当强的市场竞争力,可进一步扩大生产规模,创造更多的就业机会。

5.加大农村金融对土地流转的支持。政府尽快建立以土地抵押的农村土地金融制度,改革信贷管理体制,加大农业信贷投入,改善信贷投向,使信贷投入城镇化的龙头企业、种养大户、专业能手,适当降低利率,减轻农民还贷负担。

2012 年 1 月 6 日,漳州市出台了"关于促进农村土地流转发展农业适度规模经营的实施意见"的一号文件。漳州市充分运用省政府有关实施农村土地整治和城乡建设用地增减挂钩的鼓励政策,围绕"三个集中"、采取"三种模式"、落实"三项措施",扎实推进土地承包经营权的流转和土地的整合拆迁工作。"三个集中"保证集约用地:即引导工业向工业园区集中,引导农民居住向中心村和镇区集中,引导农田向规模经营集中。

"三种模式"确保不侵占耕地:一是工业集中区集约用地模式。如龙海市角美镇通过关闭凤山工业集中区周边沙坂、埔尾、杨厝等村已经不符合国家产业政策和城镇规划的 6 家采石场、3 家机砖厂,搬迁蔡店、沙坂等村的零散村庄,引导集中建设村民住宅小区,有效整理出 1 000 多亩建设用地,同时规划 400 亩作为工业集中区 5 个村群众征迁户的集中安置点。二是旧村改造模式。组织对旧村庄建设用地进行规划改造,建设农村住宅小区。龙海角美镇下士村旧村改造已累计投资 1 亿多元,建设 26 幢居住楼,其中已竣工 16 幢。三是土地复垦模式。坚持先易后难的原则,以"空心村"、"空心房"整治和危旧房改造为重点,把农村建设用地复垦潜力大、投资成本低的村庄,优先纳入近期农村土地整治范围,编制规划好土地整治方案。长泰县岩溪镇按照"先易后难、逐步推开"的原则,选择复垦潜力大、村级战斗力强、群众参与热情高的珪后、上蔡、锦鳞、高濑 4 个村 460.9 亩地作为试点,示范带动顶山、湖珠、霞美、甘寨、田头等 5 个村 550.19 亩整治工作。至 2011 年底,已累计完成拆迁 35 万平方米,复垦土地 646 亩。

"三项措施"保证和谐拆迁:第一,发动群众参与。长泰县岩溪镇成立以村两委为主的村级征迁组,将离退休老干部、老党员、乡土能人等吸纳为攻坚组成员,做深做细群众思想工作,组织已签约的群众现身说法,鼓励干部职工家属带头、开明大户能人带头,达到做通一户、带动一片的效果。龙海角美镇对涉及土地整治的村,都成立了一个 30～40 人的拆迁安置小组,成员多数由群众代表组成,充分体现民意民愿。第二,实行"阳光操作"。坚持公开、公平、公正原则,土地整治方案必须经过群众听证、村民代表讨论、90％以上群众认可才能付诸实施,进一步扩大群众的知情权和参与权。按照"一事一议"的原则,从房屋丈量到补偿款发放,都实行民主评议、登记造册、张榜公布,做到"丈量、登记、放款"三透明。第三,强化利益导向。征迁安置坚持按照"群众能接受、发展有空间"让利于民的原则,集中安置点全部选择在交通便利、产业发达的热点地块,做到统一规划、统一设计、统一配套,并将整治增加的建设用地作为经营性土地出让,收益金每亩拿出 50～60 万元用于公共设施建设,确保征迁户安置后生活环境改善、生活水平提高,促使群众"自愿征迁、安心征迁、快乐征迁"。龙海市角美镇在做好过细的群众思想工作基础上,实行先拆迁先选地,基本保证每个征迁户都能得到 80 平方米以上的安置用地,长泰县岩溪镇还将补偿标准提高至 2.8 万元/亩,上门为失地 70％以上的农户办理失地农保。

第五章

创新农村投融资体制
增添城镇化的活力

城镇化建设是一项系统工程,涉及水利、道路、桥梁等基础设施建设和教育、文化、卫生等公用事业发展,以及农业产业结构调整和二三产业的聚集,各方面对资金需求越来越大,建设和发展资金的供需矛盾仍十分突出。地方政府财力有限,仅靠财政资金安排是难以全方位开展的,需要多渠道筹集。在社会主义市场经济条件下,要摆脱过分依赖财政投入的习惯心理,彻底改变市政公用设施是福利型事业的陈旧观念,树立"经营城镇""让使用者付费"的新理念,要举社会之力办社会之事业,汇聚各方之力推进城镇化,关键的就是要创新投融资体制,建立和完善符合市场经济规律的社会化、多元化、市场化的投融资体制。在市场经济条件下,按"谁受益,谁出资"的办法,鼓励企业、集体、外商、个人和社会捐资共同投资参与城镇化建设,形成政府主导、多元化投融资、市场化运作的格局。创新投融资体制还包括建立以资金债务监管为重点,各职能部门配合的政府投融资政策、计划、协调和监管体系,确保城镇建设投资项目资金筹措与实施,促进城镇化战略顺利实施。

一、城镇化建设中创新投融资体制的重要意义

基础设施建设是城镇化发展的一项基本的也是重要的内容,有着良好的基础设施,才能吸引企业和人口向小城镇集中。但是,基础设施投资是要花大钱的。根据山东省青岛市小城镇建设的实践,要建立一套比较完善的、供5万到10万人口生活的城镇基础设施,需要3亿元以上人民币。这么多的资金从

哪里来？建设资金是城镇发展的重要基础条件，资金问题一直是制约城镇建设发展的瓶颈，单纯依靠财政资金的直接投入，不符合公共财政的要求，财政也难以承受。资金问题是城镇化建设的难点和关键，也是制约城镇化发展战略的瓶颈。目前，我国农村城镇化建设资金主要来自四个方面：一是农民自身收入或集体经济收入；二是财政预算资金；三是社会资金；四是信贷资金。由于我国长期的城乡二元经济结构，农村的资金积累很少；作为推动经济发展的金融机构，理应为城镇化建设提供强有力地支持，然而由于金融机构认识不到位、央行指导不到位，国有商业银行集约化改革的影响及农村信用社的定位不利于城镇建设的信贷投入等问题，金融在支持城镇化建设中仍然处于零星、自发和散乱状态。由于分散、落后的农业生产方式以及农业经济的弱质性所导致的低回报率，与商业性金融追逐利润最大化的目标相悖，投入与收益不成比例，所以金融机构一般不愿意投入。像农信社，虽然是农民集体入股，但是其经营管理权仍然按照商业化来操作，并不能按农民的意愿进行，其他商业银行更是如此，加之当前宏观调控，房地产行业被列入"慎入"行业，城镇化基础设施建设的信贷支持明显减弱；地方政府财力有限，仅靠财政资金安排是难以全方位开展城镇化基础设施建设的。城镇化建设中融资渠道不畅，资金投入不足，导致基础设施短缺严重，普遍存在交通拥挤，供排水不畅，环境污染严重，学校、医院等公共服务设施不足和服务效率不高等问题，小城镇难以全面发挥中心城镇的聚集和带动作用。于是，有的地方继续沿用计划经济模式下的城市建设办法，投资口号是"人民城市人民建"，投资来源是"国家拨一点、企业拿一点、群众出一点"，结果很快没了后劲；也有一些地方为筹资，违章提高土地出让价格、征收各种杂费，甚至违法集资，结果不仅没有解决大问题，还带来若干负面影响；还有一些地方镇政府自恃经济实力强，对各种基础设施大包大揽，甚至直接投资建设楼堂馆所和商品批发市场等，但是当他们难以为继之时，却没有资格向银行借贷，结果陷入进退两难的困境，甚至使城镇化建设被迫搁浅。

城镇化是一种经济结构的演变过程，体现为土地、劳动力和资金要素的重新组合，这就需要金融资源配置发挥预调甚至引领作用。虽然国家已把城镇化建设作为解决"三农"问题、扩大就业、实现农村劳动力转移、拉动国内需求的战略举措，但目前还没有支持城镇化建设的贷款优惠政策，也缺乏对商业银行开拓小城镇信贷市场的激励机制。金融是现代经济的核心，但还不是"三农"的核心。比较近几年城市与农村劳动力、土地、金融、技术等基本生产要素的市场化进展情况，唯独金融资本这个现代经济的核心要素相差甚远，它大力推进了城市发展，并在城市初步建立了现代金融市场。正是因为如此，不仅导致了农村社会经济发展因缺少金融资本这个"推进器"和"催化剂"的核心动力的作用而步履维艰,并且这些年来农民自己本身的原始积累所形成的闲散资金因投资渠道不畅,投资得不到保障,只能存在银行或邮政局里睡大觉,且这些钱又通过银行机构等"抽水机"抽向城市,促进城市发展去了,变成了农民的钱不能用于农业和农村发展的怪现象,形成了农村金融"空洞"或"漏斗",农村金融马太效应非常明显。所以,必须创新城镇化建设和发展资金筹措的渠道和机制,立足于金融创新,建立政府主导、政企分开、社会参与、市场化运作的新型城镇建设投融资体制和规范有效的城镇建设投融资平台,既是解决城镇化建设和发展资金短缺问题的有效途径,又是经济发展的迫切要求,对加快推进城镇化进程,实现经济社会更好更快发展具有重要意义。

二、投融资机制改革中存在的问题

（一）地方政府筹资融资能力弱

1.财政调控资金仍十分有限。长期以来,由于受传统计划经济体制约束和传统财政理论的影响,财政工作长期局限在预算内资金调节和分配范围里。近年来,虽然加强了对预算外资金的管理,但财政调控资金仍十分有限,而且财政预算管理同时还要确保各方面的增长。特别是财政较困难的县,在保障人员工资和机构正常运转外,很难拿出资金投入城镇化建设。实行"乡财县管"和"村账乡代管"后,乡镇财政困难虽然有一定缓解,但没有根本性改善,乡镇财力基本无力保障城镇化建设有效发展。

2.财政支农资金"政出多门"的分散管理模式。政府机构中涉及"三农"投资的部门机构有国务院扶贫办、农业综合开发办、财政部和农业部的农业项目等投资资金以及各级政府的财政支农资金,国家开发银行负责农村政策性信贷部分、农业发展银行目前承办粮棉大县发展经济贷款、高产优质高效农业示范区贷款、小水电贷款,这样"政出多门"的分散管理模式,致使资金无法集中管理、统一使用、有效利用。

3.补贴性、政策性的金融支农效果不佳。传统的政策性金融支农措施难以收到预期的效果,且会滋生多种不良效应,具体表现在两方面:一是低利率对商业金融机构具有挤出效应;二是当政策性金融被广泛视为一种补贴或者拨款而非贷款的时候,就必然出现较高的违约率和较低的还款率,破坏了金融生态环境。城镇化建设是一项系统工程,涉及基础设施建设和教育、文化、卫生等公用事业发展,农业产业结构调整和二三产业的聚集,各方面对财政资金需求越来越大,建设和发展资金的供需矛盾仍十分突出,这些都对财政工作提出了新的更高的要求,亟须转变聚财观念,改变理财方式,拓宽理财渠道,着眼于全社会资金的运筹和调节。

(二)投融资渠道不畅

1.没有建立按照市场经济规律的投融资机制。虽然对城镇一些重大基础设施建设按照市场化要求进行了积极探索,但是很大程度上是依靠政府行政手段的推动,对城镇建设基础性投资的潜在投资收益研究不足,没有真正按照市场经济规律要求进行运作,缺乏充分利用社会性资金规范的操作手段,无法充分发挥市场机制对于推进城镇化和小城镇建设的基础性作用,不能有效吸引非政府资金的投入,没有建立起有效的投融资机制,以致城镇化建设筹资困难,无法形成"投入—产出—再投入"的良性循环。

2.相关政策制度不配套。现行户籍管理制度、住房制度、土地使用制度和社会保障制度等政策,主观或客观上阻碍了城镇化的推进。比如土地管理政策方面,近年来,国家加强了对城镇建设用地的控制,但城镇化建设势必要增加用地,用地的限制一方面影响了城镇化建设,另一方面制约了利用土地资源集聚城镇建设资金。又比如,对一些重大基础设施,尽管社会各界热情很高,但如果采用群众集资的方式又与"减负"政策相矛盾。所有这些制约着城镇建设资金的运筹,影响着城镇化进程。

3.民间金融组织无法充分发挥其作用。在正式金融服务不能满足农村发展和农户的需求的情况下,民间金融组织由于贷款手续简单、贷款期限灵活、交易成本较低等优势取得了很大发展,但由于尚未取得合法身份以及监管缺位而受到国家法律和金融法规方面的限制,难以充分发挥其应有的积极作用。

(三)金融支持小城镇建设存在的不足

金融机构在体制、机制、方式上不能适应农业和农村经济发展的需要,导致金融机构缺乏支持城镇化建设的主动性和积极性,农村金融服务整体上不能满足小城镇建设和发展的要求,对农村城镇化建设的支持趋于弱化。

1.农村资金大量外流,影响了城镇化建设和发展资金的整体供应。农村资金外流的主要通道包括:邮政储蓄只存不贷,成为农村资金流失的主渠道;农、工、建、中以及其他商业银行吸收的农村资金通过系统内上存,转移到城市或经济发达地区；农村信用社通过存放同业存款，将吸收的农村存款存放商业银行或上缴央行，形成大额资金分流；即便少量部分用于农村贷款，也主要贷给乡镇个体工商户等非农领域。农业资金外流严重，加剧了农村资金供求矛盾。按照纳克斯的"贫困恶性循环"理论，"农村资源生产率较低——农民收入水平较低——农民和农村地区的储蓄能力低——资本短缺——农村资源生产率低"，由此进入恶性循环。

2.农村金融机构锐减，农村金融服务体系萎缩，农民求贷无门。从名义上讲，我国农村银行类机构有农业银行、农业发展银行、农村信用社、农村商业银行、农村合作银行和邮政储蓄银行六类。但随着银行经营战略的调整，商业银行陆续撤并县及县以下的营业网点，农村获取金融服务的途径急剧减少。一方面，在农村大部分富裕户受传统观念和经营规模影响，不愿贷款；贫困农户无人担保，偿还能力弱，贷不到款，农村弱势群体贷款无保证。另一方面，多数农村金融机构为降低经营风险普遍实行了贷款第一责任制和贷款责任终身追究制，这种信贷管理措施，制约了农村信贷资金的有效投入。尽管农村信用社已开办了农户小额信用贷款，但由于贷款授信额度的限制，使现有的农户授信额度不能满足农村种养大户和农业产业化发展的信贷资金需求，很多农民无法实现大额贷款和短期周转性贷款。

3.金融产品缺乏创新。目前小城镇金融服务产品只限于存款、贷款和一般汇兑，新兴的中间业务、代发代缴、基金业务等在小城镇还未普及。在信贷产品上，除农村信用社农户小额信用贷款、农行的小额惠农贷款外，没有更多的适合农村城镇化建设的信用贷款方式。由于金融服务产品较少，导致大量的金融服务需求外流，进一步加剧了小城镇建设融资渠道不畅的局面。

三、坚持创新机制，建立健全城镇化建设 和发展的投融资体制

要立足于制度创新，进行城镇投融资体制改革，运用市场经济的运行方式，发挥财政资金和财政政策的导向作用和引导功能，吸附社会资本、民间资本参与城镇基础设施建设。要从多处入手，建立政府、企业、个人、社会多元化的投资体系，拓宽城镇建设资金渠道，这是加快城镇化建设和发展的必然选择。

(一)政府要更新观念,大胆创新

在市场经济条件下进行城镇化建设,政府不是无所作为,而是可以大有作为。政府可以通过制定政策,进行制度创新,积极引导建设资金;转变观念,更新理财方式,科学管理用活资金;运用财政"四两拨千斤"的原理用足用好财政资金和财政政策。

1.转变思想,树立经营城市的观念。把城镇作为最大的资产来经营,作为资本来运作,作为资源来开发。依靠市场机制来推进城镇化建设,用"市场"力量建设城镇,建立以财政资金投入为导向,社会资金注入为主的多元化城镇投融资体制,变"有多少钱,办多少事"为"办多少事,筹多少钱"的理念。

2.大胆创新,建立相对独立的城建投融资主体。树立城镇投融资体制改革创新观念,充分认识城镇投融资体制改革创新的现实作用和长远意义,克服狭隘思想、部门利益的局限,树立大局意识,自觉服从和服务于城市资源的有效整合和合理流动,为城镇化建设营造良好的融资环境和氛围。按照"政府主导、政企分开、社会参与、市场化运作"原则,建立相对独立的城建投融资主体,充分发挥政府投资的导向性作用。各级政府一般不再直接参与城建项目的具体融资、建设和运营。打破部门分割管理国有资源界限,统一整合、盘活、开发国有资源,最大限度把城建资源、级差地租和可以经营要素转变为城建资本,为城镇建设筹集资金。坚持短期经济效益和长期社会效益相结合,以经济效益为主的原则。城建投融资主体既要落实政府对社会公用事业的投入,更要注重投资的效益,实现自我积累、自我持续健康发展。强化对投融资主体的全方位服务。各级政府及其行业主管部门要做好城镇建设投融资的服务工作,通过理顺政府职能部门与城镇建设投融资主体间的关系,为投融资主体创造宽松的运营环境。发展改革部门要加强对建设项目立项,债券融资等的支持。建设部门要加强对建设项目的规划、施工、质量、安全等行业的指导和监管。土地部门要配合搞好土地的收储工作。财政部门要保障财政投入的足额、按时到位。金融部门要积极给予信贷支持并帮助搞好风险防范。漳州市13个小城镇改革试点镇都成立了相应的城镇建设投资开发有限公司,作为城镇化融资、土地开发和公共基础设施建设的平台。龙海市角美镇2011年就完成镇建设项目112个,共投资100亿元,加快了基础设施和公共设施配套建设。

3.积极探索,及时推出农地金融。农地金融即农户或拥有大量土地的经营业主以土地经营权作抵押从银行获得贷款用于发展生产。在现行的金融管理体制下,为了确保贷款的安全性,几乎所有的商业性金融机构都把财产抵押作为贷款的主要担保方式。而对于农户和农村经济组织来说,其所拥有的比较值钱的"财产"主要是没有完整产权证明的住宅和只有使用权的耕地,而按照现行的《担保法》,耕地的使用权不具备抵押效力,农民的住房不能办理房产证,也不能作为抵押品。而除此之外农户所拥有的农产品、农业生产资料等财产由于价值评估麻烦且难以变现,大多不能够被金融机构认可为合格的贷款抵押品。因此,要大胆探索土地管理制度和金融管理创新,及时推出"农村流转土地经营权抵押贷款",以合法取得的流转土地经营权及地上(含地下)附着物、"农业补贴"的期权价值作为债务担保抵押,解决农村经济发展和城镇化建设的资金需求。如漳州市长泰县由县政府牵头与农业银行漳州分行签订合作框架协议,计划 3 年安排 30 亿元授信额度优先支持小城镇建设项目和产业发展项目。镇政府成立锦昌规划公司为主体的投融资平台,邀请县农行指导融资贷款,对接落实国债 5 000 万元、国家开发银行信贷资金 3 000 万元。县政府出台《长泰县岩溪镇集体建设用地使用权抵押贷款管理办法》,创新"集体土地所有权＋集体建设用地使用权"的抵押贷款模式,在全省率先破解农村集体建设用地无法融资的难题。目前,已通过农村信用社发放贷款 100 多万元。

4.创建公平的城建市场竞争环境,鼓励各类资本自主投资城镇基础设施建设。同时要进一步打破垄断,开放市场,调动社会资本参与城镇建设的积极性。按照"谁投资,谁经营,谁受益,谁承担风险"的市场经济原则,创建公平的城建市场竞争环境,鼓励各类资本自主投资城镇基础设施建设,参与公用事业领域企业改革,实现投资主体多元化。长期以来,我们为了鼓励企业技术改造,实行了技改贴息政策。同样,我们也可以大胆创新,实行基本建设借款贴息政策以鼓励企业进行城镇化建设投资,引导银行资金用于城镇化建设。

5.建立农村信用体系。构建资源共享、评定权威、维权有效、约束有力的信用体系是农贷畅通的重要保证。可由政府部门牵头组建一些非盈利性、保本微利的信用登记咨询机构,及时从银行、税务、企业等其他部门广泛收集信息和数据,在严格依法管理的前提下,依靠现代技术通过授权查询的方式,向金融机构及社会广泛评估、公布守信状况、经济实力和发展趋势,全面、准确、公正地评定各经济实体的信用等级。积极开展信用乡镇、信用企业、信用农户的创建活动,加大对逃废金融债务行为的制裁力度。

(二)运用灵活的财税政策

1.充分发挥财政资金的导向作用。按公共财政的要求,财政要从前线的直接参与转变为后方的间接调控者,要退出竞争性和经营性领域,从参与经济转为服务企业,搞好基础设施建设,为企业改善投资经营环境;建立社会保障制度,为劳动者解除后顾之忧;搞好环境保护和卫生保健,改善生活环境,增强人民体质等等。最重要的是,财政要处理好"越位"和"缺位"的问题,在财经法规许可的范围内注重财政政策的应用,可以采取政策倾斜,加大转移性公共支出份额,各级财政要适当安排专项资金,以投资、贴息等方式对小城镇特别是重点镇的各项基础设施、社会事业进行倾斜,如交通运输、供水排水、污水及垃圾处理、燃气供应、电力、绿化等建设,教育、文化、医疗卫生等社会事业发展;按照"基础财源、支柱财源、新兴财源"三源并举战略,把财政贴息资金、支农资金、国债转贷资金、农业发展基金等优先投向中心镇,扩大乡镇可用财力,大力支持企业调整结构和技术革新,加快发展第三产业和效益农业,培植乡镇后续财力。在促进城镇化进程中,要注重利用好财政"四两拨千斤"的原理。现在银行的信贷资金比较充裕,而财政资金比较困难,财政的钱比较少,但能无偿拨款,是"四两",银行的钱尽管一分不能拨,但信贷资金比较多,能借贷,是"千斤",以"四两"拨动"千斤"意义重大。一方面财政要通过财政性资金启动公共工程项目的兴建,运用财政政策吸引和引导个体企业、集体企业和国有企业参与开发和建设来带动相关产业和行业运转,从而推动区域性经济发展和繁荣;另一方面,按照国家产业政策和县级重点骨干企业扶持政策,通过财政贴息和租赁贷款,进行有选择、有目的的重点扶持和投入来培育支柱产业,发展骨干企业,提升块状经济,鼓励外贸出口推动经济增长,形成新的经济增长点,为城镇化提供强有力的产业支撑和物质基础。

2.进一步完善县以下财政体制,逐步强化城镇的财政自主能力。应结合农村综合改革,根据事权与财权相结合的原则,合理确定城镇财政上缴基数,逐步建立稳定、规范、有利于小城镇长远发展的财政体制。对重点镇,各级政府和财政应制定更加优惠的鼓励政策,如凡在重点镇范围内收取的基础设施配套费、耕地开垦费、水资源费、城建税、教育费附加全额或绝大部分返还,排污费除上缴国家外其余部分应返还等政策。对于经济发展快、城镇化程度较高、财政收支规模大的重点镇应建立比较完善的一级财政,并实行全口径预算管理,以规范各种资金使用。如南靖县靖城镇2011年新增地方级收入实行全留,用于支持小城镇规划建设。

3.提高资金使用效率。对于多头管理、名目众多的财政支农资金应进行统一管理,提高资金使用效率。目前,中央财政涉农资金的支出大项目涉及的政府部门有国家发展改革委员会、财政部、农业部、扶贫办、教育部、水利部、林业局、卫生部、民政部等,难以进行统一协调管理。应逐步改变这种支农资金渠道多、分类不合理的状况,适当归并设置支农资金,突出财政支农资金的公共性。中央支农资金效率不高的原因在于支农资金是通过各个部门,分口垂直往乡镇基层走,在这个过程中难免会有"跑、冒、滴、漏"和交叉重复。很多资金具有随意性、不透明性,存在暗箱操作,有必要对此进行制度化创新设计,以确保透明、公开,关键在于从实际需要出发,对需要进行量化,按需投资。四是财政也可以通过控股租赁公司,参与金融资本运作,融通银行资金,发展租赁、债券业务,支持地方经济和社会事业发展,从而促进城镇化进程。

(三)加大金融支持城镇化建设和发展的力度

1.调整创新农村金融体制。积极推进农村投融资机构的改革,构建职责明确、运转流畅、适度竞争、功能齐备,多层次、多样化,相互补充的农村金融体系,促进政策性、合作性、商业性金融的有机结合。农村金融在农村投融资体制中居于核心地位,农村金融功能的正常发挥,不仅可以营造良好的投融资环境,而且能够吸引更多的社会资金投资农村,并提高农村资金需求者的融资能力。综观世界上比较成熟的农村金融体系的构成,大都为政策性、合作性、商业性金融的有机结合,正规和非正规金融规范运行。所以,在农村投融资体制改革中,要借鉴国外先进经验,重视政策性、合作性、商业性金融的有机结合,以政策性金融为主导,以合作性金融为主体,以商业性金融为补充,逐步确立以农业发展银行为主导,农村信用合作社和中国农业银行为两翼,国家开发银行和其他商业银行等金融机构为有效补充的、稳定的、活跃的农村金融新体系。将农业银行的政策性支农资金归集到农业发展银行集中管理和使用,界定国家开发银行和农业发展银行在政策性支农项目的界限。国家开发银行逐步从农村小型项目投资中撤出,以产权改革为核心,推进信用社改革,完善农村合作银行体系。合理引导民间金融发展,规范民间投融资行为。在国外许多国家,民间资金是弥补政策性金融、合作性金融和商业性金融不足,以及缓解农村投融资矛盾的重要途径。由民间资金借贷为主体的民间金融,其信息发现机制以及风险约束机制内生于农村资金需求者,能够有效的防范由于信息不对称带来的机会主义行为,同时能够更好地迎合农村资金需求者的需要,交易成本低,且有能力将风险控制在最低水平,因而是较优的农村资金配置方式。以美国、法国、日本为代表的发达国家,都非常重视对民间金融的合理引导,以法律法规的形式保障民间资金的流通,取得了良好的效果。在我国广大的农村地区,由于缺乏合理的引导和监管,加之民间金融固有的分散性、隐蔽性等特征,容易产生较多的纠纷,因而往往成为政府遏制和打压的对象,长期处于"黑市"状态,而不能更好地服务于农村投融资活动。因此,我国在农村投融资体制改革中,在资金融通特别困难的情况下,要对民间金融加以合理引导,以法律法规的形式规范其资金融通行为,鼓励民间金融进入农村金融市场,形成农村正规金融的合理补充。积极引入村镇银行、小额贷款公司等新型农村金融机构,推动保险、信托等在农村开展业务,形成政策性金融、商业性金融、民营金融机构等多种形式并存的金融组织体系。

2.加大信贷支持力度。一是发挥政策性金融的先导作用。政策性金融要先期介入社会性、公益性强,建设周期长,沉淀成本高的基础设施建设项目,同时,要拓宽对小城镇建设的支持领域,向公共绿地、环境卫生等非经营性基础设施建设项目提供低息贷款。二是鼓励商业银行加大对小城镇建设的信贷投入。加大对小城镇供水、供电等项目的信贷支持力度以及对现代农业、特色产业和新农村建设等的支持。三是扩大基层网点信贷权限,减少审批环节,简化审批流程。四是提高金融服务质量。金融机构要进一步转变工作作风,切实掌握农户的资金需求状况,简化贷款手续,按照农业生产周期合理确定贷款期限,努力满足农民生产、生活资金需要,要进一步发挥金融部门信息广的优势,为农民增收出谋划策,提供科技信息服务,当好农民的金融顾问,切实提高农村金融服务质量。如龙海市角美镇优化政务环境,做好银企对接服务工作。通过深入企业开展资金需求情况调研,协调组织有资金需求的工业企业参加银企洽谈会,在银行和企业之间搭起合作沟通的平台,积极解决企业融资难的问题。2011年协作洛矶山石油向中国银行融资,使其获得1亿元授信贷款;联系工商银行给北国公司放贷500万元等。

3.完善农村资金回流机制,形成外部资金的导入机制,缓解农村资金供求矛盾。一是改革邮政储蓄的资金流向,将其中来源于农村的储蓄资金统一划归农业发展银行管理使用。二是规定应将商业银行所吸收的农村存款一定比例用于农村投资,可以由商业银行直接进行农村资产业务运作,也可以委托农业发展银行代理运作。三是允许农业政策性银行通过发行农业金融债券、寻求合作伙伴,通过建立农业发展基金、农民共同基金等形式,面向农业、农民筹资,以扩大资金规模和支农能力,取之于民,用之于民。四是鼓励农业政策性银行到境外筹资,争取国际金融和国际组织的转贷业务,由政策性支农银行经营管理世界银行、国际开发协会和亚洲银行对我国的农业项目贷款和扶贫开发的转贷等资金。五是广开渠道,充分调动民间资本参与农村投融资:地方政府部门出台优惠政策,在税收、银行贷款等方面提供方出台优惠政策,在税收、银行贷款等方面提供方便,引导民间资金增加对农业的投入;建立适应农业产业化发展需要的中小资本市场。六是在防范风险的前提下,大力发展农村票据市场,灵活操作货币政策工具,综合运用再贷款、再贴现等手段支持农村信用社投资,扩大资金供给。

(四)坚持市场化运作,开辟多元化投融资渠道

城镇化是一项系统工程,应综合运用经济、行政、法律等手段整体推进,其中最重要的是发挥市场在推进城镇化进程中的基础性作用,把经营意识贯穿于城镇规划、建设、管理、发展的全过程。

1.拓展多元化的城镇建设和发展的融资主体。在城镇化的公共设施建设中,投资主体的多元化是由城镇基础设施的种类和性质决定的。首先,某些城镇基础设施(如道路、桥梁、公共场所的照明、环境治理等)是非经营性项目,属于公共产品,具有非排他性、非竞争性以及较强的地域性等特征。城镇的另一些基础设施建设(如电讯、电力、供水、煤气的供给等)则存在一定的进入障碍,因具有规模经济带来的自然垄断特征,在许多方面具有公共产品的全部或部分特征,具有开发的统一性、建设的超前性与运营的整体性,投资规模大、建设周期长。因此,在城镇化基础设施建设中,政府应该起主导作用。但是,完全由政府单一的财政投资显然是不够的。其次,如果投资主体过于单一的话,则容易造成资金使用效率低下的问题。而且,有些城镇基础设施是介于公共产品和私人产品之间的准公共产品(如学校、医院、公园等),这部分准公共产品表现为具有明显的正外部性,政府完全可以利用市场的手段,使社会资金投资于这一类基础设施建设。例如,在鼓励私人部门办学校和医院的同时,提供各种形式的间接补贴和政策优惠。综上所述,在小城镇建设和发展过程中,政府投资虽然责无旁贷,但也应该充分发挥其他投资主体的作用,相当大一部分可以通过非政府的途径来解决。除地方政府投资外,只要有投资愿望,具备相应的投资能力,符合投资条件的,都可以成为投资主体。具体而言,可以从以下几个方面着手:一是个人投资。城镇中的住宅和商业用房由政府统一规划,私人投资,集中建房,还可积极鼓励私人投资涌向教育、卫生、文化、体育等社会事业。二是集体投资。由政府统一规划后,鼓励发动村集体和企业投资,如各类市场的建设,公共交通设施、商业街的建设。三是联合投资。就是政府统筹规划,整体布局,吸纳不同地区不同单位共同开发建设,并以周边土地开发为补偿。四是社会捐资。海外华侨都热衷于家乡的公益事业,这理应成为城镇化建设和发展的一个不可忽视的资金来源。海外华侨在家乡捐资办学、修桥、修路,可以有力改善当地乡镇的基础设施。可见,对于政府而言,仅仅作为一

级投资主体是不够的。政府应该通过制定产业政策、完善投资法规,健全投资服务,优化投资环境,充分运用税收、补贴、财政信贷等手段,吸引各类投资主体参与城镇化的建设和发展,引导域内外资金流向农村。如漳州市芗城区石亭镇占地121亩的石亭森林公园按照计划需要投入1 300万元建设资金,石亭镇把拟建的森林公园划分成几个区域,采取下放"冠名权"的融资举措,鼓励镇区企业积极参与建设实施。经投标已确定将分别由海王星实业有限公司、万安实业有限公司、施朗格建材科技有限公司和福龙诚家居有限公司捐献资金分块实施。

2.融资渠道的多元化。融资渠道的多元化是城镇基础设施建设在投融资机制上的必然体现。首先,城镇基础设施建设投资主体的多元化必然会带来融资渠道的多元化,多元投资主体所拥有或筹措的资金是城镇基础设施建设最原始、最基本的资金来源。这些资金来源是多种多样的,不论是多元投资主体自身所拥有的资金,还是通过各种方式筹措到的资金,都可以投入到城镇基础设施的建设和发展中。其次,城镇基础设施的多样性也要求实现融资渠道多元化。通过培育金融市场,实现融资多元化,形成银行信用、合作信用、民间信用多种融资方式共存的局面,为城镇化建设和发展提供强大的金融支持。从具体的融资渠道来看:一是政府方面的融资。发达国家城镇基础设施建设的50%以上都是由地方财政和上级政府财政补贴来解决的,我国也应该保持一定比例的政府融资。政府用征收城镇维护建设税和交通发展基金、养路费等收入,集中支持城镇基础设施项目。这部分项目主要是道路、桥梁、排水设施等公共产品,由于在小城镇里,这些项目不能提供较好的投资回报,难以吸引资金,只能由政府部门来组织融资。二是收费融资。这是因为部分基础设施项目是准公共产品,比较易于确定直接受益者。因此,坚持"谁投资谁受益","先投资先得益"的原则,向使用者收费是这些项目建成后补偿项目成本和维持项目运作的首选资金来源。例如,供水、供气、生活垃圾处理费等。另外,政府还可以通过招标或拍卖桥梁、街道、公园的广告权、冠名权等,多渠道筹措城镇化建设资金。三是土地出让金收入。政府通过贷款和其他方式筹集资金,用于待开发区内土地平整,道路建设等基础设施建设,做到"统一规范,统一征地,统一开发,统一出让,统一建设",从而促进在开发区域内土地升值。土地使用权出让所获的收入用于补偿基础设施投资的支出。盈余部分可投入新地的开发和利用,形成城镇化建设资金的良性循环。四是建立城镇化建设和发展的资金担保机制。构建适应城镇化建设和发展投资需要的多层次信贷担保体系。资金来源可实行政府资助、民间参与、企业出资的方式,鼓励企业开展互助担保以及其他各项担保业务。还可以将城镇集体资产公司化,或者允许政府资金介入,吸收社会资金组成担保基金,为城镇化基础设施建设提供信贷资金担保。五是民间资本融资。在充分保护投资人的权益的基础上,创造公平的投资环境,积极引导民营企业资金进入城镇化建设。在城镇化建设中,应吸引和充分发挥这一群体的力量,鼓励地方民营企业的资金通过适当的方式和途径进入城镇化的建设和经营。

3.创新多种融资方式。为了进一步促进地方民营企业的资金进入城镇建设的积极性,城镇化建设投融资体制应该采取更开明更大胆的政策,对城镇化建设项目赋予更大的控制权、经营权。融资方式可采用以下方式:一是项目融资(BOT、TOT等)。项目融资是利用项目本身的资产价值和现金流量安排有限追索贷款,这为超过项目投资者自身投资能力的大型项目的建设提供了融资便利。由于在项目融资过程中政府可以通过提供特许经营、市场保障等优惠条件来组织融资,从而保证了项目的相对稳定的收益水平,降低了项目的投资风险,更有利于吸收民间资本的参与。如龙海市角美镇充分发挥角美民间资金比较活跃的优势,采用BOT实现区域公交线路运营,应用TOT方式建设桥梁,吸引个私企业投资公园的建设。2011年漳州市芗城区石亭镇按照打造"城市宜居综合体"发展战略,共确定重点项目24个。其中,金安路、金上路计划投资3 000万元。为解决建设资金不足问题,石亭镇采用BT模式进行融资,项目回购期限3年。通过竞争性谈判,石亭镇拟定由福建纳川管材科技股份有限公司作为投资方。二是建立城镇化基础设施投资基金来吸引民间投资,对城镇化建设资金实行统一调度、有偿使用、保值增值。这样既可以给社会公众一个好的投资机会,也能在一定程度上缓解小城镇建设的资金压力。三是发行债券。加快金融工具的创新,发行城镇化建设债券试点,为城镇建设开辟新的融资渠道。尽管我国还没有专门发行小城镇债券融资,但早在200多年前,美国就开创了基础设施建设债券融资的先河。至今每年仍要发行2 000亿~3 000亿美元的债券用于市政建设,占美国债券市场发行总额的13%。同时,条件许可的话,还可以利用股份制来加快城镇公共设施建设的步伐。通过发行股票,把社会上的零散资金集中起来,以发挥资金的最大效益。四是银行信贷融资。加强银政、银建合作,积极开展城建金融创新。扩大城镇化建设对银行资金的融通力度,是投融资体制的创新要求。政府应该加大金融政策倾斜力度,鼓励金融机构积极支持城镇化建设。要加强银政、银建合作,创新金融产品,实现"双赢"。城镇化建设要积极创造适合贷款要求的条件,采取多种形式和途径,主动配合金融机构特别是国有商业银行,以获取金融机构对城镇化建设的贷款支持。五是积极融入国际资本。在健全投资体制和环境的条件下,积极引进外资参与城镇化建设。具体形式有外国政府贷款、国际金融组织贷款、国外商业银行贷款和国外民间资本等。引进的方式有BOT、BOO、TOT 等模式。

(五)建立风险防范机制

1.完善农村金融法律环境。要根据农村社会经济发展的要求建立健全促进新农村建设投融资体系的法律制度和相关法治机制,强化法律意识和法治精神,有效保护债权人、投资人的合法权益,树立诚信意识和道德规范是建设良好农村金融生态法律环境、保障投融资有序进行的基础。比如在《中华人民共和国刑法》中补充相关条款,强化对金融欺诈行为的处罚力度,有效维护农村社会秩序和金融稳定。尝试建立农村存款保险制度、保险保障制度等,这样既可以防止系统性的农村金融风险,又可以发挥农村金融生态环境的自我调节和自我净化功能,化解投融资风险。

2.规范政府投融资平台,建立风险预警防范机制。严格按照国家有关通知的要求,做实融资平台资本金,采取有效措施,防范城镇建设投资给政府带来的债务风险和信用风险。一是明确对投融资主体的行政管理。按照"谁组建,谁负责"的原则,健全投融资平台法人治理结构。二是建立政府投融资决策咨询制度。对涉及重大公共利益的项目,要在委托有资质单位设计项目实施方案的基础上,引入专家论证和公众参与制度,科学慎重决策,防范城镇建设投融资给政府带来的债务风险和信用风险。要按照"先财政评审,后确定预算"的原则,对政府投融资项目工程建设实行预算评审管理。审计部门要加强项目资金的监督管理,积极开展项目跟踪审计和检查,确保项目资金安全、规范、高效使用。三是建立城建投融资主体偿还债务保障机制。按照"谁举债,谁偿还"的原则,完善偿债保障机制。投融资主体对政府投融资项目的融资资金承担偿还责任。偿还来源为土地增值收益、项目投资收益、国有资产置换和回购收益以及经营城市资源的各种收益等。各级政府要建立城建项目偿债专项基金,作为政府投融资项目的补助还款来源和支持投融资主体发展的资本金投入。四是建立投融资主体债务分析和预警机制。各级政府要建立投融资动态监测制度,加强对政府投融资主体债务的跟踪检查和审计,定期统计和发布投融资主体有关信息,有效防范投资风险。

第六章

创新产业发展方式
构筑城镇产业支撑

　　城镇化并不等同于城市建设,关键要发展产业,形成产业支撑。城镇化的基础是优化的产业结构和合理的产业支撑,只有这样才能促进城乡之间通过资源和生产要素的自由流动,相互协作,优势互补,以城带乡,以乡促城,实现城镇经济、社会、文化等的持续协调发展。因此,在推进城镇化的过程中,必须高度重视产业化的发展,构筑产业支撑。改革开放30多年,我国的乡镇经济虽然取得长足的发展,但与城镇化中构筑产业支撑发展的要求差距大。实施城镇化发展战略,要发挥本区域的资源、技术和人力资本的优势,充分运用市场机制,加强和创新社会管理,宜工则工,宜农则农,宜商则商,发展特色产业和优势产业,构筑产业支撑,带动城镇发展,使之成为城镇化的支撑产业。

一、产业发展的重要意义

(一)产业发展是城镇化的内在需要

　　1.产业发展是城镇化的内在需要。产业发展是城镇化的内在需要,是深入落实科学发展观、构建和谐社会的重要内容,是解决"三农"问题、统筹城乡发展的重要途径。城镇化并不等同于城市建设,关键要发展产业,形成产业支撑。城镇化建设是一个复杂的系统工程,建设多少高楼、规划多少广场、修整多少街道、栽种多少绿树等固然重要,但城镇化发展的真正可持续繁荣,必须优化产业结构,靠合理的产业化支撑,这才是城镇化的核心和内涵。

2.城镇化的发展离不开产业支撑。经济发展是城镇化的动力,产业支撑是城镇化的灵魂,城镇化的发展离不开产业支撑,只有农村产业化的发展才有城镇化建设。农村产业化不仅开创了我国工业化的成功道路,对城镇化的发展繁荣更是直接的推动力。广大城镇发展适合自己特点的主导产业不仅活跃了城镇经济,而且促进了非农产业的发展。城镇工业化进程的加快将有力地促进运输业、商贸业、饮食业、娱乐业、金融业、信息业、教育医疗卫生等第三产业的发展,只有这样才能促进城乡之间通过资源和生产要素的自由流动,相互协作,优势互补,以城带乡,以乡促城,实现城镇经济、社会、文化等的持续协调发展。

(二)产业发展是城镇化建设的基础和动力

1.产业发展是城镇化建设的基础。城镇化建设是一个复杂的系统工程,水道的畅通,电力的充分供应,道路的建设,桥梁的构架,这些城镇的基础设施建设,需要大量的人、财、物的投入。农村产业化的发展可以为城镇化建设积累大量资金,同时,也为城镇化的发展提供了基础条件,能有效地合理利用资源。城镇化如果没有产业发展作支撑,就是"无源之水、无本之木",优化的产业结构和合理的产业化支撑能促进城乡之间通过资源和生产要素的自由流动,相互协作,优势互补,以城带乡,以乡促城,实现城镇经济、社会、文化等的持续协调发展,使城镇化更趋成熟和完善。

2.产业发展是城镇化建设的动力。实施城镇化发展战略要明确产业发展是城镇化建设可持续发展的动力,城镇经济通过产业升级和产业结构水平的提高,为农村富余劳动力创造大量的就业机会,不断吸纳农村劳动力从事第二产业和第三产业,带动第二产业和第三产业的发展,第二产业和第三产业的发展加快了城镇化的进程。所以,城镇化建设必须以城镇化和产业化两个轮子一起转,应主导产业带动城镇发展。从三次产业理论角度,第一产业是城镇化的原始动因,没有第一产业的快速发展,没有农村的工业化、城镇化,就没有完整意义上的、成熟的现代城镇化;城镇化的最根本的带动力是工业化,工业化带动城镇化。工业化是城镇化的核心动因,没有工业化,就没有真正的、持续的城镇化,城镇化就没有物质基础和产业支撑,特别是对于我国这样一个农业人口比重大的发展中国家;城镇化的最活跃、最积极、最富弹性的助推力是服务的现代化、服务业发展的多样化。第三产业是城镇化的活力动因,现代服务业对城镇化是一个巨大的助推器,当产业结构升级到一定水准,当生产力发展到一定阶段,服务业的现代化、个性化和多样化对城镇化的助推力比工业还要快捷、高速、富有成效。

3.产业发展给城镇化的发展增添了活力。城镇化中人口的集聚与产业的集聚和辐射是很重要的，集聚功能越强，辐射功能也就越强；集聚功能越弱，辐射功能也就越弱。城镇化的外在表现是人口的集聚，实质上则是产业的集聚和辐射，人口的集聚是通过产业集聚和辐射来实现的。在市场经济条件下，城镇化过程不是政府计划和行政控制的过程，而是一个经济社会自然变迁过程，是各种生产要素集中而产生集聚优势、辐射功能，带动城乡经济共同发展的漫长岁月。没有农村产业的发展，城镇的发展就会缺乏物质基础和就业机会，人口和生产要素的就不能聚集起来。人口和生产要素聚集有增量投入和存量调整两种方式，通过城镇化建设、产业的发展，吸引人、财物进乡镇，以增量资产带动存量资产调整的方式得以解决。产业化不仅开创了我国工业化的成功道路，并增强人口和生产要素的集聚辐射功能，对城镇化的发展繁荣增添了活力。

4.产业发展有利于提升城镇的载体功能。城镇化进程，是实现以城带乡、城乡协调发展的过程，其实质是农业劳动生产率不断提高，农村劳动力向非农产业转移的过程，减少农民是解决"三农"问题的根本，城乡协调发展是推进农业现代化的条件。这些年来"三农"问题之所以日益突出，主要因素之一就是城镇化水平低，吸纳能力弱，城镇化进程不快。当前，我国农村剩余劳动力约1.3亿多主要依靠现有城市吸纳这么多的农业剩余劳动力是不现实的，而依靠国家投资建设大中城市，兴办国有企业来安排农村剩余劳动力也是不可能的。因此，以我国分布广、数量多、新建扩建有潜力、对农村剩余劳动力容纳和吸收能力大的城镇为基地，鼓励农村劳动力进城居住，积极引导农村工业布局，以加快农村城镇化步伐，促进农村工业化和城镇化的协调发展，是解决农村剩余劳动力转移的必由之路。只有城镇产业的兴起，才能吸纳农村劳动力从事第二产业和第三产业。尤其是城镇经济通过产业升级和产业结构水平的提高，同时带动第三产业的发展，为农村富余劳动力创造大量的就业机会，农民将在规范的管理中，与市场的接触中，逐步改变自己的生活方式和思想观念，真正提高农民自身的综合素质和文明程度，不仅硬件设施城镇化，而且农民的综合素质也会城镇化，自觉养成良好的生活习惯，形成与时俱进的思想观念，做新一代的城镇居民。因此，只有加大经济结构调整力度，强化产业支撑，以产业集聚带动人口的集聚，不断地减少农民，使经济发展与城镇化融为一体，才能提升城镇的载体功能。

二、产业发展面临的问题

改革开放 30 多年,我国的乡镇经济虽然取得长足的发展,但无论是从单个看还是从总体上说,经济发展步伐还较小,与城镇化中构筑产业支撑发展的要求差距大。其主要问题和原因是:

(一)基础设施薄弱

许多乡镇的基础设施配套水平不高,不少地方交通、水利、电力、城镇建设等基础设施建设滞后,保障生活的能力不强,教育、科技、文化以及信息滞后,科技含量低,产业化进程难以形成规模,农民增产增收较慢,人民群众的生产力水平较低,财政增收困难。农业生产基础设施建设滞后,农业生产抵抗自然灾害的能力薄弱,发展现代农业,尤其是发展特色农业任重而道远。由于自身经济基础脆弱,多数建制镇没有形成特色经济,缺乏产业支撑,尤其是二、三产业十分薄弱,工业基础差,就业机会少,对农村劳动力的吸纳能力弱,无法吸纳流动人口到城镇创业和就业,致使小城镇有"形"无"魂",缺乏生机和活力,城镇经济难以繁荣,经济发展后劲不足,妨碍乡镇聚集效应的发挥和第三产业的发展,制约了城镇化水平的提高。

(二)农村经济发展缓慢

农村人口比重大,农村中总量供给不足,农村经济规模质量和总量低小,制约财政税源的增加,乡镇财政总收入中一半要用于开工资,另一半几乎是维持乡镇行政运行经费开支,从而使乡镇政府从财政用于投资公共设施以及社会福利事业受到制约,财政投入十分有限。农村产业开发的条件较差,可开发利用的土地少。产业结构调整困难,因为乡镇产业结构性矛盾仍很突出,第一产业依然未从根本上扭转生产力水平低、商品率不高、竞争力不强的状况,第二产业脆弱、第三产业滞后的局面依然存在。农村科技服务体系不健全,致使整个经济发展缓慢。农业产业化,农业工业化和农村工业化程度低,农村经济结构单一,各类农产品品种"小而全"没有规模,加工深度和科技含量不高,且大部分农村企业由于附加值低,粗加工产品居多,多数企业经营粗放,规模难以扩大,导致企业效益不佳,非农产业发展缺乏活力,就业渠道不广,农村剩余劳动力难以很好消化,进而制约农村人口向城镇转移。

(三)农业产业化程度不高,缺乏农业龙头企业

农业产业化对于有效解决小生产和大市场之间的矛盾,引导千家万户农民走向市场,并逐步实现农业现代化具有十分重要的意义和作用。一是农业产业化程度不高。农业生产方式落后制约了农业产业化,受旧的思想观念的束缚,在生产方式上大多沿袭过去原始粗放的耕作方法,再加上农业基础设施的不完备,一方面推广良种良法力度不够,无法形成真正的农业产业化经营,导致粮食产量不能得到迅速的增长,另一方面农民难以摆脱传统思想的束缚,尝试将主要的生产方式向二、三产业的转变,导致增收渠道不畅,人民群众的生活与全市平均水平来比仍然处于低水平。农业科技服务体系不健全,没有发展特色种养殖业的科技带头人,即使有极少部分人发展了特色种植,也形成不了规模,经济效益不明显。土地分散经营也是农业产业化的制约因素,极大限制了现代农业科技的普遍推广和应用,增加了农业生产成本,降低了农产品在市场上的竞争优势。资金短缺是制约农业产业化的又一因素,发展资金不足,贷款难。二是缺乏农业龙头企业。龙头企业是将农户小规模生产与大市场连接的载体,但是龙头企业发育不足,据有关学者推算,在全国 2 000 多个乡镇企业中,只有 5 000 个可以算作龙头企业。由于传统农业的惯性仍然在起作用,社会支持龙头企业发展的氛围不浓,合力不强。主要是社会各方大部分认为农业投入大、产出小、效益低,在农业领域研究的少、涉足的少。产业部门对抓好龙头企业的发展缺乏应有的目标定位,办法不灵,路子不多,服务不够,金融部门对龙头企业的扶持少,等待观望的多;部分龙头企业市场狭窄,链条脆弱。多数龙头企业注重基地建设,发展生产的手段多,开拓市场的方法少,龙头企业的销售市场不宽泛,与市场对接的手段滞后,渠道单一。龙头企业对农业发展的带动不够,不仅镇域农业经济发展难以跃上新的台阶,小城镇自身的发展也难有大的突破。

(四)工业经济实力不强,没有支柱型企业

工业是小城镇经济发展的主体,但乡镇工业发展存在 5 个"不",即:乡镇工业发展不平衡,工业化水平不高,科技含量不高,依赖资源程度仍很大,经济总量不大,经济效益不高等问题和不足。从企业规模角度看,目前我国乡镇企业普遍存在规模小,产品市场竞争力不强,高、新、规模型企业较少,缺乏大型龙头企业,缺少竞争力强的集团型大企业,带动乡镇经济发展的能力较差。从产业结构来看,优势产业尚不明显,特色产业还不鲜明,高能耗和劳动密集型

企业偏多,比重偏大,技术密集型、资金密集型企业所占比重相当小,城镇的工业结构与农业的联系太少,其中的绝大多数是在农民不熟悉的非农领域与地方工业争原料、资金、人才和市场。据联合国亚太经济与生活理事会(ES-CAP)的调查,在大部分亚太发展中国家,农产品加工和纺织品生产两项从业人员占农村人口的50%以上,在孟加拉国占75%以上。我国农村工业的这种畸形结构与其在城市工业的夹缝中成长起来的经历有着密切的关系。从技术结构来看,许多行业和企业明显表现出技术装备落后,发展后劲不足,新技术、新产品、新产业储备不足,缺乏适时更新换代的基本条件,规模工业企业中绝大部分设备均落后于时代5～15年以上。技术人员素质偏低。工业发展滞后,农民就业渠道不广,工资性收入所占比例不高,致使整个农村经济发展缓慢。

(五)集镇规模小,聚集带动能力较差

由于地理位置、经济资源、历史文化背景、产业结构、创新意识等不同,造成现有的城镇布局不够科学,有的建制镇辖区面积小,人口数量少,功能不够完善、非农产业基础薄弱、对资源的利用能力和对农村劳动力的吸纳能力弱等问题,由此造成了人口向城镇集中、工业向园区集中、土地向规模经营集中的水平不高,城镇的聚集效应不能得到充分发挥。镇域规模小,但行政人员并不少,一个2万～3万人口规模的乡镇,吃"财政饭"的人员有150人以上,这必然加剧农民的负担。部分城镇之间相距太近,这不仅使有限的资源得不到合理配置,而且使城镇功能相互抵消,达不到城镇建设的目的。多而小的布局不利于产业的形成和市场的拓展,从而难以形成人流、物流和信息流,其聚集辐射功能自然就弱。

三、创新产业发展的对策

当前推进城镇化建设必须以城镇化和产业化两个轮子一起转,产业化创造供给,城镇化创造需求,推进城镇化进程要明确产业是城镇建设可持续发展的基础和动力,应主导产业带动城镇发展。在形成主导产业的过程中,要充分运用市场机制,依据当地资源禀赋和独特发展规律,宜工则工,宜农则农,宜商则商,并且注意引导各种资本流入乡镇。

（一）加速农业产业化进程，大力发展特色农业

农业产业化是农业组织形式和经营形式的一次重大变革和创新。它的核心内容是：围绕某主导产业和相关的若干骨干农产品，将产前、产中、产后的各个环节，结合成一个新的农业体系，实行种养、产供销、贸工农一体化经营。以市场为导向组织生产，通过开展加工、购销、延长农业的产业链，提高农产品附加值，使农业成为高效盈利产业，促使农业增长方式从粗放型向集约型转变。实践证明，农业产业化不仅是促进农民增收的根本途径，也是促进农村工业化和城镇化发展的重要载体；不仅是联系农民与市场、增加农民收入的"桥"，也是拉长产业链实现农业外延增值的"路"。要把推进农业产业化作为挖掘农民增收潜力的关键一环，切实抓紧抓好。因此，在积极抓好粮食生产，确保粮食安全的同时，紧紧抓住国家加大农业产业化投入的机遇，以抓工业的思维来抓农业，用发展企业的理念改造农业经营模式，继续推进农业和农村经济结构的战略性调整，加快推进农业产业化经营。农业是漳州的传统优势产业。经过长期的发展，漳州已建成国家外向型农业示范区和海峡两岸农业合作实验区，成为全国著名的果蔬基地、福建省最大的农业出口创汇基地和绿色食品基地。漳州市共有食品企业 3 000 多家，拥有中国驰名商标 14 个，国家地理标志商标 31 件，跃居全国地级市首位。福建省著名商标 83 个，均占全省同类商标总数的 20％以上，并具有"中国菇都"、"中国食用菌名城"、"中国罐头之都"等荣誉称号。2011 年漳州市通过采取加强服务，及时沟通、优化环境、提升质量等一系列措施，推动绿色食品产品开发和绿色食品原料标准化基地建设取得新进展。全市又有 9 个产品获得绿标使用权，6 个产品通过有机产品认证，龙海市南盛食用菌有限公司、福建哈龙峰有限公司两家绿标文化宫荣获"全国百家绿色食品示范企业"荣誉称号。截至当前，全市累计有 11 类 266 个产品获得绿色食品标志使用权，其中 50 个产品通过有机产品认证，成为海峡西岸重要的绿色食品生产基地。华安县"全国绿色食品原料标准化（华安铁观音茶叶）生产基地"通过验收并得到农业部授牌，南靖县"全国绿色食品原料标准化（麻竹笋）生产基地"也通过了农业部组织的专家评审，被农业部绿色食品办公室列为全国第十一批创建单位。绿色食品、有机食品正成为发展漳州现代农业、品牌农业的"新亮点"，实现农业增效、农民增收的新举措。2011 年全市农产品出口超 30 亿美元，成为南方首个获得"中国食品名城"称号的城市。

1.创新农业经营模式，推进土地集中集约规模经营。大力发展以土地承包经营权入股为重点的农民专业合作社，提高农民的组织化程度，引导和支持

产业化龙头企业、专业合作社通过"股份合作"、"订单收购"、"二次返利"、"保底分红"等方式与农民建立比较紧密的利益联结机制,让农民分享加工和流通环节的利润;土地分散经营是传统农业向现代农业发展的制约瓶颈,极大限制了现代农业科技的普遍推广和应用,增加了农业生产成本,降低了农产品在市场上的竞争优势。为了破解传统农业向现代农业转变的制约因素,提高农业在国内外市场的竞争力,我们要结合城镇改造和农民集中居住区建设,坚持市场经济原则,充分运用产权制度改革和土地综合整治的成果,充分尊重农民的意愿,坚持"两条腿"走路,推进土地集中集约规模经营,一条腿是发展家庭适度规模经营;另一条腿是依托农业产业化龙头企业,建设标准化规模化的农业园区和农产品生产基地,推进土地适度规模经营。

2.调整农业生产布局。要抓好优势农产品基地建设,突出特色,扩大规模,形成品牌。大力发展生态农业、绿色农业和特色农业,培育特色优势产业是关键。乡镇经济是一种微观经济,是国民经济构架中最基本的运行单元,也是国家政策最主要最直接的操作平台。乡镇经济在区位上具有整体性,但在地理、资源、人文和发展上却特色性很强,易于形成别具一格的特色产业。为此,各乡镇应找准优势,做出特色。各乡镇在发展特色经济的过程中,绝不能盲目效仿、重复建设,更不能低档次开发、无序建设,而要结合自身实际,选择有较好区位资源优势、较强综合竞争实力、较大市场发展空间的产业重点培育,让一个产业、一个产品或一个品牌,成为该乡镇的代名词,打造专业乡镇、特色乡镇,形成"一镇一业,一镇一特"的乡镇经济发展新格局。要通过一些特定的形式,加大对特色农产品和农业产业化龙头企业的宣传力度,不断扩大其影响力和带动力。如漳州市平和县凭借着地理标志证明,琯溪蜜柚产业快速发展。与"地标"注册前相比,平和琯溪蜜柚种植面积由 13.7 万亩增至 80 万亩,产量由 10.4 万吨增至 100 万吨,产值由 1.3 亿元增至 30 亿元。目前,琯溪蜜柚已得到 40 多个国家和地区消费者的青睐,年出口量超过 12 万吨,出口份额占全国同类水果 99％强。还有漳州市的华安县沙建镇紧紧围绕服务华安新一轮创业,实施"工业兴镇,兴茶富民"发展战略,按照"工业重镇、农业大镇、旅游名镇"发展定位,加快转变经济发展方式和结构调整,致力打造全方位发展的综合示范乡镇。突出特色农业,促进农业增收。以台资中延杏鲍菇、上坪联晟花卉、"光照人"有机茶、立兴食品、红烟等项目为龙头,培育优质茶叶、水果、花卉、红烟、蔬菜、食用菌等 6 个基地,出台优惠政策和奖励措施,逐步实现"一片一品"。

3.发展壮大龙头企业。龙头企业在农村经济发展中的作用是增强了产业抵御市场风险的能力、推动了特色产业的快速发展、促进了农业科技的推广和运用、推进了农村改革的纵深发展。要使龙头企业更好地发展壮大,离不开各级政府的关心和支持,要从资金、技术、人才等方面培育农副产品加工的龙头企业,集中力量大力扶持发展成长性好、竞争力强的龙头企业,延伸产业链,提高农业经济效益。要努力铸造龙头企业的质量品牌。市场经济就是品牌经济,在激烈的市场竞争中,只有品牌才能占领市场,只有品牌才能稳固市场。因而,要树立品牌意识,在塑造品牌中以质量为核心,以质取胜。要创新龙头企业的发展机制,引进借鉴龙头企业中成功的经营机制,通过不断探索,不断创新适合自身的利益分配机制、管理机制、营销机制,完善企业各项制度革新,带动产业迅速发展。大力发展公司制农业,用现代企业管理手段和运行机制,解决在市场经济体制下,农业生产发展中深层次问题,整合各类生产要素,调动各个层次积极性,扬起龙头企业巨首,真正实行"公司＋基地＋农户"的运作模式,从产权利益上形成共同体。要加大市场开拓力度。要把拓展农产品市场,盘活农产品流通作为增加企业效益,推动产业发展的有效手段。通过多种渠道,全方位拓展产品销售市场。1993年成立的漳浦盈丰食品有限公司,在打拳头产品、树品牌的时候,就瞄准了漳州水产品资源丰富的商机,大力发展水产品加工,不断开发新产品,延长产业链,专门研发蟹肉加工技术,创出了冷藏巴氏灭菌蟹肉新技术,成为我国糖姜和冷藏巴氏灭菌蟹肉行业龙头企业。盈丰公司每年以60％～90％的增长速度稳健发展,成了中外私募投资追逐的对象。2011年,盈丰公司水产品产值达12亿元,约占公司总产值的70％。盈丰公司还积极发展冻藏对虾、冻藏大黄鱼等百余种水产品加工,成为了亚洲最大蟹肉出口企业,每年有10 000多吨的蟹肉走上国内外百姓的餐桌。

4.支持中介组织发展。各级政府应该鼓励为农业服务的中介组织的发展,尤其应该支持乡镇商贸企业的发展,使农业成果成为社会的财富,引导和推动农业走区域化布局、规模化生产、社会化服务、一体化经营之路,从而提升乡镇经济的总体实力。着重发挥民间力量,建立县、乡、村三级农产品流通协会,鼓励发展各产业专业营销公司和民间中介组织,培养农产品销售经纪人和营销大户,做到乡镇有营销公司,村有营销专班,组有营销大户,户有营销能人,形成全方位的营销网络。加快发展农村专业合作经济组织,提高农民的组织化程度,引导农民主动融入大市场。此外,要积极组织实施好"阳光工程",加强对外出务工农民的实用技术培训,提高农民就业能力和就业率。1996年成立的福建南海食品有限公司是漳州市平和县柚业的龙头企业,公司从小厂起步,发展到如今,已成为集种植、加工、出口、销售为一体的国内蜜柚行业最大的农业产业化企业之一。2010年福建南海食品有限公司被中国果品流通协会授予"中国柚王"称号,2010年被福建省发改委列入上市后备企业,成为平和县唯一一家被列入省级重点上市后备企业的公司。

(二)突出优势产业主导地位,实施工业立乡兴镇战略

工业化是城镇化的发动机,城镇化是工业化的加速器,大力发展工业是提升乡镇经济发展水平、增强乡镇经济发展后劲的关键所在。要把加快工业化进程作为乡镇经济发展的重点,全力加快工业发展步伐,构筑产业支撑,推进城镇化。

1.抓基地,发展园区经济。工业集约化、区域化发展,符合工业发展规律,符合科学发展观的要求,既能够加快产业聚集,也有利于基础设施配套和项目服务,还可以节约利用土地、减少环境污染。因此,发展乡镇经济必须切实抓好工业集聚区建设,本着统一规划、合理布局、综合开发、集约发展的原则,申请规划工业产业集中区,形成产业集聚群,积极引导各类企业向园区集中。集聚区建设应采取多种途径和方式,实行多种发展模式。要积极创新思路,探索发展"飞地经济",切实解决好交通不便、工业基础相对落后的问题,实现经济发展上的"双赢"、"多赢"。建立工业园小区,促进企业集中连片发展,必须进行一系列制度创新,主要包括:一是建立起有利于吸引投资和保证入区企业正常生产经营的政策环境,并保持政策的连续性和稳定性。要保护投资者的合法权益,依法对入区乡镇企业实行高效管理和优质服务,创造周到的服务环境。县级以上领导要加强对乡镇经济发展的领导和支持,定期研究工作中存在的困难和矛盾,处理好乡镇自身难以解决的问题。县的相关部门要按照"多疏通、善变通、勤沟通、保畅通"的要求,在服务和管理上最大限度地让利于乡镇发展,尽量减少办事程序和环节,决不能设置障碍。乡镇领导要为企业发展提供好全程服务,抓好外部环境建设,防止外界干扰影响企业的正常生产。尤其是对于国家及本地政府规定的扶持乡镇企业或适用于乡镇企业的各种税收优惠或减免政策以及其他优惠政策,都要切实兑现。二是工业小区内部也要加强管理。小区管委会(或其他名称)人员和机构的设置要精干,运转要灵活,办事要高效。小区内的基础设施建设、招商引资、物业管理等能够实行企业化的,一定要实行企业化经营。其目的就是降低小区运作成本,减轻入区企业的负担。要不断完善基础设施和配套设施建设,制定合理的土地价格及税费,不断完善小区管理体制。三是地方政府应积极引导乡镇企业向工业小区集中。对于新建企业,一方面从严审批在村里企业的用地,或者新建企业原则上不予

审批,迫使其在工业小区内落户;另一方面,对于在小区内落户的企业要给予各种优惠政策,使在小区内集中的企业既能够享受到集中服务的好处,又有成本优势,并且不影响原来的产权关系。对于老企业,应该本着自愿集中的原则,以相应的优惠政策和一定的利益来调动入区的积极性,而不能采取硬性搬迁的办法。当老企业需要扩大生产规模时,则要求其在小区内设立新址。长泰经济开发区深度开发"一区五园",发展特色产业园区,重点打造文体用品、光电照明、机械制造、精密电子四大百亿产业集群:以福建省最大的球类体育用品生产基地为平台,前山工业园为重点,引进国际体育用品生产和销售企业;高强工业园构建光电照明产业和高新企业生产基地;富豪工业园则重点发展汽车配件、钢构件等,构建厦漳泉机械工业配套基地;台湾工业园主打对接台湾精密工业等新兴产业;仙景工业园则重点发展新材料工业等高新产业,争创国家和省级高新技术特色产业基地。通过走产业集约化发展之路,开发区将力争形成园区开发一片,建设一片,收益一片,滚动开发的良性发展态势,确保有源源不断的大项目、好项目持续跟进,扩大工业发展增量。

2.抓项目,扩大发展规模。园区要突出抓好招商引资和项目建设,一切围绕项目,一切服从项目。要在积极引导企业、项目进园兴业,大力引进相关中小项目,坚持大项目带动战略,充分发挥项目的支撑和载体作用,延长产业链条,形成专业突出、产业集群、集约经营的园区经济。树立"重点项目、重点保障、重点推进"的服务工作理念,努力构建全方位、多层次、多元化的服务体系。坚持推行有效的服务工作制度,充分发挥领导挂点服务制、项目推进责任制、跟踪督办制等机制的作用,及时协调解决项目建设中的困难和问题,全力为重点项目开辟绿色通道,进一步形成千方百计抓项目的浓厚氛围。不断拓展新项目,大力引进外资,积极引导内资,推进全民创业,着力打造资产、资本、资金运作平台。改进招商引资策略,拓展招商空间和领域,在投资规模大、建设周期短、科技含量高、经济效益好的大项目引进方面寻求新的突破。坚持以本地的存量资本吸引外地的增量资本。增总量、调结构、蓄后劲,以项目优化经济结构,以项目做大地方财力,以项目增强发展后劲。同时要切实抓好水、电、路、通讯和公用设施等配套建设,搞好绿化、亮化、美化,与小城镇建设形成基础设施共用、污染集治理,不断增强集聚效应。要抓住当前国内外产业加快转移的机遇,发挥劳动力、农副产品、自然资源等优势,积极招引加工贸易、农产品深加工和资源开发项目,尽快把资源优势转化为经济优势、发展优势、竞争优势。城镇的发展离不开产业支撑,但产业的发展要以资源消耗少、环境污染小、科技含量高、经济效益好为前提,发展低碳、节能、环保的绿色产业,绝不能为了追求经济效益而盲目发展。同时也要制定相关政策,优质服务,创造良好的发展环境,做到项目之间良性互动,协调发展。漳州市持续把项目带动作为打好城镇化战役的重要支撑,促进项目建设按"储备一批、开工一批、续建一批、竣工一批"滚动推进。13个省市级的试点镇实施376个在建项目2011年完成投资294.94亿元。各试点镇实施了一批带动力强的重大项目,如角美镇在建的百亿元以上项目有福欣特殊钢、联盛纸业和奥特莱斯3个,十亿元以上项目有圣莉雅壁纸、统实包装等7个,亿元以上项目50个。杜浔镇(古雷新港城)PX、PTA、IPA等一批石化启动项目,以及疏港公路、码头、供水、引水、变电站、废弃物处置场等一批配套设施加快建设推进。靖城镇实施了万利太阳能、中达光电、海峡两岸现代农业合作(靖城)食用菌产业园等投资10亿元以上重大项目。石亭镇正和钢管、福龙诚家居、欧瑞园食品、施朗格建材、铭佳金属、尚成家具、天纬塑胶等7个重点项目竣工投产,其中正和钢管投产后预计年产值可达50亿元。

3. 抓招商引资,增强发展动力。要增强招商的针对性和实效性,变招商引资为招商"择"资,切实做到"四个结合":一是与资源优势结合,在突出特色精深加工上做文章。根据本乡镇在农副产业、矿产等方面的特点,引进精深加工企业、资源开发企业,突出特色。二是与产业优势结合,在延伸产业链、培植产业集群上做文章。围绕现有骨干企业、优势产业,引进与之相配套的生产、营销、服务企业,延伸产业链,形成集群效应。三是与区位优势结合,在扩大开放、重点引进上做文章。邻近城市、邻近大型工矿企业的乡镇要在城市配套发展、服务企业上多做文章。四是与国企改革结合,在盘活存量、吸引增量上做文章。引进有实力的投资主体,盘活企业闲置资产,同时还要千方百计启动乡镇民间资本,激发本地群众的创业热情。把推进招商引资作为乡镇经济发展的强力支撑,通过选择优势项目,制定优惠政策,营造宽松的发展环境,招商引资兴办农副产品加工业,加快发展农产品精深加工业,提高农业附加值。引进一批国内外知名农产品加工企业和品牌,带动本地乡镇经济的发展。漳州市持续把加大招商引资力度、增强产业支撑作为小城镇战役的重要突破口,突出引办大项目、好项目,带动大发展、新跨越。角美镇2011年全年新办和增资内外资工业项目155个,比去年同期多19个,其中投资上亿元项目5个;岩溪镇2011年新签8个项目,总投资超过13亿元。杜浔镇(古雷新港城)跟中国石油签订了年炼油1 600万吨和年炼化乙烯120万吨的重特大项目;靖城镇2011年新签约项目40个,总投资76.57亿元,其中上10亿元的有中达光电、欧仕达光电、万亨欣精细钢管、新型防火材料等4个项目;石亭镇签约引进了投资上百亿元的联想科技城,博达文化创意园、宝汇实业等重大项目;港尾镇围绕产业链招商引进总投资 10 亿美元的正新轮胎项目,并吸引了热能工程、洪海机械、台谕自动化设备、正新机电、三凯精密机械、土兴钢梁结构、尚玛机械等 7 个配套项目落地。四都镇引进 19 家企业,总投资 47 亿元,其中包括 1 个总投资 40 亿元的新能源汽车项目。常山开发区仅"再干 150 天"以来已签约项目 6 个,总投资 17 亿元,其中上亿元项目 3 个。

4. 抓民营经济,增强发展活力。民营经济是乡镇经济的主体和生力军,是乡镇经济发展的活力所在、希望所在,必须坚定不移地发展民营经济。要抓环境,切实放宽对民营资本投资的各种限制,清除各种不合理的门槛,着力培育有利于民营经济快速成长的良好环境;抓引进,积极引进全国各地有实力的民营企业到当地投资创业,努力形成聚集效应;抓培植,鼓励和支持富裕起来的农民、农村能人、打工学成归来者,大力兴办工业项目,迅速形成民营经济蓬勃发展的塔基;抓提高,筛选一批重点民营企业,实行重点帮扶,促其尽快上规模、上档次,加快提升民营经济发展水平;抓引导,引导民营经济按照国家的产业政策,进行有序的发展、合法的经营、公平竞争、照章纳税。对已具规模家族式经营管理,政府引导他们向现代化管理转变,促使这些民营企业,经营上规模、上档次,引导民营企业家不断提高经营管理水平。

(三)以开发特色景点为重点,加快旅游业发展

服务业既能为城镇化提供经济支撑,又能为劳动力转移创造就业岗位,必须结合实际大力发展一般性服务业,旅游业是最佳切入点。随着城镇化的发展,人们对农业的要求越来越高,观光农业、旅游休闲农业、绿色食品农业、文化农业等都将成为人们生活的重要组成部分。这就要求在城镇化进程中注重对农业的支持和保护,要充分利用风景名胜及人文景观,发展观光旅游业。重点包装推荐一系列农村休闲旅游项目,不断推进产业项目开发,深入挖掘内涵,将传统文化、特色文化优势打造成产业优势,突出打造特色品牌,抓好一批旅游基础设施项目、旅游服务设施项目、旅游景区景点项目和旅游娱乐项目建设,完善游客接待中心、旅游卫生设备和交通安全、通讯网络和水电等基础设施建设,切实强化管理,努力提升整体服务水平,通过发展红色旅游、生态旅游、文化旅游、民俗旅游、休闲体验和乡村旅游,带动经济发展。福建省农业厅公布了首批 33 家省级休闲农业示范点,长泰县山重村名列其中,成为我市获此殊荣的 4 个单位之一。长泰县加快山重村乡村旅游的发展,利用山重景区特有优势与农户共同合作开发休闲农业乡村旅游产品(项目),山重村种植桃、

李等果树 6 500 亩、绿色蔬菜 2 000 多亩、中药材砂仁 600 多亩、油菜花 800 多亩，推出了农业观光、果蔬采摘、农耕体验、农业养殖等与农业相关的活动项目，受到了厦漳泉等城市游客的热捧。

(四)积极调整行政区划

建镇标准有两项人口参照值，一项是总人口，以 20 000 人为参照值；二是非农业人口，以 2 000 人为参照值，城镇要有一定的人口规模和非农的比重。这就要求在城镇化过程中应整合资源，对现行的乡镇布局进行科学合理的调整。一是使城镇布点合理化。要制定和完善城镇体系规划，撤乡设镇与撤并乡镇并举，加大乡镇行政区划的调整力度，加大乡镇行政区划的调整力度，使城镇的布局更加合理。二是使城镇地位中心化。要对城镇周边的乡和人口规模小的乡进行撤并，减少行政区划层次，扩大镇辖区，增强城镇人口集聚和扩大城镇人口规模的潜力，使每个镇的辐射人口达到 4 万人以上，镇区人口达到 2 万人以上，增强城镇活力，政府在资源配置上就不能面面俱到，平均用力，要把有限的资源向城镇集中，突显城镇的中心地位，集中精力加强城镇建设，重点推进城镇的发展。杜浔镇总人口 6.45 万，是漳州市古雷港经济开发区的主要腹地。自 2011 年 3 月，杜浔(古雷新港城是包括现在漳浦县四个乡镇地界的新城镇)被列为全省第二批小城镇综合改革试点镇后，杜浔镇将小城镇建设定位为县域次中心区，将建成以石化配套产业服务、基础设施建设为支撑，致力服务于古雷石化产业园区的滨海商贸重镇(古雷新港城)。

第七章

创新户籍管理制度
实施城镇化的关键

一、户籍管理及其基本功能

户籍管理源远流长,西方从古希腊时期、中国从商周时期就出现了户籍管理,户籍管理的存在有其现实合理性。户籍管理是世界各国最基本的社会管理制度,往往成为建构或者执行其他社会制度的基础和依据。实行户籍管理的国家其实并不少,并不是只有中国才有户籍管理。外国的户籍管理多叫"民事登记"或"生命登记"、"人事登记"。法国、瑞典、罗马尼亚、日本、印度、阿根廷等国家的出生登记,内容十分详尽,不仅有公民出生年月、性别、单双胞胎等内容,而且还有其父母的职业、经济收入、国籍、宗教信仰等相关内容,登记内容比中国详细得多。可见,户籍管理本身是个中性词,只是政府管理国家的一种正常且必要的手段而已。户籍管理是国家行政管理的重要组成部分和重要基础性工作,也是国家行政管理的一项基本制度。户籍管理制度的法治属性是通过户籍登记管理,确认公民的民事权利能力和民事行为能力,证明公民的身份,方便公民参加各种社会活动,为政府制定经济社会发展规划,实施各项行政管理提供人口数据及相关基础性资料。户籍管理制度在社会管理中具有三方面的基本功能。

(一)保护公民的权利和利益

户籍登记是证明公民身份的基本资料,不仅证明公民个人的身份,如出生年月、性别、民族、籍贯等,也证明公民家庭关系。通过公民身份登记,从而证明身份并确立民事权利和行为能力,是维护公民的合法权利和利益的最基本的法律保障。比如出生登记标志着一个公民在国家、社会、家庭中享受权利和承担义务的开始,也是在法律上被认定为血亲关系发生的依据;死亡登记标志着一个公民一切权利和应承担义务的终止;婚姻登记不仅证明公民的婚姻状况,而且结婚登记构成合法的婚姻,产生夫妻间的权利和义务;住所的登记在民法上的意义在于集中各种民法关系于一处,它一般是法律文件的送达地、民事案件的管辖地、继承的开始地、合同的履行地以及涉外民事案件的适用地等;迁入迁出登记标志着公民法定住所的变更。

(二)为政府制订国民经济和社会发展规划、劳动力合理配置等提供基础数据和资料

这是因为户口登记可以提供为国家政策措施的制定提供基本的人口资料,比如人口数量有多少、城乡或地区分布如何、有多少老年人、多少劳动力、多少学龄人口、多少婴幼儿人口及职业分布如何、行业分布如何、文化程度分布如何、婚姻状况如何等等数据,这样我们就可以以此为依据,制定科学合理的国民经济和社会发展计划,统筹安排物质和文化生产,促进社会经济持续稳定地发展。

(三)在维护治安、打击犯罪方面起到了巨大作用

人口管理是最基本的公共安全管理,掌握全部户籍人口的基本情况是治安管理的基础和重点,我国的户口登记不只是简单地数数人头,而且要求派出所了解登记人口的"身份、经济情况、现实表现和交往人员情况",了解一些存在或可能存在越轨行为人口的情况,从而对这类人口进行有针对性的控制管理,这样可以依靠广大群众的力量,及时提供侦察线索,发现和预防犯罪,创造一个稳定、和谐的现代化建设环境。

二、中国的户籍管理制度及其主要弊端

我国的户籍管理制度不仅包括户籍登记管理政策,还包括基于户籍性质差异而带来的与个人资源分配、利益分享及个人权利义务界定相关的各种制度法规,使得我国的户籍管理制度不仅具有上述户籍管理的三大基本功能,还

具有限制农村人口向城市流动和保护城市本地人口社会福利的功能。我国现行户籍管理制度是新中国成立后逐步建立起来的。1958 年 1 月 9 日,经全国人大常委会讨论通过,毛泽东签署一号主席令,颁布了新中国第一部户籍制度《中华人民共和国户口登记条例》,确立了一套较完善的户口管理制度,它包括常住、暂住、出生、死亡、迁出、迁入、变更等七项人口登记制度。这个条例以法律形式严格限制农民进入城市,该条例第十条第二款规定:"公民由农村迁往城市,必须持有城市劳动部门的录用证明,学校的录取证明,或者城市户口登记机关的准予迁入的证明,向常住地户口登记机关申请办理迁出手续。"第十五条规定:"公民在常住地市、县范围以外的城市暂住三日以上的,由暂住地的户主或者本人在三日以内向户口登记机关申报暂住登记,离开前申报注销。"这些规定标志着中国以严格限制农村人口向城市流动为核心的户口迁移制度的形成,在城市与农村之间构筑了一道高墙,城乡分离的"二元经济模式"因此而生成。改革开放以后,当户籍制度不再发挥限制农村人口向城市流动这一功能的时候,转而主要发挥了保护城市本地人口社会福利的功能。在强化户籍管理,控制农村人口向城市流入的同时,国家还以户籍管理为基础建构起城乡分割的户籍权益,从而强化了基于户籍性质的多种城乡有别的户籍管理制度。户籍管理制度跟粮食、副食品等生活必需品供应制度、住房制度、医疗制度、养老保险制度、劳动保护制度、教育就业制度、兵役制度、婚姻制度等结合在一起构成独特的户籍管理制度体系。户籍成为个人权益配置的基础,户籍的类别差异、户籍的地区差别使依附于其上的权益具有很大差别。一般来说,非农业户籍所附加的权益要大于农业户籍的权益;在非农业户籍内部,直辖市户籍的附加权益要大于省会城市,更大于地级城市及县城镇户籍的附加权益。在很大程度上户籍的附加权益差别造成了中国特有的公民权益的"空间等级结构",使户籍具有很强的福利色彩和身份意味。在计划经济体制下形成的户籍管理制度体系,对于推进国家工业化的发展、保障国家重大发展计划的实施、稳定整个社会秩序等方面,曾经发挥了重要作用。经过几十年的努力,我国门类比较齐全的工业体系已经建立,传统户籍制度的任务已经完成。随着市场经济体制的逐步建立和完善,尤其是在我国经济运行的市场化程度已经很高的情况下,仍然依靠与公民的权利和利益分配密切相关的户籍管理制度限制城乡劳动力的自由流动,划分"农业户口"和"非农业户口"、实行城乡分割的户籍管理制度,阻碍了人力资源的优化配置和地区间的合理流动,不利于城镇化建设和农村经济的发展,不能满足社会经济发展的要求,也不利于实施城镇化发展战略,主要弊端表现在以下几个方面:

(一)现行的户籍制度造成了人民在事实上的不平等

随着 1958 年人民公社的建立,国家的各项政策,沿着户籍制度为核心的分割体制的惯性,在经济与社会生活等各方面逐步强化这种分割,在户籍制度上附加了各种各样过多的行政的、经济的、福利的管理行为,人为地制造了各种差异和不公平,为两部分居民建立两种不同的经济和社会制度,最终形成城乡之间断裂的两个社会,造成了城市居民与农村居民在公民权利和义务上的不平等。户籍制度分割了城市和乡村,"农民工"是对那些户籍在农村而身在城市打工的人群的特定称谓,最早的一代农民工,为城市的发展付出了自己的劳动,可是,他们的下一代仍然没有办法解决身份认同,他们的子女仍然背负着上一代的困惑,他们生活的城市仍然无法接纳他们,这才有了 80 后、90 后农民工的称谓;这种制度安排过度保护了城市居民的权利,城市人口从出生到死亡,在整个人生过程中都可以享受比农村人口好得多的工作和生活条件,享受好得多的社会福利。而农民的许多利益却受到了剥夺和侵占,如求职与求学的不平等:农业户口和城镇户口享有不平等的权利,其根本原因是户籍制度承载了太多的附加功能。在这种情况下,户口簿不仅是一种身份的体现,而且是一种资源享有权的确认。最突出的就是在就业和受教育两方面,如有的城市规定:某些行业和工种必须持有所在城市的户口才能被录用;教育方面也是如此,许多持农业户口者在城市里工作多年,有稳定收入,但因为子女没有所在城市的户口,不得不交纳一定的借读费,平等受教育的权利由于"户籍制度"而失去。目前我国城乡二元格局的确立和维系,正是以严格的户籍管理制度为基础的。虽然在计划经济时期,二元户籍制度起到了一定的稳定社会的作用,但是却严重阻碍了城乡劳动力资源的合理自由流动,只让农民"进城不落户",大量的非户籍常住人口并没有享受到与本地居民同等的公共服务。这样的户籍管理制度不但不能加速城镇化进程,反而不断暴露出城镇化过程中的矛盾和问题。每年春节期间由于农民工返乡而产生的各方面矛盾,就是城乡二元户籍制度留下问题的突出表现。城乡二元户籍制度使城乡居民生活差距逐步扩大。2007 年城镇居民家庭平均每人可支配收入已达到 13 785.81 元,接近中等收入国家水平,而农村居民家庭平均每人年收入只有 5 791.12 元。(数据来源:2008 年《中国统计年鉴》)

(二)户籍制度不能适应现实社会生活的发展

现行的户籍制度是统筹城乡经济社会发展的最大制度障碍,其作为阻止农民进入城市的最强有力的闸门,硬性限制农民向城市的流动,造就了城市的特权人口,加深了城乡鸿沟,严重阻碍了城镇化和社会发展。在计划经济条件下形成的户籍管理制度,户口迁移政策统得过死,由国家统一分配户口迁移计划指标的做法,难以适应不同地区需要。如受指令性政策限制,农村妇女嫁到城市,其户口难以迁入城市,今后子女随父落户也不容易;到城市城镇务工、经商的农民,投资办厂、购房人员以及非公有制经济组织引进人才都不能落户,其身份、地位得不到确认,给生产经营和生活带来了许多不便。没有户口让农民无法与其他人一样享受平等的就业机会,享受同等的医疗、教育、养老等等社会保障。因此,夫妻被迫两地分居,年老的父母无法与子女团聚,孩子无法获得良好教育。没有户口好多事情很麻烦,现在若无户口,无法获得身份证,无法上学、工作、结婚,无权领取护照;过去更厉害,连粮票、油票、肉票、布票都无法领取,意味着不能穿衣吃饭。而要迁移户口既有政策限制,又有各地不同的附加条件约束,诸如交纳增容费、落户费等。形成了城乡两栖的既非市民又非农民的游离阶层。这些农民户口仍在原籍,并且承包着土地,而就业和日常生活又在城镇,在农村和城镇都拥有生产和生活设施,实际上既无心或无力从事农业生产,导致农业粗放经营甚至出现土地撂荒,浪费了宝贵的土地资源,又无法获得与城镇居民同等的身份和待遇,工作和生活都难以稳定。这就必然在很大程度上限制社会经济的发展,也给政府部门的行政管理工作带来很大困难。

(三)限制了农村劳动力就业的空间范围

在现行户籍制度下,能够进城经商的农民仍然是"农业户口",即使在大中城市有比较稳定的职业和在事业上有一定成就的农村劳动力,由于无法取得城市户籍,仍然没有稳定感,更何况绝大多数农村劳动力不可能在大中城市找到稳定的职业和有较高的收入。这就造成了大量剩余劳动力滞留在农村的局面。滞留在农村的劳动力必然就近发展非农产业,造成农村非农产业的分散化。近年来虽然提倡乡镇企业向城镇集中,但新建企业由于追求低成本和避税效应,集中的效果不能使人满意,而老企业集中的难度更大。缺乏非农产业的支撑,城镇发展就失去了产业基础,聚集功能不够,社会经济发展就必然缓慢。

(四)户籍制度还是滋生腐败的温床

1963年,公安部依据是否吃国家计划供应的商品粮,将户口划分为"农业户口"和"非农业户口"。此后 10 多年,大量城市人口的出生,也让城市收紧了对外来者办理城市户籍的政策,户籍成为一项指标。改革开放以后,城市和农村的发展差距进一步拉大,不单单在粮食供应上采用城乡两种体制,在医疗、教育、住房等社会福利方面,城市居民也比农村居民分配到了更多的社会资源。能分得多少福利,关键就看你的户籍性质。因此,城市、大城市、特别是中心城市的户籍就成了人人尽享追逐的香饽饽。而大城市的户籍也成了当地政府吸引人才的有力手段。如上海当时有近千万人口,然而每年外来人口所获得的户籍新指标不到一万人,这些指标主要给了上海急需引进的人才、归国华侨等。"农转非"的路也被堵死了。正因其稀缺,在很多城市,户口成了被买卖的对象。有权者可以以此寻租,地产商可以以此为销售的工具,而千万的弱势群体要么付出金钱的代价,要么望洋兴叹地面对种种不公的待遇。

三、户籍管理制度的改革

市场经济要求市场要素的流动和市场化,而人是其中最积极、最活跃的要素,合理的人口流动能促进市场经济的发展,有利于人才交流和劳动力资源配置,市场经济逐渐形成的今天,人口的合理流动已成为一股不可阻挡的潮流。人本身的解放和自由流动要求改革计划经济体制下形成的户籍政策,逐步建立起和市场经济相应的户籍政策。人口的流动、劳动力的流动和人才的流动,及其平等公平竞争等,成为建立和完善社会主义市场经济的重要因素,这就一方面要求改革限制人口流动和人口迁移的户籍管理制度,另一方面要求逐步取消因为户籍不同而带来的权益差别,使得与户籍联系在一起的诸多权益差别逐渐淡化消失。

在农村改革后,农村人口开始外出流动就业,20 世纪 80 年代中期以后逐渐增多,以户口为基础进行的静态人口管理已经难以适应大规模人口流动的需要。1985 年 9 月,《中华人民共和国居民身份证条例》颁布实施。公民在办理涉及政治、经济、社会生活等权益的事务时,可以出示居民身份证,证明其身份。和户口簿不同,居民身份证作为个人化的卡式证件,居民可以随身携带,在公民的各种生活领域中可以证明其个人身份。居民身份证的个人化领取使用,这标志着中国的户口管理开始由静态的户籍管理向户籍管理和身份管理相结合的动态方向发展,我国的户口管理方式开始主动适应人口流动的需要。

党的十四届三中全会通过的《关于建立社会主义市场经济体制若干问题

的决定》明确指出："逐步改革小城镇的户籍管理制度,允许农民进入小城镇务工经商,发展农村第三产业,促进农村剩余劳动力的转移"。党的十五届三中全会通过的《中共中央关于农业和农村工作若干重大问题的决定》也指出:"要制定和完善促进小城镇健康发展的政策措施,进一步改革小城镇户籍管理制度"。中共中央 2000 年 6 月 13 日下发中发(2000)11 号文件,即中共中央、国务院《关于促进小城镇健康发展的若干意见》(以下简称《意见》)。《意见》指出要改革小城镇户籍管理制度:从今年起,凡在县级市市区、县人民政府驻地镇及县以下小城镇有合法固定住所、稳定职业或生活来源的农民,均可根据本人意愿转为城镇户口,并在子女入学、参军、就业等方面享受与城镇居民同等待遇,不得实行歧视性政策。对在小城镇落户的农民,各地区、各部门不得收取城镇增容费或其他类似费用。对进镇落户的农民,可根据本人意愿,保留其承包土地的经营权,也允许依法有偿转让。各省、自治区、直辖市人民政府应根据上述精神,结合本地的经济、社会发展状况和综合承受能力,制定相应的具体政策。北京、上海等全国特大城市、大城市人民政府对于到当地落户的,制定具体政策时加以严格控制。国务院有关部门也根据上述精神,对干部、工人调动过程中涉及的户口迁移问题,按照部门职能分工研究调整有关政策。对于在城市落户的人员,各地区、各部门均不得收取城市增容费和类似增容费的费用。各级公安机关进一步健全并严格执行各项户口登记管理制度,积极同有关部门协作配合,努力提高服务质量和工作效率,加强廉政建设,防止产生不正之风。

这些改革在传统户籍管理制度的铜墙铁壁上凿穿了一个大口子。放松户籍管制取消"农转非"计划指标,将入户审批制度改为核准制度,城乡户口登记实行一体化管理,这将突破限制农村劳动力这种重要的生产要素自由流动的政策堡垒。允许居民自由转移和流动,以准入条件取代进城人口指标控制;实行有利于吸引资金和人才的城市户口迁移政策等,在具体执行时,各地的做法不完全一样,但大都是只允许一定规模以上的投资者和用一定数额的资金在小城镇购买住房或自建住房的人,而与绝大多数农民无缘。可以肯定,即使上述规定经过试点后在小城镇中推广,也无助于解决目前的工农、城乡分离问题,起码进展将非常缓慢,与城镇化和农村社会经济发展的迫切要求相差很远。

随着中国经济社会向社会主义市场经济体制的转轨,户籍权益的改革也在不断推进。粮油等生活必需品的供需实现市场化,住宅推行商品化,医疗、养老保险和劳动保护制度改革改变了国家统揽、个人享用的局面,教育制度改革使非本地人口可得到教育机会,就业制度改革完全改变了国家统包统分的就业格局,城乡统一的劳动力市场也在建构中,兵役制度改革使城乡退伍安置的差别大大减少,婚姻家庭制度变革使婚姻选择中户籍性质的重要性大大降低,城乡通婚大为增加,这一系列建构在户籍制度之上的权益配置性制度的改革,使户籍性质所附加的户籍权益大大减少,从而出现了户籍权益平等化的趋势。但是,户籍权益化政策的改革远未到位,在户籍平等化趋势出现的同时,围绕户籍甚至在建构新的户籍权益,例如失业保险制度、最低生活保障制度等都以具有正式城镇户籍的非农业人口为对象,我国的户籍管理制度改革任重道远。

四、创新户籍管理制度

进入新世纪以来,我国户籍管理制度的创新就一直处于自下而上的自发性攻坚阶段,这种自发性创新的作用是有限的,不可能弥补制度供给的短缺。因此,中央应当积极地把自下而上的创新转变为自上而下的创新,及时推进户籍管理制度的创新。

(一)创新户籍管理制度的目标是实现公民身份和权利的平等

《中华人民共和国宪法》明文规定,中华人民共和国公民在法律面前一律平等,国家尊重和保障人权,公民的人身自由不受侵犯。农民和城市居民都是国家的公民,公民在法律面前一律平等,创新户籍管理制度就是要取消农业户口与非农业户口的划分,彻底切断户籍与福利待遇的联系,消除户籍制度背后的种种权利不公,实行城乡户口的统一。目前与户籍挂钩的权利和福利还有20多项,涉及政治权利、就业权利、教育权利、社会保障、计划生育等各方面。政治权利类包括人大代表的选举与被选举权、基层组织的选举与被选举权;就业权利类包括就业资格、就业扶持等;教育权利类包括义务教育机会、高考资格、职业教育补贴等;社会保障类主要包括公共卫生服务、基本医疗保险、基本养老保险、失业保险、最低生活保障、保障性住房等;计划生育类包括生育指标、计划生育奖励扶持、超生社会抚养费等;其他还包括义务兵退役安置政策和标准、交通事故人身损害赔偿等。长期形成的户籍附加功能和复杂利益格局,使户籍管理失去了本来面目,也使户籍管理制度难以一下回归到其法治属性"本位"上来。户籍管理制度不仅是公共管理问题,而且是个社会发展问题。

据有关方面测算,中国农村和城市福利待遇人均相差 33 万元,一般来讲大城市是 50 万元以上,中小城市是十几万元。"发展才是硬道理",要最终打破城乡二元体制的桎梏,消除目前附加在户籍制度上的不合理功能,在户籍制度上体现"法律面前人人平等"的法治原则,归根到底是要靠经济的发展,加快城乡统一的体制改革和发展速度,对附加在户籍管理制度上的各种权益进行综合配套的改革,形成户籍管理由以行政调控为主转为以经济调控为主,国家立法规范、社会经济调控、个人自主选择相结合的户籍管理新制度。

(二)创新户籍管理制度的方式是循序渐进

建立城乡统一的单纯的形式上的户籍制度并不复杂,政府出台一个文件就可以解决。但附加在户籍制度之上的相关社会经济政策以及由此形成的社会利益分配格局却是错综复杂的。北京、上海、广州等大城市政府担心,一旦允许自由迁徙,人口会无限度涌入,地方政府财力难以承受,会导致出现流民和贫民窟等"城市病"。2003 年郑州试验放开落户限制,人口大量涌入,城市教育资源无力承担,试验被迫中止,诸如此类的失败案例更加重了上述担忧。户籍制度毕竟在我国实行了接近 50 年,不仅自身根深蒂固,对其他社会管理制度的影响也非常深远。中国人口众多、经济社会总体发展程度较低、城乡差别很大,不可能在全国城乡无条件地一下子完全放开户籍管理,实现自由迁移,以居住期限来实行户籍准入,并享有当地原居民的待遇。因此,对户籍管理制度的改革不可能采取"一揽子"改革方式,而应该采取循序渐进的改革方式。在户籍迁徙政策方面,先放松人口流动和流动人口在城市的居留控制,再实施户籍迁移制度调整。在制度调整上,实施从小城镇到小城市、到中等城市,再到大、特大城市的制度改革,在条件具备的条件下逐步分层次、分对象地推行自由迁徙。在户籍权益调整方面,逐步改革非农业户籍所附加的诸多权益,从国家大包大揽逐渐过渡到个人承担一定责任和义务,对于城乡政策差异在短期内难以消除的,采取调整城乡识别标志的方式,使相关政策的执行与户口相分离;对于取消城乡政策差异条件基本成熟的,实行城乡统一的政策;对于农民基于农业户口的既得利益,采取市场化的方式对利益予以界定和补偿,推进农村人口向城镇转移。在条件具备时,逐渐推进户籍权益的改革,例如对粮油等生活必需品的供应、住房、就业制度实施的改革就是这样逐步推进的。随着社会经济体制的转轨、市场化改革的深入,随着多种经济社会条件的成熟,推进户籍权益配置性制度改革的时机会逐步到来。重庆遵循城镇化发展的客观规律,不超越发展阶段,让已具备城市生活条件、有强烈转户愿望的农民工,在城镇化进程中,既能"化进去",更能"留下来"。重庆把常年在城镇务工的农民工作为当前转户的主要对象,转户进入主城必须务工 5 年以上,转户进入区县城必须务工 3 年以上。多年在城市的农民工,已实际占有城市公共资源,农民工转户进城,不会对城市基础设施和公共服务增加更多的冲击,相反,还会提供源源不断的改善动力,成为巨大的内需拉动过程,是顺势而为的理性抉择。

(三)创新户籍管理制度的方法是加快与户籍制度相关的配套制度改革

传统的户籍制度管理将劳动就业、用工、住房、医疗、教育等公民权益同户口性质挂钩,因而需要加快与户籍制度相关综合配套改革。应当建立城乡统一、平等、竞争的劳动力市场,打破农民就业的身份、户籍和岗位限制,形成城乡劳动者平等就业的制度。建立健全公共就业服务网络,引导农村富余劳动力在城乡、在不同地区间的有序流动。完善农民工培训补贴办法,实施好农村劳动力转移培训阳光工程,最大限度地满足城乡居民多样化的学习需求、就业需求和农村劳动力转移需求。创建城乡统一的公共服务体系,大力发展均衡教育和平民教育,加大农村基础教育的资金投入,尽量缩小城乡教育的差别,保障农民子女平等接受义务教育。城市应当将农民工子女义务教育纳入当地教育发展规划和教育经费预算,对农民工子女入学要与当地学生在收费、管理等方面同等对待;大力发展农村医疗卫生事业,建立健全覆盖城乡的多层次医疗服务体系,强化对农民的健康教育和农村的疾病监测,加强农民工疾病预防控制和适龄儿童免疫工作,进一步搞好农民工计划生育管理和服务等相关公共服务。创新社会保障制度。创新社会保障制度要从我国农村的实际出发,坚持城乡一体化的政策导向,坚持分阶段、逐步完善、地区差异原则,加大政府对农村社会保障投入力度,努力扩大对农村居民养老、失业、医疗、工伤、生育等保险制度的覆盖面,建立适合农村地区并与城镇衔接的各种保险制度,开展新型农村社会养老保险,完善适合城镇就业农民工的养老保险和医疗保险等社会保险制度;创建城乡统一的征兵、优抚安置、公务员招收、人身损害赔偿等新机制。其他与户籍改革有关的土地、选举等制度和政策,也要及时作出相应的改革和调整。

（四）创新户籍管理制度的要求是建立全国统一的以身份证管理为主的一元户籍制度

创新户籍管理制度不是完全取消户籍管理，而是要取消其不合理的附加功能，将户籍管理的核心转移到其基本功能上去，并在转换中适应市场经济的要求，优化管理，变"二元化"城乡户籍管理制度为"一元化"的城乡一体化户籍管理制度，最终是按照国际惯例，建立全国统一的以身份证管理为主的一元户籍制度。首先，要进一步加快户籍管理立法进程。户籍管理执行的是 1958 年颁布实施的《中华人民共和国户口登记条例》，与现行的社会发展形势不太相适应。各地在户籍管理制度创建中都有出台符合本地特色和实际的户籍政策，但其政策具有灵活性和易变性，稳定性和连续性不够，应尽快出台权威而又稳定的《户籍法》，通过新的《户籍法》来推动户籍制度改革，加强依法行政和规范执法，真正起到保护公民权利和社会公共利益的作用。其次，积极探索建立城乡统一的户籍管理制度。在制度的设计上，应当以居住地划分农村居民和城镇居民，以区分该居民是否享有土地使用、农业补助或最低生活保障、廉租房等权利。建立"以常住地登记入户"的制度，实行以迁入地管理为主的办法，统一登记户籍。在户籍管理方法上，采用暂住户口和常住户口并用的管理方式。按一定"门槛"标准准入后，可取得暂住户口，持有暂住户口者，在就业、申请营业执照以及子女入托、入学等方面应享受与常住居民同等的权利。一定期限后，暂住户口持有者如有稳定职业及在合法固定住所达到一定居住期限，应当予以解决常住户口问题。在人口流动方面，赋予公民迁徙和居住自由的权利，在各类城市中调整户口迁移政策，放宽对户口的迁移限制，梯度推进有合法固定住所、稳定职业和生活来源的外来人口均可登记城市户口的管理制度，建立流动人口的综合信息服务管理系统；在人口管理方法上，加大身份证信息含量，加入户籍的静态信息（如家庭关系等），并采用身份证计算机联网管理，及时录入经常变化的动态信息（如职业、现住址等），以公民身份证制度取代户口制度，身份证在全国范围内通行，身份证上的号码也是公民个人社会保障号码，一出生就确定，并且终生不变。

（五）创新户籍管理制度的典型案例

这几年全国各地都大胆创新户籍管理制度，比较典型的有重庆和浙江嘉兴。

1. 2008 年浙江嘉兴市委、市政府出台了《中共嘉兴市委嘉兴市人民政府关于改革户籍管理制度进一步推进城乡一体化的若干意见(试行)》,一是建立按居住地登记户口的新型户籍管理制度,实行城乡统一的户口登记制度,在全市取消农业户口、非农业户口性质划分,实行城乡统一的户口登记制度,按照公民经常居住地登记户口的原则,将公民户口统一登记为"居民户口"。同时建立城乡统一的户口迁移制度,以及按居住地划分的人口统计制度。二是改革附加在户籍制度之上的社会公共政策,调整政策划分依据,对城乡实行各种不同政策的划分依据,由原来的按农业户口、非农业户口划分,统一到以居民有、无承包土地来划分,建立起新的管理体制和运行机制。稳步推进政策配套,对劳动就业、社会保障、退伍军人安置、土地承包、计划生育等十多项的与户籍挂钩的主要现行政策,按照率先并轨、逐步并轨、保持不变等思路,妥善处理好相关的政策衔接,有序推进城乡公共政策一体化。嘉兴市户籍管理制度创新亮点有两点:一是在打破城乡二元结构上迈出实质性步伐。嘉兴实施户籍管理制度改革,大力推进户口性质、户口管理、公民待遇等方面城乡一体化,不仅在户口方面实现了一元化,更重要的是城乡公共政策逐步实现统一,从而打破了实行五十年之久的城乡分割的二元结构,有力地促进了市域人力资源、土地资源等资源要素的合理配置和流动。二是建立通道鼓励农村居民向城镇集聚。积极探索农村居民转为城镇居民的有效途径,通过鼓励有地居民以土地承包经营权置换被征地居民养老保险、以宅基地置换城镇住房等形式,推进土地承包经营权成片流转和农户向城镇集聚。同时,做好相应的社会保障工作,有地居民土地被全部征用或通过土地置换转为无地居民后,其相应的养老保险、医疗保险、退伍士兵优抚安置、最低生活保障等,按照改革前城镇居民有关政策执行。

2.2010 年 8 月,作为全国统筹城乡综合配套改革试验区的重庆,在全国率先提出以符合条件的农民工及其新生代为突破口,启动了农民工户籍改革。推动农民工转户进城,是破除城乡二元结构的创新性举措。重庆遵循城镇化、工业化发展的客观规律,把常年在城镇务工的农民工作为当前转户的主要对象,转户进入主城必须务工 5 年以上,转户进入区县城必须务工 3 年以上。多年在城市的农民工,已实际占有城市公共资源,农民工转户进城,不会对城市基础设施和公共服务增加更多的冲击,相反,还会提供源源不断的改善动力,成为巨大的内需拉动过程。让已具备城市生活条件、有强烈转户愿望的农民工,在城镇化进程中,既能"化进去",更能"留下来",是顺势而为的理性抉择。重庆户籍管理制度创新改革综合考虑经济发展、自然环境、资源承载等因素,适度放宽主城区、进一步放开区县城、全面放开乡镇落户条件,积极引导本市籍农村居民向城镇转移落户。允许转户居民 3 年内继续保留宅基地和承包地的使用权及收益权，3 年过渡期后也不强制收回土地。允许农村居民转户后继续保留农村林地使用权、原户籍地计划生育政策、农村种粮直补等与土地相结合的各项补贴，也就是说转户居民的宅基地、承包地、林地等农村"3 件衣服"可继续保留。农村居民转户后，在就业、社保、住房、教育、医疗五大保障上实现一步到位，与城镇居民享有同等待遇，真正穿上城市"5 件衣服"，支撑人口城镇化健康推进。重庆在推进城镇化的过程中，创造性地利用市场机制，探索进城农村人口土地承包经营权、宅基地和农房退出和补偿机制。农民转户进城后，在自愿的前提下，可以有偿退出农村土地承包经营权、宅基地和农房。

第八章

创新乡镇管理体制
增强城镇化的动力

随着城镇化的推进,我国农村的经济成分、组织形式、就业方式、利益关系、生活方式等都发生了重大变化,农村社会管理只有跟上这种变化,才能公平调整农村各种利益关系,有效化解农村社会矛盾,让农民充分享受社会发展成果,实现公平正义和社会和谐。因此,应进一步解放思想,认真分析乡镇行政管理体制的问题,积极探索农村社会管理新机制,创新乡镇行政管理体制,提高乡镇政府的公共管理水平,推进村民自治制度化,发挥各类农民新型合作组织在乡镇治理中的积极作用,逐步建立起政府主导、社会多元参与的农村社会管理体制。

一、乡镇行政管理体制存在的主要问题

(一)乡镇政府职能没有发生根本转变

1. 乡镇政府职能转变难。乡镇机构改革的最终目的是政府职能转型,乡镇行政管理体制更好地为农村社会服务。随着农业税全面取消等政策的实施,国家对农村社会从汲取型关系变为给予型关系,乡镇行政管理体制已经具备了将主要职能转变到提供公共服务上来的条件。但从乡镇政府的实际运行来看,乡镇政府的工作千头万绪,实施公共管理过程中遇到的问题多种多样,上级政府均按"属地管理、守土有责"的原则要求乡镇政府抓好落实,乡镇政府成了全能的政府。相当多的乡镇政府仍然把工作重点放在完成上级的各项任

务。还有县级行政机关经常下派临时性任务，使得乡镇政府的公共管理职能具有很大的随机性，造成不少乡镇政府忙于应付，甚至为迎合上级要求大搞所谓"政绩工程"，严重浪费了农村有限的公共资源。按照政府职能的要求，乡镇政府对乡镇经济、教育、文化、卫生及各项社会事业的发展，负有规划、指导、协调、服务的责任，但面对众多的指标和任务以及"一票否决"的巨大压力，乡镇政府很难履行好社会管理和提供公共产品服务职能，对于自身应该承担的发展农村经济、提供生产服务、管理社会治安、发展文教事业、保护国土资源和生态环境等"软工作"却缺乏应有的积极性，对农民提出来的要求和需要解决的问题，也难以尽心尽责地落实，致使农民对农村的社会治安、医疗卫生、道路交通、水利设施、教育和环保等方面的基本需求无法都得到满足，为农村社会服务职能欠缺，乡镇政府职能没有发生根本转变。

2.党政不分，政企不分。主要表现为党政机构重叠，职责不清，责权分离，以及以政代企，对企业事务干预过多等。由于受"政社合一"的人民公社体制的长期影响，加上农村基层政权改革的理论准备不足，乡镇的党、政、企关系始终未能从根本上理顺。从党政关系上看，主要问题是乡镇党委不适当地包揽一切，以党代政情况严重。从政企关系上看，主要问题是乡镇政府干预企业的经营自主权，政企不分情况严重，多数地方是乡镇党委直接抓了政府的工作，而乡镇政府又直接抓了经济部门和企业的工作，有的乡镇政府干预过多，直接插手生产经营活动，用行政手段介入竞争性领域。

3.农村社会公共产品和服务供给严重不足。乡镇政府一般在完成上缴、发放工资和维持基本的行政运转后，基本上无力承担公共产品的供给和公共服务的提供。农业税取消以后，乡镇财政收入减少了，而财政支出并没有相应降下来，原本就捉襟见肘的乡镇财政更加脆弱，农村公共产品供给矛盾更加突出。乡镇政府事权远大于财权，免征农业税在很大程度上限制了地方政府以公共产品投资的名义向农民收取费用，但并未减轻其相对应的事权。农业税的取消切断了乡镇财政收入最重要的财源，加之上级的转移支付有限，乡镇财权与事权不对等导致了乡镇政府作为农村公共产品供给主体无力提供农村公共产品，使我国农村社会公共产品和服务供给严重不足。一是公共基础设施建设不能适应农村经济发展和农民生产生活的需要，农田水利基础设施老化失修，抵御自然灾害能力减弱。过度砍伐和不合理的开采建设导致水土流失，引发了许多泥石流、洪涝灾害、农田被毁等问题。二是农村教育现状令人担忧。尽管在农村贫困地区义务教育阶段试行"一费制"，使当地农民的教育负担有所减轻，但目前基础教育费用较高，农民无法接受，不少农村中小学的骨干教师由于工资、住房等原因,或离开教学岗位,或流向城市,师资队伍难以保证,教育质量下降。三是公共卫生事业停滞不前。农村基本医疗条件严重落后,机构凋零,设备陈旧,卫技人员短缺而且素质偏差,服务水平低下,乡、村两级卫生保健网几乎处于瓦解状态,公共卫生和各项预防保健工作难以落实。四是社会保障不健全。农村社会保障仍是我国社会保障体系中最薄弱的环节,尽管各级政府采取各种各样的社会保障、救济制度等措施,如农村低保、五保户供养、教育救助、优抚安置等,但目前农村低保和医疗保险仅在一些地方起步,只占很小一部分的农村人口,农村社会保障的覆盖面相对还很低,远远解决不了农村现有的贫困状况。五是农村技术服务处于半瘫痪状态。农业推广资金投入不足和推广体系不够完善,严重制约着推广力度。基层推广队伍中整体知识水平低,现代农业新技术的熟悉程度和操作能力不够,影响了农业新技术、新品种的推广转化,无法适应当前现代高效农业发展的需要。乡镇普遍缺少统一的农业生产服务机构,现有的种子站、水利站、供销社、信用社等组织因体制庞杂,事权不一,很难开展统一为农服务。

(二)乡镇政府职能不全

1.“条块分割”的管理体制,造成了乡镇政府职能不全。由于历史的原因和传统的集权体制的影响,在我国县乡关系中,县里集中的权力过多,县(市)的职能部门在乡镇大多设有自己的派出机构,即所谓“七站八所”,它们行使的是乡(镇)政府部分职权,但其隶属关系包括人财物的管理权都属于条条管辖,乡(镇)政府对它们是“看得见,管不着,叫不应”。这种“条块分割”的管理体制,肢解了乡(镇)政府的职能,造成了乡(镇)政府职能不全、功能弱化。据不完全统计,各地、县级业务部门设在乡镇的派出机构一般都在 20 个左右。这些权力性职能部门被从乡镇政府行政隶属关系中分离出去,必然造成乡镇政府职能被分解,拥有的行政权力和手段受到限制,在乡镇工作中造成部门之间、部门与乡镇之间的不协调、不配合,导致乡镇政府难以统筹安排力量而有效管理本乡镇的社会公共事务。乡镇虽然是一级党委、政府,但许多职能部门,如工商所、派出所、司法所、供销社、电管所、粮管所、土地管理所等都是人财物统归县职能部门垂直领导管理,乡镇政府的职权十分有限,难以对乡镇经济社会的运行实施统一协调管理和服务。

2.“条块分割”的管理体制,导致乡镇政府职能混乱。城镇化发展到一定程度后,随之而来的一系列行政和社会管理问题,如镇容镇貌、环境卫生、社会治安、城镇绿化、市场管理、文化娱乐业的审核和管理、街道交通管理等,都被列入镇政府的目标责任制,但由于相关部门不属于镇政府直接管理,镇政府的工作难度很大。条与块、条与条之间各自为政,有利的事大家抢着管、多头管,无利的事相互推诿扯皮,导致乡镇政府职能混乱,效率低下。由于条条部门不列入乡镇政府管理,或名义上实行"条块结合,双重领导,以块为主",但大多数部门"人、财、物"这些重要的权限仍然掌握在上级条条手中,乡镇政府很难实施有效监督约束,甚至有的条条部门以垂直管理为由,拒绝乡镇党委政府组织的考评,逃避乡镇人大、政府、舆论和社会监督。

3. 乡镇政府只有"有限权力"却要承担"无限责任"。在现行乡镇运行机制中,各部门纷纷上挂,收归条条垂直管理,权力上收了,但所承担的责任却没上收或没完全上收,实际上是权力在"条",责任在"块"。上级的各项工作任务都下达给乡镇政府,但乡镇政府又缺乏完成这些工作任务相适应的权力,造成了乡镇政府责任与权利失衡。乡镇主要承担着县级以上党委和政府下达分配的大量指标和任务,涉及农村基层组织建设和精神文明建设、发展经济和农民增收、基础设施建设和社会公共事业、环境保护、维护农村社会稳定等方面。而且,计划生育、环境保护、社会治安、安全生产等许多工作均为"一票否决"。按照法律规定,行政执法的主体是县级以上人民政府及其职能部门,乡镇政府不具有行政执法主体资格,但在涉及征地拆迁、计划生育、突出问题整治等方面,由于单纯依靠上级政府职能部门无力完成,于是上级党委、政府便以文件或领导讲话等形式,要求"乡镇党政一把手负总责",并且实行"一票否决"制。在这种压力下,乡镇政府为了完成上级党委和政府下达的任务指标,不惜使用不规范的公共权力手段,结果导致越权执法、违法执法的现象发生,破坏干群关系,影响政府的形象和威信,降低政府的公信力。

(三)乡镇政府财政困难

乡镇财政是我国财政的重要组成部分,发展乡镇财政对于加强基层政权建设,保持农村的政治稳定和社会安定,推进城镇化建设都有十分重要的意义。但由于受各种主客观因素的影响,我国的乡镇财政管理体制还存在着不少问题。

1. 机构臃肿,人员膨胀。乡镇撤并、精简机构人员是各地乡镇机构改革的重要内容,尽管改革后乡镇的机构数量减少了,但大多数乡镇机构设置仍然偏多,条块之间、机构之间职能还有交叉,精简人员的效果更是不明显,人浮于事的状况并未改变。乡镇政府运行成本过高,是造成乡镇财政危机的一个重要原因。

2.乡镇财政收支矛盾突出,管理混乱。一是乡镇财政收支矛盾突出。由于我国正处于改革时期,国家经济体制、各项事业管理体制、劳动人事制度、社会保障制度以及政府机构等都经常发生调整变动,引起乡镇政府事权结构发生变化,导致其事权与财权不配套,使乡镇财政收支矛盾突出,给乡镇政府行使职能造成困难。乡镇收支突出的矛盾主要表现在:乡镇除没有自己的一级财政外,乡镇承担了过于繁重的职责任务,要履行这些职能,其经费方面存在着巨大的缺口;乡镇政府承担着许多"分外"事务,如发展乡镇企业、调整农业生产结构、民兵训练、计划生育以及农村教育、部分公路建设等。县级政府及其工作部门的许多工作不断压给乡镇,"一票否决"的事项不断增加,检查评比考核的内容越来越多,但上级部门又不拨给相应的经费,或只拨一部分经费,所缺经费,需要乡镇自筹解决。此外,有的乡镇领导者的长官意志、主观随意性和行为的短期化等行为,加重了乡镇财政的负担。二是管理混乱,政府预算体系不健全。乡镇一级政府普遍缺乏预算意识,很多乡镇的预算形同虚设,政府运作的成本意识淡薄,缺乏降低成本的激励机制,尤其在管理效率和效益上考虑较少。不少乡镇不仅多个部门和领导有财务审批权,而且有滥购、滥补、滥奖的现象,各种乡镇公务消费如迎来送往的接待费、通讯费、交通费、干部培训等支出较高。加上有的乡镇干部在追求个人利益过程中行为的失范,增大政府的管理成本,挤占乡镇财政的公共支出。

3.分税不公,职责过重。1994年实行分税制以来,中央财权大幅提高,地方财权大幅下降,中央和地方的财权、事权不对等。在地方财政构成中,省、市财政所占比重较大,基层财政所占比重较小。目前,我国县乡两级财政收入只占全国财政总收入的21%,而县乡财政供养人口却占全国财政供养人口的71%。地方的财政能力减弱,但地方承担的各种管理事务、公共服务并没有相应减少,许多本来应该由中央、省市承担的公共产品和服务都由基层政府承担了,而乡镇一级在财政分成方面又处于最不利地位,难免造成乡镇财政困难。另外,社会救济是带有收入分配性质的职能,民兵训练和优抚是为了增强国防,属于全国性公共产品,本应该都由中央政府承担。作为乡镇一级的地方政府,要使他们在没有或很小有转移支付的情况下,完全依靠自己的财力为农村提供良好的公共产品是根本做不到的。

4.财政状况继续恶化,乡镇政府运转困难。农村税费改革前,全国大多数乡镇财政状况不佳,负债累累。税费改革后,农业型乡镇财力严重不足,财政状况进一步恶化,乡镇政府的财政赤字和负债是全国性的普遍问题,在不发达地区尤其严重,已经出现难以支撑政府机关有效运作的困境,有的地方已经影响到基层政权的稳定。

(四)乡镇文化建设相对滞后

1. 文化基础设施薄弱,文化产品、文化服务供给不足。由于乡镇政府对农村文化建设的重视程度不够,导致政府文化建设职能缺位,文化建设投入不足,文化宣传滞后,使一些乡镇文化建设处于"无阵地、无队伍、无作品"的"三无"状态。乡镇的娱乐设施和场所太少,一些农村的电影院、文化馆、图书室都变成了商店、旅社、个体摊位。描写农村生活,适合农民口味的文学精品越来越少。电视节目繁多,但真正关注农业技术、农业法规以及农经信息方面的电视节目少。出版社"三农"图书积压,但是农民很难看到宣传党的富民政策、市场经济理论和普及科技文化知识的图书。

2. 农村教育落后,农民文化素质偏低,这也是乡镇文化建设落后的重要表现。资料显示,我国92%的文盲、半文盲在农村;在农村4.97亿的劳动力中,具有小学文化程度的占40%,初中文化程度的占48%,高中文化程度的占12%,受过职业技术培训的不足5%,受过技能培训的仅为1%。农村教育落后不仅导致农民科学文化素质低下,还引发了农民文化修养不高、思想保守落后、生活方式陈旧,同时使不良社会风气蔓延。

3. 腐朽、落后的文化观念和生活习俗不同程度存在。乡镇的文化专业队伍缺少、文化生活相对单一,加之缺乏对乡镇文化建设的正确引导和有效管理,一些腐朽、落后的文化观念和生活习俗乘虚而入。一些地方出现诚信缺失、道德失范,一些地方封建迷信、黄赌毒等社会丑恶现象沉渣泛起,丧葬攀比风气较为盛行。这与我国当下全面建设小康社会、实现稳定和谐的社会主义目标不相适应。

(五)乡镇政府行政化管理弱化村民自治

乡镇管理与村民自治之间,村党支部与村主任之间的关系和权限不明,造成乡镇一级或村党支部事实上取代村民自治组织行使村级事务的决策权、管理权,目前还有好多乡镇仍实行乡镇干部包村工作制度。村级自治组织是社会管理组织体系中最基层的神经末梢,党和国家对农村的各项事务管理都通过村级自治组织来完成,在"乡政村治"治理模式下,乡镇政府与村委会的关系在理论上由领导关系转变为指导关系。在实践中,乡镇政府为了完成上级布置的任务,采取各种方式将行政责任进一步向下延伸,乡镇政府与村委会成为利益共同体,在工作方法上,乡镇习惯于把村委会当成自己的"腿",以"指挥"、

"命令"、"指示"等行政手段安排工作,甚至一些本应由乡镇完成的职责也被"分解"到村委会,使村委会不得不跟着上级跑、乡里转,体现出强烈的行政化色彩,使得他们无暇顾及自治方面的建设工作,在工作中主要考虑的是先向政府负责而不是向群众负责,实际上自治组织成为一种政权性组织或者是乡镇的附属行政机构,政府对村委会的指导关系演变成实实在在的领导关系,弱化了村民自治的性质。

二、创新乡镇行政管理体制

　　乡镇政府是党和国家在农村行使公共管理职能至关重要的执行者和落实者,党和国家一贯重视乡镇行政管理体制的建设,各地的领导和人民群众也在不断探索改革乡镇行政管理体制,比较典型的乡镇行政管理体制改革模式有:1985 年的"撤并乡镇"改革模式;2002 年的"三办一所"改革模式;2004 年的"综合配套"改革模式;2007 年的"强镇扩权"改革模式;2009 年的"大部制"改革模式。通过改革,乡镇政权的基础地位进一步巩固,行政效率得到提高,执政能力得到加强,推动了党的惠农支农强农政策的落实。这些年来,我国农村各项事业全面发展,农业基础地位更加巩固,农民收入持续增长,群众生活水平稳步提高,农村社会总体和谐稳定,城乡经济社会发展一体化迈出重要步伐。乡镇行政管理体制改革为推进城镇化的步伐、推进农村社会科学发展、促进农村社会和谐提供了重要的体制支撑。当前,我国正处于全面建设小康社会、加快推进社会主义现代化、推动经济建设、政治建设、文化建设、社会建设协调发展的新时期,农村经济体制的深刻变革,农村社会结构的深刻变动,农村利益格局的深刻调整,农民思想观念的深刻变化,这些都对创新乡镇行政管理体制提出了要求,就是按照科学发展观的要求,转变基层政府职能,强化公共管理和公共服务,围绕社会主义市场经济条件下农村急需的公共服务,为农村经济社会发展创造良好的环境。在创新乡镇行政管理体制过程中需要遵循增强乡镇政府服务能力的原则、有利于农村经济发展的原则、综合配套原则和因地制宜的原则。创新乡镇行政管理体制的内容主要有如下几方面:

(一)创新乡镇领导干部选拔任用制度

　　制度创新和完善基本政治制度的实现形式,就是要努力创造和探索党的领导和人民当家做主有机统一的制度形式。

1. 创新干部选拔制度。要采取切实措施,加快干部人事制度改革创新,建设一支切合农村实际的有一定政策理论水平和实际工作能力的乡镇领导干部队伍。一是坚持"凡进必考"的原则,从大中专毕业生和社会青年中吸收优秀的人才,充实乡镇干部队伍;二是从上级党政机关和事业单位选拔优秀年轻干部和专业技术人员到乡镇工作,特别优秀的中青年干部,可以在乡镇任职,任副书记或副乡镇长;三是选派乡镇机关和事业单位中比较优秀的年轻干部到高等院校学习深造或委派到上级党政机关工作一至二年,以进一步提高政策理论水平和工作能力;四是领导选拔多元化。30 多年的改革开放,市场化、民营化和公益组织内造就了一大批热心于公益事业和群众工作、甘于奉献和勇于担当、具有密切联系群众和强大社会影响力及组织力的领导干部型党员人才,要自觉的把这些党员人才纳入社区或区域性党组织的领导选拔和培育范围。

2. 创新干部任用制度。乡镇政府是我国行政体制设置中最低层次的一级地方政权组织,与其他地方政府相比,更多地行使管理基层地方公共事务的职能,与广大农民群众有着广泛、直接、密切的联系,成为联系和沟通群众与国家政权机关的纽带和桥梁。因此,乡镇领导干部的任命更应该尊重广大农民群众的意愿,落实"权为民所赋"的民主原则,实行公推直选制度化的干部任用制度。乡镇党委书记和村社党组织书记一律通过公推和党员直选产生,重点是扩大民主、公推直选进一步扩大民主,把对干部谁好谁差的评判权、谁上谁下的选择权交给群众。由全体党员、群众代表推荐乡镇党委委员初步候选人,由党员代表大会直接选举产生乡镇党委委员、副书记、书记。同时,按照有关规定和法律程序,依法选举产生乡镇人大、政府领导班子成员。

(二)创新乡镇政府行政管理体制

1. 科学设置乡镇领导职数和机构。一是创新乡镇机构。根据我国现行法律法规的规定以及社会主义市场经济条件下乡镇政府的职能定位,中央在制定乡镇机构创新的方针政策时,只宜强调加强经济建设、完善社会管理、强化公共服务职能、促进社会和谐这些原则性的要求,具体方案,应由各省根据实际情况制定。在创新乡镇行政体制过程中,我们可以根据乡镇人口数量、耕地面积、财政收入、经济总量等情况,将乡镇从强到弱、从大到小,依次分为一类乡镇、二类乡镇和三类乡镇。一类乡镇必设综合性办公室,可定为 7 个,即:党政办公室、社会事务办公室、经济贸易办公室、农业发展办公室、综合治理办公室、卫生和计划生育办公室、乡镇建设办公室;二类乡镇和三类乡镇办公室分别可设 6 个和 5 个办公室，乡镇有必设机构和选设机构，由各地根据乡镇经济社会发展的实际情况具体实施。二是领导职数设置。按照精简、统一、效能的原则，乡镇要采取党政交叉任职的办法，加大精简领导职数的力度。乡镇领导职数原则上可控制在 5～7 名，即书记(兼人大主席)1 名，副书记 1～2 名(其中 1 名兼任纪委书记)，乡镇长 1 名，副乡镇 1～3 名；一、二、三类乡镇可分别按 7、6、5 名领导职数配置。除一类乡镇可单设组织委员、宣传(统战)委员职位外，其他乡镇实行党政交叉兼职。乡镇综合办事机构，可设领导职数 1 正 1 副。三是创新行政事业单位用人制度，重点是竞争上岗、全员聘任(用)。乡镇中层干部及全体行政事业人员根据核定的职数编制和岗位性质，全部实行竞争上岗，上岗人员实行全员聘任(用)制，聘期第一轮为三年，以后每轮两年，对落岗人员进行合理分流。

2. 改革"条块分割"乡镇政府行政管理体制。"条块分割"体制使乡镇政府作为一级政权组织，缺乏与其地位和所承担的义务相适当的行政权力，难以有效地履行法律所赋予的职责，这是乡镇政府行政管理体制创新所面临的首要问题。对于乡镇"条块"行政管理体制的创新要实行以乡镇管理为主的体制，强化乡镇政府统一管理本辖区经济、政治和社会发展的功能。对县直部门设在乡镇的分支机构有选择分类型地下放给乡镇，应区别三种情况：一是对同乡镇的经济活动和群众日常生产生活联系极为密切的分支机构，应实行人、财、物全部下放，由乡镇自主管理，有关县直部门只进行必要的业务指导。二是对那些业务性质较强、与"条条"联系极为密切的部门和单位，完全脱离县直部门管理不具备条件的，应实行"条块结合，以块为主"的管理体制。三是对那些专业性极强的部门和单位，应实行"条块结合，以条为主"的管理体制。乡镇里有关执法监管部门和跨区域性的机构，在干部考核、职级晋升、人事调整等方面应征求辖区乡镇党委的意见。通过理顺条块关系，实现乡镇责权统一、人权与事权一致，确保乡镇政府公共权力的完整统一，整合乡镇公共资源，克服职能部门之间各自为政的状况，确保乡镇政府职权完整性和相应的自主性，解决乡镇政府有责无权、责权分离、条块不协调的问题。

3. 加强乡镇综合执法体系建设。根据有关法律、法规、政策，绝大多数的行政执法权，法律法规都赋予了县级政府及其工作部门，乡镇政府不是执法主体，所以对涉及土地、林业、公安和司法等方面的执法应授权或委托乡镇政府，培训专(兼)职人员，强化对乡镇工作人员法律法规和政策理论培训，加强乡镇干部的思想政治和党风廉政建设，不断提高乡镇工作人员依法行政、依法办事的水平，提高乡镇政府依法行政的能力。

4.提高乡镇政府行政管理效能。全面推行乡镇党务、政务公开,规范办事依据,简化办事程序,明晰岗位职责,牢固树立面向"三农"和服务"三农"的思想,大力推进政府公共资源向农村延伸,把医疗卫生、教育就业、治安管理、计划生育、法律咨询等服务延伸到农村,使农民群众和城里人一样享受到及时便捷的公共服务。如在乡镇建一个行政服务中心,各条块部门设有窗口,为民提供一站式服务,既提高了乡镇政府办事效率,又帮助群众解决实际问题,有利于进一步密切党群干群关系。

(三)转变乡镇政府职能

1.要加快有关乡镇政府职能法律规范的创新,规范乡镇政府的职能,为乡镇政府职能转变提供法律依据。按照党的十六大提出的"依法规范中央和地方的职能和权限,正确处理中央垂直管理部门和地方政府的关系"的要求,结合现有《地方组织法》,尽快制定规范乡镇政府的职能、部门机构及管理活动的决策、执行、监督等各环节的地方性法规及实施细则,使乡镇政府的职能转变切实做到有法可依、有章可循,以法治的刚性手段来规范、界定乡镇政府的职能。

2.明确乡镇政府职能转变方向。把乡镇职能转到改善民生、服务"三农"、优化环境、维护稳定上来,重点是强化社会管理和公共服务。强化社会管理,主要是加强乡镇落实国家法律法规和方针政策、维护农村社会稳定、管理公共事务、促进基层组织建设、保障公民合法权益的职能,如矛盾纠纷调解、安全生产、计划生育、民政优抚等;强化公共服务主要是围绕发展农村经济和为"三农"服务,搞好农村基础设施建设,改进农村生产生活环境,健全农村社会服务体系,发展农村文化教育等社会公益事业,如兴修农田水利设施、农业实用技术推广应用、培育和引导农村市场的专业化合作组织等,及时为农民和农村行业协会提供有关信息,为农业生产提供产前、产中和产后服务等。第三,切实履行乡镇政府的职能。各地在改革中,普遍将乡镇政府职能定位在"促进经济发展、增加农民收入,强化公共服务、着力改善民生,加强社会管理、维护农村稳定,推进基层民主、促进农村和谐"等四个方面,同时又根据不同类型乡镇实际因地制宜确定工作重点。如在"促进经济发展、增加农民收入"这方面,重点放在加强农村基础设施建设、加强农田水利建设、加强农村劳动力技能培训、提高农民的整体素质、搞好乡村规划、促进农业可持续发展。

(四)加快事业单位改革步伐,创新乡镇公共服务体系

1.加快乡镇事业单位改革步伐。按服务功能、经费形式、经营方式等进行分类改革。对于专业性强、具有行政和社会管理功能的乡镇事业单位给予保留,社会公益性的事业单位应由国家财政拨款,对机构和人员编制要严格控制;对准公益性的事业单位,要创造条件,逐步推向社会;对纯经营性的事业单位要彻底推向社会,转为企业。凡是推向社会的事业单位,一律改制为企业,实行自主经营、自我发展、自负盈亏,强化事业单位独立法人地位,扩大事业单位的服务范围,打破"条块"限制,逐步弱化事业单位部门所有和隶属关系,引导事业单位按区域进行综合设置。

2.创新乡镇公共服务体系。利用市场促进公共服务的有效供给,有利于转移乡镇政府的部分非专长的职能,有利于精简机构、裁减冗员以及做好切合实际的本职工作,从而减少乡镇政府的公共开支、不断提高乡镇政府的运作效率。另一方面,通过市场机制的运作能够解决"提供什么"和"提供多少"的基本问题,能够促使公共产品的供给和公共服务的提供发挥最大的经济效益和社会效益,从而有利于建立以农民需求为导向的新型的公共服务供给模式。一是按照"精简、统一、效能"的原则,着力构建新的乡村公共服务体系。将农机、农技、水利、畜牧防疫、医疗卫生、计划生育以及广播电视等方面的公共服务,打破乡镇地域界限,由转制后组建的企业或服务组织承担,形成以县域为单位的纵横交错的新型农村服务网络和服务体系。对农村公益性服务实行"养事不养人",强调坚持市场取向,引入竞争机制,社会公益性事务根据当地情况确定费用标准,给予财政拨款,然后面向社会公开招标,优先委托给由原站(所)组建的新的经营性服务实体实施,并由政府通过合同形式明确责、权、利,全面考核,根据服务质量,兑现服务费用,从而实行了农村公共服务"政府承担、财政保障、竞争择优、购买服务、合同管理、考核兑现",使政府提供公共服务产品的方式从单纯依赖政府直接提供服务向通过市场"购买"部分服务的方式转变。二是要积极鼓励引导民间资本进入农村公共服务领域,鼓励发展农村社会化服务组织和农民专业合作组织,扶持社会力量兴办为农服务的公益性机构和经济实体,实现农村公益服务提供主体的多元化和提供方式的多样化,满足农民群众对于公共服务产品不断增加的需求。通过改革创新,提高为农民提供公共服务的质量和水平,加强农村公共服务。

(五)创新乡镇行政管理工作机制

1.理顺乡镇党政关系,明确各自职责。要改善党的领导,做好群众团体的组织工作和思想教育工作,保证党的路线、方针、政策的落实;加强党的建设,按照从严治党的方针,加强党员的教育和管理,充分发挥党员的模范先锋作用,加强对乡镇政权中党员干部及其工作的监督;做好乡镇各种组织之间协调工作,支持乡镇人大和乡镇长独立负责地开展工作。

2.处理好政企关系,实现政企分开。乡镇政府不再直接办企业、管企业,主要职能是制定和落实有关政策,还权于企业,为企业发展营造良好的软环境;提供优质服务,使企业真正成为自我发展、自主经营、自负盈亏的独立法人实体。

3.完善乡镇行政内部管理制度。加强乡镇领导班子和干部队伍建设,建立并落实岗位责任制,完善考评奖惩制度,建立干部聘用的双向选择制度,健全完善乡镇财政管理制,建立落实人员试用制。优化机构设置,按照"小机构、大服务"的原则,对下放的分支机构进行消化和重组,将乡镇政府机构按职责性质分类,实行统一领导,分层负责的运转机制。提高干部素质,通过教育和培训,提高乡镇干部的文化水平、理论修养、业务能力和职业道德素质,完善管理制度,增强乡镇政府的活力与效能。完善乡镇政务公开、强化乡镇人大监督、畅通信息渠道、扩大群众参与社会管理的范围等,必然能够较好地促进乡镇政府由"官本位"向"民本位"的转变。

4.创建科学民主的决策机制。一是创新民主决策机制,积极扩大公众有序参与。乡镇政府直接面向广大农民群众,经济社会发展的所有重大问题特别是涉及农民群众切身利益的问题,只要不涉及国家机密,都要在认真调查研究的基础上,广泛听取和征求群众及相关专家的意见才做决策;凡是群众不同意、不利于"三农"工作的,一律不准进入决策程序,更不能出台有损群众利益的政策。二是创新科学决策机制,着力控制和减少决策风险。要坚持集体决策。多一份民主,多一份智慧,就可能少出一份纰漏。我们坚持集体讨论、慎重决策,对难以把握的事项反复研究,小心求证,对决策可能引发的社会稳定、环境、经济等各种风险进行科学预测、综合研判,并提出相应的措施,尽量避免因决策失误造成遗憾,努力使政府决策经得起人民、历史和实践的检验。

5.创新改革绩效评估办法。现行的乡镇绩效评估,存在着许多问题,考核的指标,多集中于经济领域,而对于社会管理和公共服务领域,考核的指标相对较少。应该在创新乡镇行政管理体制过程中,增加社会管理和公共服务的内容,尽量减少技术性、操作性和经济性的指标。对于乡镇的绩效考核,要从实际出发,要有利于推进城乡一体化发展,有利于城镇化战略的实施,有利于农村经济社会的发展,有利于充分发挥乡镇的积极性、主动性和创造性。

6.做好减轻农民负担工作。要落实减轻农民负担的各项制度规定,创新农民负担监管机制,严格规范村级组织向农民的收费管理,防止和纠正违背农民意愿超范围超标准向农民筹资筹劳的行为,切实防止农民负担反弹。要持续开展农村重点领域乱收费的专项治理,深入开展对农民义务教育和农民建房、殡葬、计划生育等方面乱收费、乱罚款、乱集资的整治,重点加强对农业灌溉水费电费、排涝排渍收费和农业生产资料价格等生产性收费的监管。同时,继续完善农村义务教育经费保障机制,加快教育部门自身改革,提高农村义务教育质量,促进城乡义务教育均衡发展。

(六)创建新型财政支农体制

必须改革和完善财政体制,逐步扩大公共财政覆盖范围,建立起与市场经济体制、公共财政制度和城镇化相适应的新型财政支农体制。

1.要建立健全独立的乡镇一级财政。社会主义市场经济要求政府建立公共财政制度,按照一级政府设立一级财政,作为乡镇一级的地方政府,必须建立健全独立的乡镇一级财政。按照财权和事权相对称的原则,进一步规范完善分税制,应按照"分税分级"的原则,合理划分财政之间的税种、收入范围和分成,让乡镇财政能够从税收中享有稳定的收入来源,并适当扩大地方政府的税权,以增强乡镇组织财政收入的能力。乡镇也要通过产业发展积极培植财源,增强乡镇财政自我造血功能,切实提高基层政府经费保障能力。

2.要大力调整财政支出结构。县以上各级财政都要向乡镇倾斜,财政收入新增部分要提高对农村的投入,向农村提供更多的公共产品服务,加大对农村产业扶持、基础设施建设、社会保障、义务教育、医疗卫生、文化事业的投入,确保财政支农资金稳步增长。

3.科学划分乡镇的财权与事权。从界定基层政府职能和事权入手,明确乡镇应该"干哪些事"、"需要多少钱",通过"以支定收"的办法确定体制补助数额和转移支付规模,建立规范的财政转移支付制度,明确转移支付事项、标准和方式,保证乡镇基本支出需要,对上级政府及其工作部门拨给乡镇的专项经费,各级财政一律不准截留,确保乡镇政府公共服务职能的实施。同时,对中央各部门要求地方配套资金的项目应进行清理,明确各级应承担的责任,切实减轻基层配套的压力,赋予基层财政自主安排财力的必要权力,充分发挥体制的效率作用。合理确定县与乡镇的财政职能,规范县与乡镇的财力分配,逐步完善县与乡镇财政体制和运行机制。

4.要积极稳妥化解乡村债务。各地都应把化解乡村债务作为农村工作的一件大事,全面清理核实乡村债务,摸清底数,锁定旧债,分类化解,多渠道探索有效化解乡村债务的有效办法,新的不良债务要制止,特别是由于乡镇领导人员的待遇和享受,比如领导干部买房、买车、出国出境考察、全国各地游山玩水等而负债的现象,要坚决制止。必须看到,许多乡村债务是前些年发展农村经济而举债,如兴办义务教育、修路改水等公益事业,各级财政应积极帮助基层化解债务,特别是抓住当前经济发展较快和财政增收多的有利时机,通过增加化债奖励补助资金等形式,建立化解乡村债务的奖励补助机制,调动基层化债积极性,形成化解乡村债务的合力。

(七)创新乡镇管理方式,发挥民间组织的积极作用

1.民间组织。民间组织是指非官办、非营利、带有志愿性、致力于经济社会服务事业的社会民间组织。在发达市场经济国家,民间组织与现代政府、市场经济体制一起,形成现代国家治理的基本架构。它以独特的性质和特有的优势,比较有效地解决私人领域乃至公共领域中的经济社会问题。创新我国乡镇管理体制,增强其包容性、协调性,发挥各种商会、协会组织,培育和壮大社会中介组织的积极作用,有利于促进公民参与公共事务,促进经济和社会发展,维护社会稳定。

2.发挥民间组织的作用,提高乡镇社会管理的效率。发挥民间组织的作用,使民间组织建立政府与社会之间的对话、协商和沟通机制,形成党、国家与社会之间的桥梁;推动社会自律和自治;节省社会运行的行政成本,乡镇社会的管理才会高效低耗,实现政府只管该管的事,不该政府管的事民间自然有组织去管。由于政府职能的转换,乡镇政府强化社会治安、税收征管和社会服务等方面的工作,使农民真正享受到良好的政府服务和民间组织的社会服务,从而有效地改善干群关系、保持社会稳定和推动社会进步。

3.发挥各种民间组织的作用,促进乡镇经济发展。发挥民间组织的作用,有利于促进农业生产经营的专业化、规模化、市场化、标准化,有利于解决家庭小规模分散经营和千变万化的大市场之间的矛盾,促进乡镇经济发展。因为,在政府引导下形成各种民间组织的专业协会,如养鸡协会、水果协会、蔬菜协会、花卉协会等等,通过这些专业协会,为农民提供产前、产中、产后服务,合作生产加工的产品,从批发市场、配送中心、连锁超市等销售到市民手中,形成了

完整的生产—加工—销售链,为小规模经营的农户进入国内外大市场开辟了道路;通过这些专业协会,按照各级农业部门制定的农产品生产技术规程,生产无公害、绿色、有机农产品,提高了农产品的质量和标准化水平,提高了生产专业化水平,增强了农产品的市场竞争力;通过这些专业协会,组织农业科技专家、企业技术人员向农民传授生产技术,组织开展农民技术交流,组织引进新品种、新技术,加快了农业科技推广的步伐,提高了农业科技成果的转化率,同时也提高了农民的科技文化素质。

(八)创新乡镇文化管理,提升农村社会文明程度

随着建设社会主义新农村进程的加快,农村社会生产力快速发展,农民物质文化生活极大改善,亿万农民求富、求知、求乐、求美的愿望更加强烈,既为加强新形势下乡镇文化建设工作提供了有利条件,也提出了更高要求,满足农民精神文化需求、保障基本文化权益的任务十分迫切和重要,对于提高农民文明素质,提高农村社会文明程度,推进农村改革发展,维护农村和谐稳定,具有十分重要的意义。

1.加强乡村文化阵地建设。加大资金投入,坚持以政府为主导,以乡镇为依托,以村组为重点,以农户为对象,发展乡(镇)、村文化基础设施,构建农村公共文化服务网络。加快广播电视村村通、乡镇综合文化站、文化信息资源共享、农村电影放映、农家书屋等重点文化惠民工程建设。整合利用现有的乡镇文化站、村(社区)文化活动室和万村书库等文化设施和资源,建立农民需要、富有特色、"一室多用"的文化活动室。同时,在人口较集中的有条件的村庄(村民小组)建立农家文化院,逐步形成镇有文化站,村(社区)有文化室、组(村庄)有文化院的三级文化阵地,为组织农民开展文化教育活动创造有利条件。对现有的万村书库要充实图书室藏书,多上一些农民看得懂、用得上的文化产品。充分发挥板报橱窗、文化墙等文化阵地的作用,拓展农村精神文明建设的阵地和渠道。

2.提升文化素养,着力培育新型农民。实践证明,农村文化阵地,如果先进的文化不去占领它,落后的文化就会占领它。因此,必须发挥文化活动的教化功能,提升农民群众的思想觉悟和道德素质,有效地帮助他们抵制封建残余和各种腐朽思想的侵蚀,形成积极向上的精神面貌。要深入推进平安村镇建设,开展民主法制宣传教育和科普教育,依法查处封建迷信、黄赌毒、非法宗教等活动,引导农民群众崇尚科学、抵制迷信、破除陋习,养成科学健康的生活方式。深入开展社会公德、职业道德、家庭美德、个人品德教育,推进廉政文化教

育进社区,推动形成良好的社会风尚与和谐的人际关系、邻里关系。

3.广泛开展各具特色的群众性文化活动,丰富农民群众的精神文化生活。一是发展农村特色文化。按照业余自愿、形式多样、健康有益的要求,利用节日和集市,组织开展花会灯谜、文艺演出、书画展览、读书征文、体育健身等群众喜闻乐见的活动,发动群众广泛参与,发掘民族民间文化,打造特色文化品牌。充分发掘优秀传统文化资源,着力发展具有民族特色、地域特色、乡土特色的文化活动形式,形成一批具有影响力的地方文化品牌,推动群众文化活动的持续开展。许多地方的民族歌舞、地方戏曲、民间书画、雕塑以及各种民间工艺等,其中不乏有价值的民俗文化和民间艺术,在这些具有特色文化资源的村庄,挖掘、保护和合理利用优秀的传统文化资源,开展展示活动和申报建立特色文化村活动,对丰富农民的精神生活、繁荣农村文化、展示新农村农民新形象、增强农村凝聚力和提高农民自信心,有着积极的意义。二是广泛开展丰富多彩的群众性文化活动,利用重要节庆日、纪念日组织开展"唱红歌、读好书"活动,深入进行共产党好、社会主义好、改革开放好、伟大祖国好、各族人民好的宣传教育。开展"爱祖国、建家乡"主题实践活动,激励和引导农民自觉投身社会主义新农村建设。以乡镇或村组为单位,按照业余自愿、形式多样、健康有益、便捷长效的要求,充分利用庙会灯会组织开展文艺演出、民间艺术展评、体育运动会等文化活动,使农民在参与中抒发情感、愉悦身心。利用春节、清明、端午、中秋等重要传统节日,以"我们的节日"为主题,广泛开展节日民俗、文化娱乐活动,弘扬中华民族优秀文化传统。

4.组织专职队伍,提升文化管理水平。农村文化建设是一个系统的建设工作,需要社会各方面参与其中,这就要求在具体实践中,具有先进文化管理理念的人才协调管理文化工作,提高农村文化建设水平。因此,必须加大选拔、培养力度,造就一支乐于做文化工作、善于做文化工作的农村专职文化队伍。加大对农村文化骨干、民间艺人、文化能人、社会体育指导员的培训力度,对乡镇综合文化站专职管理人员实行上岗前培训制度,加强对非物质文化遗产传承人的保护和扶持,充分利用和调动本地青年人才,由各级政府每月给予适当的生活补助,把乡镇综合文化站的专业技术人员纳入职称评聘范围,开展民间艺人职称评聘工作,对做出突出贡献的农村文化单位和基层文化工作者予以表彰奖励等。规范农村文化市场。坚持一手抓繁荣,一手抓管理,深入开展"扫黄打非"工作。宣传、文体、公安、工商等部门要加大对农村文化市场的整治和管理力度,重点对城乡结合部、农村集镇的各种经营性文化场所进行整顿和规范。严厉打击违法违规活动,取缔无证经营。坚决打击传播色情、封建迷信等违法活动,进一步净化农村社会文化环境。

(九)创建村镇联动机制,理顺乡镇与村的关系

城镇化战略的实施,农村的城市化和社区化,农业的产业化和市场化,农民的市民化和组织化,都需要扩大基层村民的自治,让广大村民真正参与到这场伟大变革的实践中来,真正实现村民自治,与党委、政府一道把转变经济发展方式、加强公共服务建设和创新社会管理,改善民生需求等落到实处。要改变包村工作制度,变"包村"为"联村",实行乡镇干部联村工作制度、乡镇领导联系村级党组织党建联系点等制度,村镇两级政府在城镇化工作中,思想统一、协调一致,发挥各自的优势和作用,形成合力,共同行动来面对和处理相关问题与事项。从而,一方面让乡镇干部从包办代替村级具体事务中解脱出来,更好地服务于群众;另一方面还权于村级组织,真正让村民自治。

第九章

创新村民自治制度
强化城镇化的依托

村民自治是由中国农民创造的农村基层群众自治制度,是党领导亿万农民群众建设有中国特色社会主义民主政治的伟大创举,是家庭承包制下党和国家对农民的重新组织,村民自治是中国农村管理模式在新时代的重大创造,是中国农民在创造了家庭联产承包责任制基础上的又一壮举,它是既适应了联产承包责任制经济体制又能与整个市场经济相耦合的农村公共权力新的治理模式。村民自治制度极大地推进了基层民主建设,培养和强化了村民的民主意识和宪法观念,保障和扩大了农民的民主权利,促进了农村社会的稳定和经济发展。村民自治制度在体制转型和经济发展的双重任务下,不可避免地存在着一些问题。如何消除或解决这些问题,把村民自治制度落实和贯彻下去,要在实践中不断进行完善。村民自治将会对中国今后的政治体制改革提供许多有益的借鉴,村民自治的实践和创新将对中国政治体制改革的很多方面产生重大的积极影响。

一、我国村民自治制度的产生和发展

(一)村民自治制度的开创阶段(1980 年 2 月到 1987 年 11 月)

1950 年政务院颁布了《乡(行政村)人民政府组织通则》,规定行政村为一级地方政府机关。国家通过政权组织和中共党组织在基层社会的延伸,克服了原先政治国家与村庄社会的分立与隔膜,建立起以国家为中心的国家——

村庄一体化(即所谓"政社合一")的社会政治格局。随着国家政权和执政党地位的日益巩固,国家力量逐渐主导甚至左右了乡村社会政治、经济和文化的发展。党的十一届三中全会以后,我国进入了改革开放的新时期。改革率先从农村突破,在全国范围内普遍实行了以"大包干"为主要形式的家庭联产承包责任制。这一制度的推行,导致农村经济体制发生了重大变革,逐步理顺了农村最基本的生产关系,农民首先摆脱了过去政社合一的集体经济组织的束缚,农民获得了生产经营自主权,农村的生产方式和分配方式发生了根本性的变化。原来负责组织农民统一生产、统一分配的生产大队、生产队两级组织失去了依托逐渐瘫痪,农村因此而一度出现了公共事业无人管、公益劳动无人理的局面,表现出一定程度的无序和混乱状态。改革人民公社体制,建立起与农村经济体制相适应的新型社会管理体制,已成为经济改革的内在要求和亿万农民群众的共同心声。在这种情况下,一些地方的农民自发创设了村民委员会这一新的组织形式。1980年2月,全国出现了第一个由农民选举产生的村民委员会——广西宜州市屏南乡果作村民委员会。村民委员会成立后,与村民一起订立村规民约,实行村务民主管理,取得了很好的效果。同时,广西罗城、宜山县(现在的宜州市)其他一些村庄的农民也自发选举产生了村民委员会,实行自我管理,使农村出现的一些问题,如偷盗、乱占耕地、打架斗殴、水利失修、乱砍滥伐等迅速得到了解决。后来很多地方为了管理村集体的公共事务和公益事业,也相继建立起了一批村委会,但这个时候出现的村委会还不是现在严格意义上的村民委员会,它们虽然具有强烈的群众自治性质,但是名称并不统一、组织机构也不健全。但这种农村社会中自发出现的基层自治萌芽,得到了各级政府的重视和大力支持,党中央对这一新生事物的出现高度重视和充分肯定。1981年下半年,中央派出调查组,经过深入调查研究后对这一做法予以肯定。1982年修改宪法时,总结各地经验,把"村民委员会"这一组织形式写进了宪法条文。宪法第2条第3款规定:"人民依照法律规定,通过各种途径和形式,管理国家事务,管理经济和文化事业,管理社会事务";宪法第111条第1款规定:"城市和农村按居住地方设立的居民委员会或者村民委员会是基层群众性自治组织"。这些规定为我国农村基层群众性自治组织村民委员会提供了宪法依据,确立了村民委员会是群众性自治组织的法律地位,并明确规定了村民委员会的设立、村民委员会成员的产生办法、村民委员会的机构设置、主要任务等重大问题。之后村民自治制度从试行到逐步推广,全国农村逐步建立了乡镇政府和村民委员会。

(二)村民自治制度的试行阶段(从 1987 年 11 月到 1998 年 11 月)

在总结各地实践经验的基础上,1987 年 11 月,第六届全国人大常委会第二十三次会议审议通过了《村民委员会组织法(试行)》,这部法律依据宪法第 111 条的规定,对村民委员会的性质、地位、职责、生产方式、组织机构和工作方式以及村民会议的权力和组织形式作了比较具体、全面的规定,从而使村民自治作为一项新型的群众自治制度和直接民主制在法律上正式确立。尽管这部法律是试行法,但由于其立法原则和基本精神具有前瞻性,符合农村改革和发展的需要,受到广大农民的热烈欢迎,得到了有效的贯彻实施。农村基层民主建设开始破旧立新,开辟新路,获得长足发展。1988 年 6 月,民政部开始在全国范围内组织乡村选举,村民自治开始进入制度化运作阶段。1990 年民政部和中组部等部委联合召开的"莱西会议",在总结以党支部为核心的村级组织配套建设经验的同时,澄清了对村委会组织法的一些模糊甚至错误认识,对村民自治给予了充分肯定,并在全国广泛开展了村级选举示范活动。1992 年民政部与司法部等部委召开的"章丘会议",总结了"依法建制,以制治村,民主管理"的经验,丰富了村民自治的内容。1992 年底,各省都实行了农村基层选举。到 1997 年底,全国绝大多数省份都已进行了两届选举,全国 60% 以上村庄建立了村民自治制度。1994 年中央召开的全国农村基层组织建设工作会议,明确提出完善村民选举、村民议事、村务公开、村规民约等项制度,使村民自治制度的内容和形式进一步完善。在十年试行期间,村民自治从探索试点到面上展开,从思想认识分歧较多到思想认识逐步统一,从具体操作办法不规范到逐步规范,不断走向成熟,日益深入人心,植根于广阔的农村大地。民政部在认真总结各地经验的基础上,把村民自治活动概括为"四个民主",即民主选举、民主决策、民主管理、民主监督。1997 年 10 月党的十五大召开,村民自治的基本内容"四个民主"首次写进了党的代表大会报告。1998 年 10 月召开的党的十五届三中全会,对村民自治的伟大实践给予了高度评价,明确指出"扩大农村基层民主,实行村民自治,是党领导亿万农民建设有中国特色社会主义民主政治的伟大创造"。1998 年 11 月,第九届全国人大常委会第五次会议通过了《村民委员会组织法》。这部法律总结了村民自治十年来的经验,较以前的《村民委员会组织法(试行)》更加完善。在加强党的领导、选人、议事、监督方面充实了新的内容,对村民委员会的性质、职能和相关问题作了更加明确的规定。1998 年《村民委员会组织法》修订以后,各省级人大常委会也相继修订了原来的实施办法和选举办法,村民自治制度逐步得以确立,并在国家主导下在全国范围内大规模的展开。

（三）村民自治制度在全国全面推行阶段（从 1998 年 11 月至今）

　　2004 年中共中央办公厅、国务院办公厅下发的《关于健全和完善村务公开和民主管理制度的意见》中，提出了"进一步健全村务公开制度，保障农民的知情权；进一步规范民主决策机制，保障农民群众的决策权；进一步完善民主管理制度，保障农民群众的参与权；进一步强化村务管理的监督制约机制，保障农民群众的监督权"。至此，保障亿万农民的选举权、知情权、决策权、参与权和监督权成为村民自治工作的重心。2006 年 2 月，胡锦涛总书记在省部级主要领导干部建设社会主义新农村专题研讨班上强调，当前和今后一个时期建设社会主义新农村，要注意抓好的工作之一，就是要扩大农村基层民主，搞好村民自治，健全村务公开制度，确保广大农民群众依法行使当家做主的权利。2007 年党的十七大报告史无前例地把"基层群众自治制度"确立为我国社会主义政治的四项制度之一和中国特色社会主义政治发展道路的重要内容，村民自治制度的地位得到重大提升。党的十七届三中全会通过的《关于推进农村改革发展若干重大问题的决定》把"村民自治制度更加完善，农民民主权利得到切实保障"纳入 2020 年农村改革发展基本任务之中，并进一步强调要"健全村党组织领导的充满活力的村民自治机制"。为适应农村经济社会的深刻变化，特别是城乡户籍制度、农村税费制度改革的不断推进，在总结村民自治实践经验基础上，2010 年 10 月第十一届全国人大常委会第十七次会议审议通过了新修订的村委会组织法。村委会组织法是一部保障农村村民实行自治、促进农村改革发展稳定的重要法律。新修订的村委会组织法，适应了当前农村改革发展的新形势新任务，着眼规范程序、完善制度，从选举和罢免程序、民主议事制度、民主管理和民主监督制度、框架结构等四个方面进行了细化完善，是今后一个时期指导我国农村村民自治实践的重要法律。各地、各部门要在实践中探索行之有效的方法和途径，把这些法律规定真正落实到村级组织建设中去，转变成为村民和村干部的自觉行动，进一步完善符合中国国情的农村基层治理机制，建立健全既保证党的领导又保障村民自治权利的村级民主自治机制。

二、村民自治的一般概述

（一）村民自治的概念

村民自治，就是农村村民以村为自治单位，农民群众直接行使民主权利，实行自我管理、自我教育、自我服务的一项基本社会政治制度。村民自治制度，则是以村民委员会组织为载体，在基层人民政府的指导下，由村民依法自我约束、自我服务、自我发展的一整套制度。村民自治的主体是全体农村居民，而不是局限于某一阶层或某一行业的成员；自治的区域是村，即与农村居民生活联系十分紧密的社区；自治的内容为本村的公共事务和公益事业，即村务；自治的目的是使广大农村居民在本村范围内实现自我管理、自我教育和自我服务，处理好与村民利益密切相关的公共事务，保证国家对农村基层社会的有效治理。村里的民主选举、民主决策、民主管理和民主监督构成了"村民自治"的主要内容，而村民会议则是村民自治的重要途径，作为村民会议在特定条件下替补形式的村民代表会议在村民自治中起到了举足轻重的作用。村民自治在法律上通过《中华人民共和国宪法》和《中华人民共和国村民委员会组织法》体现出来。其中《中华人民共和国宪法》第111条规定："城市和农村按居民居住地区设立的居民委员会和村民委员会是基层群众性自治组织。"《中华人民共和国村民委员会组织法》第2条规定："村民委员会是村民自我管理、自我教育、自我服务的基层群众性自治组织，实行民主决策、民主管理、民主监督。"根据我国《宪法》和《村民委员会组织法》的有关规定，我们可以看出，村民自治是一种非政权性质的区域基层民主，村民自治不能嬗变为政权机构，承担大量政权组织的任务，其目标是使村民在村民党支部的领导和村委会组织下真正成为村的主人，依法行使自治权，进行自我管理、自我教育、自我服务。村民自治作为我国基层直接的民主形式，它与国家政权有着密切的联系，是指在法律的框架内我国农村村民群众自我组织、自我教育、自我管理、自我约束的政治架构。它是在国家政权的指导和监督下运行的，并随着整个国家民主的发展而发展，是社会主义民主的重要组成部分。村民自治是社会主义初级阶段我国农村基层社会民主的一种形式，是我国农村基层社会民主化进程的重要阶段和必由之路，是由中国农民创造的农村基层群众自治制度，也是国家选择、政府积极推动的现代乡村治理制度。

(二)村民自治的原则和主要内容

1.村民自治的原则。实行村民自治,必须坚持两条重要原则,一是必须坚持党的领导。坚持党的领导,这是宪法和法律精神的体现,也是由我们国家的性质决定的。《村民委员会组织法》第3条明确规定:"中国共产党在农村的基层组织,按照中国共产党章程进行工作,发挥领导核心作用;依照宪法和法律,支持和保障村民开展自治活动、直接行使民主权利。"村民自治只有在党的领导下,才能保证正确的政治方向,有秩序、有步骤地向前推进,才能把亿万农民群众的政治主动性和参与积极性充分发挥出来,不断提高村民自治的质量。二是必须坚持依法办事。坚持依法办事,就是要在法律法规允许的范围内开展自治活动,自治活动的内容不得有与国家法律法规相违背的地方,不能超出法律法规所规定的内容和范围。同时,要根据本村的实际情况,依据国家法律法规的精神,制订村民自治章程和村规民约,使本村的管理有章可循,违章必究。这样,才能切实保障村民的民主权利,推动农村基层民主健康发展。

2.村民自治的主要内容。一是村民自治强调四个民主的制度建设。村民自治的主要内容就是全面推进本村的民主选举、民主决策、民主管理、民主监督。所谓民主选举,就是由本村有选举权的村民依照法律法规规定的程序,直接选举村民委员会主任、副主任和委员,真正把村民群众拥护的思想好、作风正、有文化、有本领、真心实意为群众办事的人,选进村民委员会领导班子。所谓民主决策,就是凡涉及全体村民利益的事项和村中的重大问题,都要提请村民会议或村民代表会议讨论决定,按多数人的意见办理。所谓民主管理,就是依据党的方针政策和国家的法律法规,结合本村的实际情况,由全体村民讨论制定村民自治章程或村规民约,加强村民的自我管理、自我教育和自我服务。所谓民主监督,就是村里的重大事项和群众普遍关心的问题,都要向村民公开,由村民会议或村民代表会议评议村委会干部,村委会定期向村民会议或村民代表会议报告工作,接受村民的监督。实践证明,民主选举是村民自治的基础,民主决策是村民自治的关键,民主管理是村民自治的根本,民主监督是村民自治的保证。选举民主被作为四个民主的基础和整个村民自治工作的基础,选举程序日益严格,违法纠正日益加强。选举成为村民自治事实上的核心。这种状况形成至少有两个重要原因:第一,从将村民自治作为一项基层民主工作去推进的角度理解,选举民主是民主的基础,只有先民主选举出公共权力,才有决策、管理和监督;第二,选举是高度程序化的,符合"程序至上"的村民自治特征,便于国家规范和指导。因此,各级政府就首选了以选举为核心推动村民自治。二是村委会职能专业化。村民委员会是村民自我管理、自我教育、自我服务的基层群众性自治组织,村民自治权主要包括村民选举权、决策权、管理权、监督权等。在这些权利的实现过程中,村委会扮演了十分重要的角色,要尽可能调动村庄内在资源,尽可能解决本村的公共品供给和社会秩序提供,许多权利直接通过村委会来行使。一般意义上的社会团体仅是自治性组织,而村委会除了其自治性外,还很大程度上承担了推行国家政策的职能。村委会与其他自治性组织的最根本区别是:村民委员会以集体名义拥有土地所有权,即农村土地集体所有制,农民土地往往由村委会代表集体分配,而城市土地属国家所有,城市居民委员会不能代表国家行使所有权。这是村民委员会与居民委员会的不同之处,也是村民委员会与其他自治性组织的区别。村委会的这一特点,使得村委会与其成员的关系和其他自治性组织与其成员的关系也不一样,村委会的力量更强大,因为它实际上掌握了土地的所有权(以集体的名义),各成员在经济上依附于村委会,其成员的独立性大大降低。在处理和乡镇政权、村党支部、村集体经济组织的关系中村民委员会与这些组织并行,国家对村委会职能的规定越来越专业,越来越制度化。

三、村民自治制度的积极作用

我国村民自治的伟大实践,有效保障了村民直接行使民主权利,实现了人民当家作主的愿景;扩大了村民自治范围,维护了村民合法权益;完善了农村基层社会治理机制,促进了农村经济社会发展,提高了农民素质,走出了一条具有中国特色的基层民主政治建设之路,对加快我国民主政治建设进程,维护农村社会稳定,推动农村两个文明建设发挥了极其重要的作用。

(一)对我国的民主政治建设产生积极而现实的影响

从民主的视角看,实行村民自治,培育和巩固了社会主义民主政治建设的微观基础,丰富和发展了社会主义民主政治,自下而上地促进了政治体制改革,是一条有价值的民主自治之路,是社会主义民主政治建设的基础工程。

1.提高农民的公民意识。一是村民自治制度培育了农民的民主法制意识,训练提高了农民的参政议政能力,锻炼了社会主义民主主体的能力,为塑造现代公民发挥了积极作用。村民自治对于农民来说,就是办了一个参与人数之多、规模之大、范围之广、举世无双的民主培训班。在这个民主实践的大课堂里,最重要的是培养了农民的现代民主政治主体意识和能力,农民经历着空前的政治意识的转化和现代政治文化的培养,塑造了越来越多的依法行使民主权利、依法参与村务管理、依法履行公民义务的合格的现代公民,这对于一个缺少民主传统的国家来说无疑是一个巨大的历史进步。人民群众参政议政能力提高了,能管好一个村,就能逐步管好一个乡、一个县以至更大范围内的事务,最终可以更好地参与管理国家事务和各项经济、文化事业,我们国家的民主政治建设也就有了坚实的基础。二是较好地解决了亿万农民参与民主和实现民主权利问题。村民自治制度为亿万农民提供了了解、接触、实践民主的具体途径和制度保证。如何保障数量众多的农民的民主权利始终是社会主义民主政治建设面临的重大任务。实行村民自治后,我国走出了一条具有中国特色的民主之路,即把代表制民主与基层直接民主结合起来。这一结合使社会主义民主结构更完整,层次更丰富,基础更坚实,更有利于充分发挥各自的功能和整体优势,是我国社会主义民主政治建设的一大创造和一条重要规律,加快了我国民主政治发展进程。

2.推进农村基层民主政治建设。村民自治是中国政治体制改革最深入的一个领域,它作为基层直接民主的有效形式,从根本上改变了长期以来中国社会普遍存在的自上而下的授权方式,将一种自下而上的乡村社会的公共权力产生的方式用制度确定下来,体现了法治和民主精神,是现阶段中国民主政治建设的起点和突破口。通过开展村民自治,农村村民成为了权利的主人,农村村民可以有权直接参与从提名候选人到最终选出村干部全部过程,具备了现代民主制度的一些主要特征,通过公开栏、村民会议、村民代表会议等多种形式,参与村级事务,农民的民主意识、法制意识、公民意识、议事能力得到了锻炼和提高,农村村民广泛参与公共问题的决策,培养了广大农民群众的民主习惯,构筑了以民主选举、民主决策、民主管理、民主监督为基本内容的农村基层民主制度的框架,开辟了一条在党的领导下建设农村社会主义民主政治的成功之路,从而加快了农村基层民主建设的进程,有力地推动了农村政治体制改革与经济体制改革的相互配合、相互促进,为中国特色民主政治的发展奠定了良好基础。

3.发挥导向、示范、借鉴作用,影响更大范围、更高层次的民主化进程。中国乡村实行的村民自治,其立制的基本精神是以个人为主体的,村民是以"个人"这一身份进入乡村政治领域的。这种从家庭到个人的转变,体现的不只是一种政治单元的转变,更多的是对个人民主权利的承认,这一点对于有着几千年专制传统的中国社会特别重要。民主政治的基础是个人权利的确认和保护。民主是在尊重个人权利基础上的多数决定,或者说是以多数决定来防止共同体的人格化身的为所欲为,从而保护公民个人权利的一种机制。如果说,民主制度作为市场经济条件下的权威认同方式,是以个人行动者作为前提和基础的,那么,以市场化为背景对"个人权利"的平等保护,正是"村民自治"的本质所在。村民自治是中国政治体制改革最深入的一个领域,它作为基层直接民主的有效形式,从根本上改变了长期以来中国社会普遍存在的自上而下的授权方式,将一种自下而上的乡村社会的公共权力产生的方式用制度确定下来,体现了法治和民主精神,证明了对社会力量的赋权并不会削弱政府治理社会的能力,是中国民主政治建设的起点和突破口。村民自治这一代表中国农村民主政治发展方向的新生事物,具有强大的生命力,为全社会民主政治进程提供了支持,必将对整个国家的民主政治建设产生巨大的推动作用,它将使广大人民群众更加认清自己在国家和社会中所处的位置,激发参政议政、当家做主的政治热情,增强民主意识,提高民主素质,行使民主权利。村民自治的广泛实践,对其他行业、其他方面乃至全社会,起到影响、示范和宣传作用。如村民自治村级民主选举推动了农村基层党组织领导方式和方法的改变,推动了乡村关系从直接的行政领导关系向协商指导关系转变;如村民自治实行后,基层政府、村级党组织直接感受到农民群众的民主法制意识不断提高,迫切要求他们改进与完善领导方式、工作方法。借鉴村民自治经验,乡镇在选举、决策等方面进一步推进了民主化进程。部分地方实行的居委会直接选举借鉴了村委会选举的做法,扩大选民参与,实行候选人竞选演讲与选民互动,设立秘密划票等成功做法得到推广应用。

(二)对促进农村社会和谐稳定发展具有重要作用

开展村民自治,实现农民群众自我管理、自我教育、自我服务,大大激发了农民群众的主动性、积极性和当家做主的责任感,农民积极参与公共活动,推动了农村民主化的生活进程,为建立农村社会新秩序、稳定农村社会、构建和谐社会提供了组织制度的保证。

1.改善农村的治理状况。实行村民自治,村民利用民主与法制的手段处理自己的问题,村民依靠自己的力量管理自己,约束自己,协调各种利益关系,及时解决农村社会矛盾,调解村民之间、邻里之间,以及家庭之间的矛盾,促进了农村社会风气和社会治安的好转,有效地维护了农村社会的稳定;实行村民自治,选人、议事、监督的权力真正掌握在广大农民群众手中,尤其是村务公开的推进,把村务工作置于广大农民群众的监督之下,依法管理自己的事情,密切党群、干群关系,和谐了人际关系,从根本上促进了农村党风廉政建设和社会风气的好转,找到了一条化解农村社会矛盾、解决农村社会问题的有效途径。

2.推进农村社会生活民主。村民自治是一种广泛的民主实践,包括政治民主、经济民主,当然也包括社会生活民主。社会生活民主是村民自治实现内容之一。在农村,村民可以直接参与本村的社会公共事务和公益事业管理,享受在物质和精神方面的各种消费性活动,包括吃、穿、住、用、行、文娱、体育、社交、学习、恋爱、婚姻、风俗习惯、典礼仪式等广泛领域。村民自治,使村民扩大了社会生活民主权利,自己参与、自己享受社会生活民主,建立良好的社会秩序和社会生活环境,努力创造自己的幸福生活。农村社会生活民主的扩大,提高了农民对基层公共事务和公益事业的关心度,精神面貌也随之发生了很大变化。农民以更大的热情积极投入推行村民自治过程中的各种精神文明创建活动,开展创建模范村、文明村组、文明家庭、遵纪守法户、五好家庭户、小康示范户等活动,参加对所在村社会治安、社会秩序的综合治理,伸张正义,弘扬正气,扶正压邪,热爱集体。这些精神文明创建活动,提高了农民的思想境界,改变了农民的精神面貌,密切了党群干群关系,和谐了人际关系,农村社会成员之间结成了新型的社会关系。这种人与人之间的平等关系、个人和社会之间的良好关系,集中体现为社会主义精神文明,使农民群众日益改变旧思想、旧习惯,日益形成有理想有道德和讲文明的现代文明公民。也正是这种建立在社会主义民主基础上的社会关系在社会生活中的实现,从根本上解决了农村经济形式多样化,利益关系多元化下产生的诸多矛盾和问题,保持了农村社会的稳定,为全社会的稳定提供了坚实的基础和有力的支持。

3.维护社会稳定。村民代表会议作为村民自治的重要决策形式,它能够谋求各方利益的均衡性,有利于关注村民中的弱势群体。不仅如此,村民自治体制易于保障村民的知情权,扩大村民的参与权,能够建立和完善深入了解民情、充分反映民意、广泛集中民智、切实珍惜民力的决策机制。村里涉及村民利益的、关系民生的事项(比如财务收支、生产经营、公共福利、村办企业、赈灾扶贫、教育医疗)等等,决策方案要事先进行公示,然后召开村民大会或者村民代表大会讨论通过;重大决策能够体现多数村民的意愿。无疑,村民自治成为农村基层社会稳定的基石。实行村民自治,农民从改革中得到了巨大实惠,使他们成为维护社会稳定、支持改革的重要力量,为全社会的改革、发展提供了稳定的社会环境。经济的稳定发展是社会稳定的前提。改革开放以来,农村经济得到快速发展,农民生活水平得到很大提高,维护社会稳定,营造稳定环境是他们的愿望。广大农民充分利用稳定的社会秩序推动农村改革的不断深化，以改革促稳定，以稳定保改革。村民自治，改变了原来活泼不足、束缚有余的秩序，建立了农村社会充满活力和民主平等的新秩序，维护了农村社会稳定，也促进了全社会的稳定，奠定了全社会稳定的基础。

（三）促进农村经济社会的发展

1. 调动广大农民群众生产的积极性。通过开展村民自治，实现农民群众的自我管理、自我教育、自我服务，大大激发了农民群众的主动性、创造性和主人翁的责任感。经济基础决定上层建筑，同时上层建筑也对经济基础有反作用，如果说，包产到户充分保障了农民的物质利益，调动了农民生产的积极性，那么，村民自治则充分尊重了农民的民主权利，调动了农民的主人翁责任感，理顺了农村最基本的生产关系，使农户获得了充分的经营自主权和自己管理自己事务的民主权利，广大村民积极参政议政、献计献策，主动协助村干部开展各项工作，群众参政热情提高，村民自治组织日趋活跃，极大地促进了农业生产效率的提高，对进一步解放和发展农村生产力，促进农村经济和社会发展，发挥了重要作用。

2. 增强村级组织的管理和服务效能。村民自治制度作为一种经济民主管理制度，它适应国家实现经济民主的要求，推动着国家经济民主化进程；它带来的价值与利益多元化的趋向打破了传统禁锢，促使农民在经济民主和经济自由方面得到了解放。村民自治制度是人民群众为应对人民公社体制解体后乡村社会出现的基层组织瘫痪、社会管理无序、治安状况恶化、公益事业无人办理等混乱局面而进行的以自我管理、自我教育和自我服务为主要特征的实践创新。村民自治制度制定了村民自治章程和村规民约，实行民主管理，规定了村务公开、民主监督的内容、程序和办法，规定了村民委员会应当坚持走群众路线，充分发扬民主，少数服从多数的工作方法。村民自治制度这些制度化、民主化的选人用人机制，提高了村委会干部的整体素质。一大批懂经济、会管理、有一技之长的"能人"通过民主选举走上领导岗位，在带领农民群众致富发展方面发挥了组织带头作用。村级事务管理也逐步走上了民主化、程序化、规范化的轨道，增强了村级组织的管理和服务效能。农民群众通过民主议政日、民主听政会、村民（代表）会议等渠道主动地为村庄的经济社会发展出谋划策，减少了决策失误和经济损失。农民群众自愿出钱出力，直接参与发展项目的决策、管理、监督等活动，增强了农村资源动员能力以及执行能力，村民自治制集中了民智民力，促进了农村经济社会的发展。

（四）优化村党组织在村民自治中的核心领导功能

1.实现党对农村领导方式的转变。村民自治的探索、推进和发展过程,也是我们党不断探索和创新对农村工作领导实现途径、形式和方法的过程。从人民群众的实践过程中,我们党找到了改善农村领导和组织领导农民发展农村各项事业的新方法、新路子,并对于如何加强和改善各项事业的领导提供了经验支持。党的十一届三中全会后,党对农村工作的领导重心转移到了以促进农村经济建设为中心的轨道上来,各级党委积极探索适应农村生产力发展、适应农村生产关系的调整、适应发生变化了的农村公有制实现形式和分配方式的新的领导方法,改变了过去那种计划经济模式下包办代替的方法,改变了长期以来采用的行政手段,改变了强迫命令和"一刀切"的做法;在农村推广和指导家庭联产承包责任制和村民自治制度,并在实践中根据社会政治经济形势的变化不断完善,因势利导,运用经济的方法、民主的方法、法制的方法、思想教育的方法组织和团结农民群众,为农村经济建设和社会发展提供良好环境和强大保证;运用市场机制引导农民,面向市场,优化结构,提高素质,注重效益,向生产的广度和深度进军,从而为发展农村经济,增加农民收入提供良好环境和强大保证,大大改善了党对农村的领导。村民自治成长改变了传统的行政化的乡村治理模式,它使农民有了更多表达权、参与权、监督权等等,强化广大农民的民主能力,让广大农民分享民主政治进步的文明成果,显然这对中国政治民主化价值是不言而喻的。村民自治将农民的需求和政府权力连接起来,这种政府和农民自上而下以及自下而上的相互赋权对中国政治是一个十分重要的过程。实践证明,对社会力量的赋权并不会削弱政府治理社会的能力,这是在中国共产党领导下进行的政治体制创新,必将有利于巩固党的执政地位,保持党的先进性,增强共产党的吸引力和凝聚力。村民自治,是改革开放政策下亿万农民的创新,给党对农村的领导注入了生机和活力。

2.为党领导和支持人民当家做主找到新的方法和途径。党的领导的实质是支持和保证人民当家做主,这是党的性质和宗旨所决定的。实行村民自治制度,把党的群众路线从制度上加以固定,从机制上加以约束,有利于让农民充分享有民主选举、民主决策、民主管理、民主监督的权力,有利于党的政策真正体现民情,反映民意,集中民智,使党组织赢得广大人民群众的信任,党的意图体现得更充分、更完满。民主决策是村民自治制度的重要内容,凡涉及村民切身利益的重要事项都要由村民或村民代表大会民主讨论决定。否则,决策无效。实行村民自治制度以来,在民主决策制度化方面,广大农村普遍成立了村民代表大会制度。凡是涉及村民切身利益的重大事项,如村里的发展规划、财务收支、计划生育、定购提留、兴办公益事业、发展集体经济等,都必须在村"两委"研究的基础上,最后交给村民代表大会民主讨论决定,而不能由村党支部书记或村委会主任个人说了算。村民代表大会制度的建立与贯彻执行,体现了农村人民群众当家做主的愿望和要求,激发了人民群众参与决策的积极性,从而有效地保证了农村重大决策的准确性和维护了农村广大人民群众的根本利益。

3.为推进党领导的依法治国方略积累经验。市场经济是法治经济,民主政治也必然是法治政治。与建立农村市场经济体制和推进基层民主政治相适应,法律的作用越来越大,相应地,党领导农村的方式也从主要依靠政策过渡到主要依靠法律和制度上来了。实行村民自治制度,依法建制,以制治村,建立健全村民群众自我约束机制,体现了党对农村领导方式的适应性调整,意味着宪法和法律的权威高于一切,也是落实党的依法治国方略的具体行动。随着村民自治的推进,农村基层民主逐步扩大,广大农民已逐步学会和适应依法自己管理自己的事情,运用法律保护自己的正当权益。村民自治章程和村规民约是以党的方针政策和国家法律法规为依据,由村民群众结合本村的实际制定的,它为党和国家的方针政策和法律法规在农村的贯彻落实提供了保证。在制定村民自治章程和村约过程中,需组织农民学习、研究党的各项政策和国家的法律法规,使村民受到较为系统、生动的社会主义民主法制教育,相当于一次很有实效的普法运动。村民自治章程和规约更是把党和国家的政策和法规跟本村的实际情况结合起来,成为全村村民共同遵守的行为准则,这样能使村民间接地运用党和国家的方针政策和法律来维护自己的利益,并通过对利益的维护,自觉地遵守了党纪国法。广大农民法律意识的增强,农村党员干部学会依法办事,全社会公民素质的提高,对于党的领导方式和治国方略的调整,实行依法治国,提供了重要的经验支持。广大农村基层党组织在领导村民自治的实践中,经受了考验,得到了锻炼,积累了做好新形势下群众工作和处理复杂矛盾的经验,提高了战斗力。

4.优化村党组织在村民自治中的核心领导功能。加强党对农村的领导,一条被实践所反复证明了的经验,就是确立村党组织在村里的领导核心地位,发挥农民党员在村民自治中的先锋模范作用。村党组织和党员是执行党的路线方针政策的主体力量,党组织在村民自治中,做到充分发扬民主,广泛听取群众意见,正确处理党组织的意图与村民决策的关系,正确处理党组织选拔干部与村民依法选举干部的关系,正确处理党组织执行民主集中制原则与村民自治实行直接民主的关系，坚持在宪法和法律范围内开展活动，严格按照党章的规定办事，就能实施正确的领导；村党组织对村民自治的民主权维护而不干涉，对村委会职权范围内的事情支持而不包办，对村民代表会议符合法律、法规的决议总揽而不包揽，对村民代表会议的决议不符合法律、法规精神的，按一定的民主程序帮助纠正，坚持从大多数群众的利益考虑和处理问题，对代表群众的正确意见，得到群众认可的事，坚决支持，通过党组织和农民党员的积极工作，宣传群众、发动群众、组织群众，就能把党的路线方针政策变为农民群众的自觉行动，把党的领导落实到基层。党在农村的这一政治优势得到充分发挥，广大农民群众就能通过自己身边的党组织和党员的行动来感受党的形象，更加信任和拥护党的领导。乡镇党委和村党支部在村民自治中有效地发挥了领导核心作用，维护了大多数人的利益，威信大大提高。而村党支部领导成员的选任方式采取公开报名，群众推荐与组织推荐相结合的办法确定党支部委员候选人，再由党员大会选举产生，这种用"两推一选"办法改选的党支部，一方面解决了农村基层组织建设中选人用人的问题，提高了群众的公认度，扩大了村民选择什么样的人的权力，选出了大批优秀人才，增加了党支部成员的群众基础，得到了村民群众和上级党委的双重信赖，说话有人听，工作好开展，充分发挥驾驭全局、协调各方的作用。越来越多的党员被选进村委会班子，党员在村委会中的比例逐届增加。许多民选的村委会干部，经过党组织的考察培养，及时吸收进党组织，为基层党组织提供了新鲜血液，进一步增强了农村基层党组织的凝聚力、战斗力。另一方面增强了党员干部自我约束意识和社会压力，拓展了群众对党组织的监督渠道，村干部把对上负责与对下负责统一起来，密切了党群、干群关系，提高了党在群众中的威信，优化了村党组织在村民自治中的核心领导功能。

（五）增进世界对我国的了解和支持

从人权与外交的角度看，实行村民自治体现了社会主义制度对公平正义的追求，显示制度的优越性，赢得民心，树立我国在国际社会中的良好形象，增进了世界对我国的了解和支持。"国家尊重和保障人权"是我国重要的宪法原则，村民自治制度是还权于民，赋予农民直接管理基层公共事务权利的制度模式。自 1991 年以来，国务院新闻办曾多次就中国的人权状况发表白皮书，每一次都把村民自治的进展作为我国公民和政治权利得到有效保障的重要标志。村民自治制度对外交流进一步拓展，国际合作、交流稳步有序进行，扩大了村民自治的国际影响，宣传了农村基层民主政治建设的成就，提升了我国的国际形象。许多国家的著名政治家、政府官员、驻华使节、世界各大新闻媒介的记者、研究中国问题的学者相继来中国了解、考察我国的村民自治工作,对我国推动社会主义民主政治建设和人权建设,坚定农民群众对党、对社会主义的信心,给予了比较客观的评价。

四、村民自治工作面临的主要问题

村民自治对拥有几千年封建专制传统的中国无疑是新事物,虽然取得了一定的成绩,但也存在不少问题,突出表现在以下几个方面:

(一)村民自治的制度缺陷

1. 村民自治的制度安排欠缺。村民自治作为一个基本的制度安排,在制度的设置和可操作性上显得过于粗略和原则化,在行为模式与制裁手段的规范上显得空泛。

一是村民自治的村级组织制度空隙过大。从体制角度看,村民自治发展中面临的最主要问题是涉及村级自治组织与乡镇政权组织、基层党组织之间的关系处理。在村民自治的实践中,乡镇政府习惯于运用行政方式领导村民委员会,这突出表现在村级民主选举、民主决策和民主监督等环节上。村民委员会协助乡镇的人民政府开展工作,在实践中村委会事实上充当了乡镇政权的泥腿子。而执政党在农村的基层组织与村级自治组织的体制关系则是一个更难以把握的问题,由于在制度设计中未能明晰两个村级组织的权限范围,而且不同法律和制度文本对两个组织的具体职责和功能的规定存在着彼此冲突的地方,从而导致了两者协调的困难。根据《村组法》的规定,"中国共产党在农村的基层组织,按照中国共产党章程进行工作,发挥领导核心作用;依照宪法和法律,支持和保障村民开展自治活动,直接行使民主权利"。由于缺乏对党支部的领导权与村委会的自治权之间的明确界定,实际操作中常常是村党支部事实上取代村民自治组织行使村级事务的决策权、管理权。由于缺乏可操作的具体法律条款,导致村级组织制度空隙过大,以至于各种不同的利益集团都可以利用这个制度空隙,来达到自己的目的。

二是村民自治的制度不配套。村民自治制度与农村经济体制不配套。根据村民自治制度的安排,国家将治村权力下放给村和村民,由村民群众按国家法律规定实行自我管理、自我教育、自我服务。无疑,村民群众办理本村事务,需要村部公共财力的支撑。然而,村民自治制度恰恰是建构于农村经济"去集体化"的基础之上。一方面,农业经济普遍推行家庭承包经营制,农户成为了主要的微观经济单位,占有农业生产的主要成果,村部仅仅从承包农户中获取相当有限的土地承包款;另一方面,乡镇集体企业在国家支持下实行改制,或出卖、或承包、或租赁、或股份化,呈现"私有化"倾向。与此相应,新的村部经济表现出产权上的"去社区化"和经营上的"去政治化"特点,造成了村级集体经济收入减少、公共财力薄弱,村民自治失去了村级集体经济基础的有力支撑,无法充分发挥其自治功能。加上在压力型体制下,一系列政务下延到村,要求村级组织配合完成但不给予相应的财政经费,致使村级公共财政雪上加霜,相当部分村因无钱办事而无力开展自治活动。

三是村民自治的制度不够周全。任何一项政治制度总是建构于一定的经济社会基础之上的。实行村民自治以来,伴随着农村经济社会的迅速发展,乡村治理环境发生了重大改变,从而导致了村民自治制度与农村经济社会的矛盾和冲突。首先,一致性的村民自治制度安排与多样性的农村社会不一致。从规范村民自治运作考虑,在建构村民自治制度时,国家强调了统一性原则,做出了一致性的制度安排。然而,中国农村地域广泛,自然条件差异巨大,经济社会发展复杂多样。特别是改革以来,农村社会多样性的客观实际得到了尊重,在国家非均衡发展战略和村民自治制度的推动下,农村社会发生了急剧分化。这不仅表现在农村区域之间的不平衡和发展多样性上,而且表现在村与村之间的分化上。依据非农化程度与方式区分,现今农村已经分化为农业村、工业村、镇村、城村等不同类型,各类村庄以及同类村庄的不同村之间均有众多差别。村民自治势必受具体的村庄环境影响,一致性的制度输入到具体的乡村环境中,将输出多样性的村治形式。普通平等的村民自治制度与农村社会成员分化之间的冲突。其次,强调普遍平等的村民自治制度将受挑战。让每一个农民均具有平等地参与民主选举、民主决策、民主管理、民主监督的机会,这种制度设计在均质性社会中无疑将给广大村民群众带来平等的结果。但中国农村社会成员发生了急剧的分化,农村社会成员因占有社会资源和社会机会的差异,分化为社会地位不同的多个阶层,农村社会成员因利益差异而重新分化组合,形成众多通过特定关系为纽带联结起来的、具有共同利益和现实功能的非正式组织派系,各阶层、派系为改变现存的利益分配格局,凭借自己拥有的社会资源参与村民自治活动,展开多元性的竞争和博弈,成为嵌入村民自治的新的重要变量,势必对村民自治的结构与运行过程产生深刻影响。此外,随着农村流动人口增加(本地人口外流,外籍人口流入),导致此类人员的民主权利和应该承担的村民义务难以落实,需要相应的制度来保证他们的权利义务的实现。四是村民自治的制度不够合理。一些地方的自治制度,规范的合理性程度还较低,如有的农村对村民候选人都作了不同程度的限制,有些地方甚至规定候选人要用乡镇党委、乡政府与村民协商的方式提出,有的地方选举直接由乡政府指定,有些村制定的村规民约或村民自治章程,要么空泛口号化,要么与国家法律相冲突,直接降低了权威性和可操作性,很难真正发挥应有作用。

2. 村民自治的法律不够健全。一是村民自治的立法不够。除了《村委会组织法》外,一系列与之相关的选举、监督等方面的法律并未全面建立起来。现行法律对村民的地位、权利、义务,村民会议的召开、权限,村民对村务管理的参与途径和方式等等,也缺乏明确具体的规定,使得村民自治的权利难以真正实现。二是已有的村民自治法律缺乏可操作性。我国制定的《村民委员会组织法》用了大部分条款对村民委员会作了较详细的规定,而对村民资格、村民权利、村民自治权、村民会议、村民代表会议、村民小组的组织形式和运行规则、村财务会计等这些直接关系村民权利的问题,没有规定或没有可操作性的条文,其程序性规定非常少,有些条文非常笼统,不够细化。如《村委会组织法》第 13 条规定:村委会选举,由村民选举委员会主持。村民选举委员会成员由村民会议或者各村民小组推选产生。但是,如何推选,推选多少人,有什么程序等都没有详细的规定,这样,虽然相关法律有很多关于村民权利的规定,但是因其缺乏可操作性而使一些村民权利得不到行使。三是村民自治法律责任主体以及违法后果的规定不明确。如《村委会组织法》第 15 条规定:以威胁、贿赂、伪造选票等不正当手段,妨害村民行使选举权、被选举权,破坏村民委员会选举的,村民有权向乡、民族乡、镇的人民代表大会和人民政府或者县级人民代表大会常务委员会和人民政府及其有关主管部门举报,有关机关应当负责调查并依法处理。以威胁、贿赂、伪造选票等不正当手段当选的,其当选无效。对上述不法行为,其规定由有关机关依法处理,但是依据什么法、如何处理、承担什么责任等都没有明确规定,只规定采用这种方法当选的无效。而根据我国刑法的有关规定,破坏村民委员会选举的也不构成破坏选举罪。这样,在处罚不明确的同时,连最后刑法上的一点威慑力也消失殆尽了。

3. 村民自治的过程缺乏监督。任何一项完整、理想的制度都应该由两部分构成,一为规范性制度安排,二为惩戒程序性制度安排。必须是行为模式与制裁手段的统一。现行村民自治制度明显呈现出规范性制度与惩戒性制度的分离,行为模式与制裁手段的脱节。特别是村民自治制度建构中只规定村级组织、村干部应该做什么,而没有明确地规定做或不做什么将受到何种奖励或惩罚,对公共权力组织及村干部的行为过错,缺少责任追究和罪错惩罚的具体法律政策规定。对村民自治过程的监督主要有两方面:对村委会选举过程的监督和对村委会日常工作的监督。一方面,村委会作为群众性自治组织,它的权力来自于广大村民的授予,对其的监督应该主要来自于广大村民。这种监督方式是自下而上、由内而外的,但是由于大部分村民缺乏参与村民自治的热情,致使这种内部监督很不到位;另一方面,由于法律对村委会的定位是基层群众性自治组织,不是基层政权。因而也淡出了政府系统内专门法律监督机关的视线,使这些机关对村民自治的外部监督也随之弱化。这样,在内外监督都不力的情况下,许多地方的村民自治十分混乱,干群关系紧张。

4. 村规民约不规范。村规民约是村民在国家法律范围内规范自己行为的公约,是群众自我管理自我教育、加强农村精神文明建设的重要手段。然而实际生活中,村规民约过时及挑战国法的现象严重。目前村规民约和村民自治章程的弊端主要表现在:一是村规民约和村民自治章程的制定程序不规范,少数村规民约不是依照法律规定由全体村民会议讨论制定和修改,而是由村民委员会主任、副主任和委员等制定和出台的。二是村规民约和村民自治章程与法规相抵触。有些村规民约的条款与新颁布或新修订的法律、法规政策相抵触,侵害了一些农村妇女的土地承包权和经济收益权但难以及时纠正。三是村规民约和村民自治章程所做规定管群众的多、管干部的少,雷同的多、有针对性的少。四是"土规定"多。有些村规民约和村民自治章程"土规定"多,重罚轻教育规定多,严重的甚至涉嫌违法。

(二)村民自治的管理不顺

1. 乡镇政府与村委会的关系不顺。在实际工作中,乡镇领导在政绩考核标准以及"压力型体制"下,仍然把村委会当作自己的行政下级单位或派出机构,习惯于用传统的管理方式,对村委会从产生到日常工作进行行政干预,有一些本应由乡镇完成的职责也被"分解"到村委会,采取"村财乡管"来强化对村委会的控制,或者通过党组织来间接干预村庄内部事务等等诸如此类。取消农业税之后,村委会成员的补贴全部由政府发放,这就进一步地强化了村委会对乡镇政府的依附,"为政府服务"成了理所当然的事情,乡镇政府自身的任务变成了村委会的义务。在这样的现实条件下,大多数农民认为乡村关系实际上是"领导与被领导"的关系,村委会是"党和政府的村委会"。这就使村委会体现出强烈的行政化色彩,在工作中主要考虑的是先向政府负责而不是向群众负责。自治组织实际上表现为一种政权性组织或者是乡镇的附属行政机构,政府对村委会的指导关系演变成实实在在的领导关系,这些都弱化了村民自治的性质,与国家推行村民自治的本意不符。可见,自治组织一旦失去独立性,就不可能实现真正的自治。在村民自治行政化的背景下,党和政府的方针政策在农村的贯彻执行并没有受到很大影响,真正受到影响的是农民对村委会的认同度。老百姓认为村委会不能代表自己的意愿。村委会公信力无法提高。这样,当村委会完成政府的工作任务之后,偶尔有暇组织社区公共产品生产的时候,却发现没有足够的号召力;即便勉强通过决议,实施起来也困难重重,村民自治对农村社区的动员能力存在着下降趋势。另一方面,依据村委会自治权,存在少数村委会为了自己特定的利益,有意识地强化乡镇政府与村民之间的矛盾。当村民责怪村委会不能维护村民利益时,村委会就将全部责任推向乡镇,而当乡镇责怪村委会协助工作不力时,他们又把责任全部推给村民。在他们看来,村民自治就是本村村民想干什么就干什么,而村委会作为村民的合法代言人和代理人,有权决定自己的内部事务,没有必要接受乡镇政府的指导和监督。于是,他们对承担的协助乡镇政府开展工作的职责,抱着消极、冷淡的态度。

2.村委会与村党支部的关系不顺。村委会与村党支部的关系不协调目前表现为两种情况:一是村委会与村党支部两套班子两种管理模式,村民自治是党领导下的村民自治,村委会具体行使村级事务管理的权力。但是,在当前的村级权力格局中,村党支部书记被形象地称为"一把手",村级发展的大政方针都由党支部决定、由党支部书记拍板,甚至一些具体事务皆由党支部书记包办代替,村委会主任成为书记的副手,主要是执行支部的决定,自治权实际上被党支部直接掌握。村民民主选举出来的村委会则根据《村民委员会组织法》的规定,试图掌握村级的财权和具体事务的管理权,村两委的矛盾日益凸显,导致有的村委会不能自觉接受党支部的领导,把村民委员会引导村民自治同村党支部的政治领导和保障作用对立起来,加上有的村党支部班子涣散,使村党支部起不到村级组织的核心作用。也有的村级组织的权力过分集中到村党支部,甚至集中在村支书个人手中,村委会和村民会议的自治权力实际上被悬空。村支书虽说形式上是由村中的党员选举产生的,但实际上往往是由乡镇党委决定的。党支部成员由任命产生,而村委会则由选举产生,于是便形成了"上级来人找支书,村民有事找村主任"的局面。民主选举使村主任在村事务决策中的位势增高,而传统制度仍然捍卫着党支部书记的优势地位。党支部是传统的村务决策实体,而选举产生的村委会要依法行使村务决策权力。这些矛盾严重影响了村民自治的健康发展，大大降低了村民自治的质量。二是现在很多地方通行村委会与村党支部两套班子两种管理模式"二合一"，即通过一些操作途径，让村支书选上村委会主任，或让选上的党员村委会主任当选村支书，或培养新当选的非党员村委会主任为党员，再选任为村支书。这样，两委合二为一后，党组织对村委会的控制加强了，工作中的对立和摩擦也少了，上级对村委会的管理也容易了。但对村委会来说，村民自治事实上就大打折扣了。这就混淆了村党组织与村民自治组织的职责和功能，导致更严重的党政不分、以党带政。党支部搞包办代替，没有依法行使领导权的意识，直接控制村级治理权，导致了村级治理结构的混乱和治理效率的低下。

3. 监督管理不到位。村级自治组织的准政权色彩浓厚，更多的是充当政府的代理人而不是村民的代理人，主要是对上负责而不是对村民负责。为完成上级任务，村级组织的管理模式比较集权，权力很容易出现异化，"村民的自治"实际上异化成了"村委会主任的自治"，或是村党支部书记"自治"。而乡镇政府为了完成任务需要村干部的配合，往往给了他们比较大的权力空间，以调动他们的积极性，但由于体制内外都缺乏对村干部的有效监督，村干部的腐败问题比较严重。城镇化对土地的大量需求给农村的集体经济组织带来了十分可观的土地利益收益，同时也由于村民对集体事务的参与度不高，监督不力等原因，给村委会成员私下变卖集体财产、侵吞集体资产、肆意加重农民负担、克扣农民种粮的直补资金，利用其职务便利贪污、挪用由村委会管理的巨额款项提供了可乘之机，或中饱私囊，或偏向分配给跟自己有利害关系的亲朋等，严重损害了大部分村民的利益。有的村干部掌握了村级管理权力后，对社区经济等公共事务管理不力不善，甚至为所欲为、横行乡里、欺男霸女、为非作歹，成为危害村民的"村霸"。这时，或由于村委会（村支部）已与上级政府形成非法利益分配链条，或由于有关机关以"村民自治事务不便干涉"为由没有认真履行监督职责，而同时因为农村发生的此类违法犯罪有村民委员会这么一个貌似合法的外衣遮盖，使得查处的难度很大，导致问题的持续加重而迟迟得不到应有的重视和解决，部分利益受到侵害较大的村民在各方投诉无门的情况下，选择集体上访。村民上访、控告村干部违法乱纪的情况不断增多。一方面，爆发于农村的恶性群体性事件正呈上升趋势；另一方面，村委会的公信力受到了极大的削弱。村干部腐败问题严重危害了农村社会的稳定和发展，成为影响干群关系的一大突出问题。

（三）村民自治观念意识上的阻碍

1. 民主观念的缺失。中国有极为漫长的君主专制集权的历史，而无民主法制的传统与经验，农民习惯于被动接受"自上而下"的管理，并把自己的命运寄托于清官统治上，民主观念的缺失，导致村民普遍自治意识不强，无参与的积极性和主动性，民主选举的理念还没有真正深入村民的心中，很多人还没有把选举当成涉及自己切身利益的一种权利来行使，最终使村民自治制度不能得到很好的实施。

2. 集体责任心不强。我国农民总体文化素质较低，同时由于土地产权不明晰，造成村民的集体责任心不强（表现为村委会疏于对土地的管理、普通村民缺乏对土地的关切等），村民参与自治的热情不高，思想观念未跟上，致使村务公开不规范，甚至流于形式。加上村民自治政策宣传不到位，工作作风、工作方式转变不到位，村民与村干部的关系不太融洽，村民对村级事务的关心程度不够，不愿意参与管理和监督，缺少村务公开、民主管理的群众基础，使村务公开、民主管理工作难以深入开展。

（四）民主选举的难度增大

1. 对村委会选举重视程度和工作力度不够。随着农村政策和农村工作重心的变化，乡镇在工作上对村级组织的依赖程度降低，财力上对村级的依赖性减弱，部分乡镇领导机关对村级组织选举的关心程度降低，对村委会选举的重要性认识不足，组织领导不力，对选举组织指导不细致，宣传发动不充分，正常竞选活动开展不够，抱着完成任务的心态组织选举。农民选举热情下降，参选率不高是一个明显的现象。大量外出务工选民的选举权利难以保证，以至于在有些地方，为了达到最低参选率不得不给前来参加选举投票的农民以务工补贴。很多村民对选举漠不关心，投票越来越不感兴趣，越来越随意投票，越来越不去投票。一些地方村民代表产生的方式极不规范，不少代表未经严格的选举程序，有的代表甚至直接由村干部指定，致使村民代表不为村民着想，而直接听命于村干部，从一定程度上影响了村委会选举的质量。

2. 非正常因素在选举中常起到非常关键的作用。一些地方的村委会选举，当选人靠的并不是自己为民办事的态度和能力等因素，而是一些非正常因素，如金钱、势力（村中包括各个派系和不同阶层各种利益群体里非常强势的人）、宗族等。在熟人和半熟人社会的中国农村，这些潜规则往往起到很大作用。这是因为如果村里的有钱人、有势力的人或大的家族不支持你，即使你当选,各项工作也很难开展。因此,在有些地方这些非正常因素在村委会的选举中会起到非常关键的作用。在一些经济发达地区,村干部的政治、经济待遇逐步提高,参与竞选村干部的人数越来越多,村"两委"交叉任职的比例逐步提高,村委会成员的职数大幅度减少,村委会选举的竞争性增强,以血缘为纽带的宗族群体和以经济利益为纽带的利益群体的竞争日益激烈。一些宗族家族势力也利用其在乡村社会的传统影响,试图控制乡村权力。部分村民为保护和扩大自身利益,借助宗族、阶层和派系等集团力量,利用村民自治制度提供的均等参与机会,动员宗族势力参与拉票,同姓宗族(或房)构成一个选举利益体,参与选举。从而使那些已经在村中拥有较大话语权的宗族或强势群体,在村级组织里面占有主导地位。这既严重影响了村民自治的开展,也对乡镇政府正常履行职能发出了挑战。非正常因素在选举中的作用也使妇女当选的难度加大。

3. 违法干预选举的现象依然存在。各地都不同程度地存在着贿选、暴力威胁选举的问题。贿选的手段多样化,有给钱的,也有给物的,还有既给钱又给物的。有候选人直接参与贿选活动的,也有候选人指使他人所为的。贿选主要表现为候选人私下里对选民许愿,送礼请客,甚至直接给村民派发现金,给予村民各种"好处"来收买选票。因贿选引起的选举争议和上访事件时有发生。贿选的存在严重败坏了选举风气,损害了村民选举的公平公正,影响了村民对选举结果的信任,阻碍了村民自治制度的完善和发展。

4. 对村委会选举中违法行为的查处存在困难。由于对村委会选举中违法行为的查处机构及其职责的规定比较模糊,涉及选举中的一些矛盾和纠纷,如村民资格、候选人条件、贿赂选举、另行选举、重新选举、选票认定、罢免、违法行为处罚等,在现有的法律、法规中规定不明确或处理措施难执行,处理难度大,纠错效果不明显,群众只好逐级、越级上访。

(五)村务公开不规范,监督措施乏力

1. 对村务公开重要性认识不到位。有的地方党政领导和业务部门对开展村务公开工作的重大意义认识不足,对推进村务公开工作的要求把握不准,存在安于现状、盲目乐观、松劲懈怠的现象。有的村干部存在怕麻烦不想公开,怕监督不敢公开的心理,甚至产生抵触情绪。有些群众认为村务公开只是上级和村干部的事,与自己没有多大关系,不闻不问,不参与监督和公开。

2. 公开内容不够详细真实。一是公开内容不全面。一般要求公开村务的11项内容(村干部补贴、集体财务收支、计生指标、企业承包、工程投标、宅基

地分配、被征土地面积及补偿款项、义务工摊派、救灾救济物资和生产资料发放、扶贫资金使用等),有的村把村务公开等同于财务公开,因而公开内容仅限于财务公开,公开内容也不全面。一些比较敏感和群众关心的内容不公开或公开不彻底。有的公开项目不够细化,只笼统公开大的支出项目,而不公布具体的支出情况,群众看了还是不明白。特别是在村财务的收、管、用等环节上,存在混乱现象,乱发补贴、乱开支等违纪违法的问题不同程度存在。二是假公开。有些地方对村务公开看起来很积极,但是公开的信息却存在不少问题,如在财务收支方面把一些表面的数据公开出来,具体的收支项目却不公开。有时候为了应付上级的检查就对数据进行加工处理,导致公开的内容缺乏真实性。

3. 村务公开不及时。《村民委员会组织法》规定,"村民委员会应当及时公布下列事项,其中涉及财务的事项至少每六个月公布一次,接受村民的监督"。不少村庄的村务公开没有按照规定及时更新,有的地方公开的信息甚至是几年前的。这样的村务公开没有起到应有的作用,群众对这种形式主义的公开也不满意。

此外,一些农村经济发展滞后,集体经济实力薄弱,干部职数精简,村务经费缺乏,村委会向一家一户收钱或动员劳力,交易成本很高,村级财政支持不足,无法有效运作,从而加强村内非正式资源动员的空间有限。农村社会发育严重不足,农民的各类组织欠缺,其社会行动缺乏平台与渠道。这些都影响了村民自治制度建设的发展。

五、创新村民自治制度的对策

应当看到,村民自治中出现的各种困难和问题,既有工作经验和方法的问题,也有人的观念和素质的问题,既有历史文化的原因,又有经济基础及其体制的原因,实行村民自治任务还相当艰巨。所以,我们要积极适应农村改革发展对村民自治提出的新要求,认真总结推进村民自治实践的创新做法、成功经验,在发展中创新,在创新中发展,从而全面推进农村基层民主政治建设,维护国家的长治久安。

(一)创新和完善村民自治的制度体系

制度建设是全面推进村民自治的根本,创新村民自治的制度,建立健全村民自治的各项民主制度,把"四个民主"落到实处,推动村民自治健康发展。

1. 构建新的村民自治机制。农村社区自治是创新村民自治制度的有效载体和平台,要注意搞好以下五项工作:

(1)必须构建新的村民治理机制。从历史上来看,从现实的人际联结关系与社会资源来看,自然村(或村民小组)才是村民自治的天然单位。实行社区自治,以村民小组为基本单位建立的社区人口不多、规模不大、共同利益多、集体行动意识和能力强,完全可以比较自由、独立地办理社区内部的各种事务,真正实现村民自己的事情自己办,这是真正意义的村民自治。实践也证明,仅仅依靠村两委自治体制不足以应对快速城镇化带来的决策、管理和监督等基层公共事务治理的需要,必须构建新的基层治理机制才能与之相适应。

(2)构建农村社区自治机制。新修订的《村民委员会组织法》首次对农村社区建设有了明确的规定,这有利于推动由行政村自治向农村社区自治的转型,构建新的村民自治机制。农村社区自治,就是将村民自治的重心下移到现在的村民小组,将村民小组撤消改建社区,一组一社区,或者是多组一社区,实行以民主选举、民主管理、民主决策和民主监督为主要内容的社区完全自治。社区成立社区自治委员会等社区组织,在上级政府的支持下、在全体村民的参与和监督下,独立行使社区自治范围内各项事务的管理权。农村社区自治机制是"议行分离"的村民自治运行机制:一是成立社区居(农)民大会或社区(村民)代表会议(决策层),对社区内的重大事务行使民主协商、民主决策和民主监督。二是成立社区居(农)民委员会(执行层),具体负责组织社区服务、社区文化、社区卫生、社区环境、社区治安等各项社区服务事业,并为政府某些行政管理职能提供协助。开发区、新建住宅区、城中村、新建农村居住地都应该创建农村社区自治机制。

(3)加强农村社区自治的组织建设。通过发挥党组织领导核心作用、健全自治机制、培育和发展农村社会组织等措施,更好地发挥各类村级组织在农村经济社会发展中的作用。大力培育和发展各类服务性、公益性、互助性社区社会组织,扶植一批社区服务类的功能组织和社会团体,对社区服务类的功能组织和社会团体实行备案制,以满足城镇化和市场化进程中不断增长的对基层公益性和经济类社会组织的现实需要。社区服务类的功能组织从运作方式来看也是自治的,但其功能主要是进行实体性和服务性的社区事务运作,如专业协会、同业公会等农村合作经济组织,发挥这些农村中介组织在引导产业发展、技术服务和组织农产品销售等方面的服务功能,可以解决许多政府无法替代的作用。社会团体主要代表专业方面的利益,表达属于自己组织的群体利益,如农村的老年协会,在维护农村社会稳定、协调农村各种社会矛盾和处理村级事务中都具有重要作用。农村中介组织的发展将促使政府从不属于自己的领域有次序地撤退,让社区真正成为乡村社会管理的自治空间,以利于推行自我管理、自我教育、自我服务和公共服务市场化。

(4)完善农村社区自治的基础设施建设。要进一步建立健全党委政府领导挂帅、民政部门牵头协调、有关部门密切配合、社会力量广泛参与的城乡社区建设领导协调机制和工作机制,使各类公共服务资源在农村社区平台集成,实现资金捆绑使用、项目统筹安排、资源有效利用,推进村级组织服务中心及其配套设施建设。

(5)构建新的农村社区自治运行服务机制。构建城乡统一的农村社区服务设施、服务组织、服务网络、服务队伍和运行机制,农村社区服务机制建设需要着力理顺社区内外权责关系,健全政府部门间的协调机制、政府与社区间的合作机制、社区组织之间的互动机制,优化社区服务发展的制度环境,基本建立多方参与、优势互补、利益协调、规范有序的社区服务运行机制。通过政府公共服务向农村社区延伸、开展便民利民服务,拓展服务范围,加强平安农村社区建设,推进文化卫生等公共事业发展,形成公共财政支持保障村民自治、政府提供公共服务与农民进行自我服务有机结合的局面。

2.健全和完善村民自治的法律制度体系。加强法律制度建设是促进村民自治长久发展的关键。要以保证人民当家做主为根本目标,指导农村干部群众健全和完善村民自治的制度体系。要积极引导村党组织村委会依据党的方针、政策和国家的法律法规,特别是根据新修订的村委会组织法,组织全体村民结合实际讨论制订和完善村民自治章程、村规民约、村委会选举办法、村务公开办法、村民代表会议规则和村务管理办法等配套的村民自治制度体系,完善村民自治的各项规章制度。村民自治章程和村规民约是村中的“小宪法”,上至国家政策的落实,下至邻里关系,以及各种权利和义务等都有明确规定。与之相配套,《村民代表会议章程》、《户代表会议章程》、《村级重大事项议事决策程序》、《村务监督小组规则》、《民主理财小组规则》、《村级一事一议筹资筹劳办法》等详细的制度安排和运行规则,使村民自治活动有章可循,明确村干部的职责,村民的权利和义务,村级各类组织的职责、工作程序及相互关系等,用制度规范村干部和村民行为,增强村民自我管理、自我教育、自我服务的能力,增强干部群众的法制观念,使村民从无序的纷争转化为心平气和的民主协商,形成了靠制度管人、按制度办事、用制度规范村级组织和个人行为的村民自治制度体系。要总结完善村民自治实践中的好做法好经验,把有效做法制度化、管用经验长效化,把民主选举、民主决策、民主管理、民主监督的要求具体化、制度化。

3.修改和完善与村民自治相关的法律内容。一是完善宪法和法律中与村民自治相关的条款。现行宪法把基层群众自治规定在第三章国家机构之中,自治权作为公民的基本权利,所以应该在宪法总纲中明确公民依法享有自治的权利,同时再在公民基本权利一章中具体规定公民的自治权,主要包括自治的种类、原则、范围等,还应在国家机构一章中规定国家有帮助村民行使自治权的义务。二是在有关村民自治的法律中要明确责任主体和违法后果,违法之后谁来承担责任、如何承担责任等一系列问题必须是清晰而具体的,确保法律的尊严和神圣。三是完善村民自治权利救济机制。在法治国家,权利救济的最主要和最重要的方式就是法律救济。相对于行政机关和权力机关而言,司法机关的救济法定的期限、严格的程序等使其显得更加有效率。所以要扩大行政诉讼的受案范围,对行政主体重新进行界定,使村民对选举委员会或村民委员会有关村民自治的诉讼符合行政诉讼的要求,使村民自治权利救济机制得到完善,以充分发挥司法救济的作用。

(二)创新村民自治的管理体系

1.理顺乡镇政府与村委会管理关系,重构乡村关系。厘清乡镇政府与行政村的权利责任关系,有利于村民自治的"去行政化",有利于村民自治质量的提高。《村民委员会组织法》第4条做了明确规定:"乡、民族乡、镇的人民政府对村民委员会的工作给予指导、支持和帮助。但是不得干预依法属于村民自治范围内的事项。村民委员会协助乡、民族乡、镇的人民政府开展工作。"乡镇政府是国家设立在农村的基层政权组织,承担着对所辖乡村行使行政管理权的职能,依法在所辖区域内开展各项政治、经济、社会和文化等方面的政务。在这些职权范围中,不存在村民自治的问题,亦不属于村民自治的范畴,应当行使其领导职能,在所辖行政区域内依法开展法律规定的各项政务工作。乡镇政府要改变干涉村委会和依赖村委会的局面,把事实上的领导关系恢复到法律上规定的指导关系,承担起保护村民自治权利的责任,在充分尊重村民自治权的基础上,认真履行职责,坚持"协调、效能、服务、法治"的原则,不断强化法律意识与服务意识,严格依法行政、依法管理,转变政府职能,增强服务功能。要从法律、政策、工作上给予指导,引导和扶持村级自治组织成长,确保村级自治组织沿着正确的方向发展,加大扶持力度,要逐步建立资金稳定、管理规范、保障有力的村级组织运转经费保障机制,确保村级组织依法有效履行职能。在资源上给予支持,在体制上给予一定的自主性权力空间,防止行政权挤压自治权。要推进政务决策的公开化、民主化,在进行涉及农民利益的重大决策时,推进协商式民主,切实保障农民在工业化、城镇化的过程中受益。村委会是村民进行自我教育、自我管理、自我服务,实行民主选举、民主决策、民主管理、民主监督的基层群众性自治组织。村委会办理本村的公共事务和公益事务,调节民间纠纷,协助维护社会治安,向人民政府反映村民意见、要求和提出建议。村委员会也应当要正确理解乡镇政府对村委会的指导、支持和帮助的关系,协助乡镇政府开展各项工作,强化村委会的公共服务职能,教育和推动村民依法履行应尽的义务,决不能以自治组织要服从民意为借口,不愿接受乡镇政府对村务工作的指导,甚至唱对台戏或抵制乡镇政府的工作。另一方面,村委会必须纠正实践中村委会包办乡镇政府对农村和村民相关事务的做法,应该坚持社会公平公正的原则,抓住农村民主化进程,化解农村基层社会各类矛盾,创造和谐稳定的社会局面。

2.理顺村党组织与村民自治组织的关系,重构村党支部和村委会的关系。村党支部与村委会的关系是我国政治生活中党政关系的自然延伸,处理好村党支部与村委会关系对村民自治发展和农村和谐社会的构建都尤为重要。要从坚持党的领导、人民当家做主和构建社会主义新农村有机统一的总体要求出发,努力探索重构村党支部和村委会的关系。

一是要科学划分职权与职责,处理好政治领导与具体事务之间的关系。在农村有片面错误的认识,认为坚持党的领导就是坚持党支部的领导,就应该服从党支部书记的领导,村内事务、大政方针应由党支部决定,村委会只是执行党支部的决定而已,这显然是不符合村民委员会组织法的精神。村党支部是农村的领导核心,是政治领导、组织领导和思想领导,主要宣传党的方针政策、管理好党务工作和村党支部自身的建设,不能代替村委会直接管理具体的村务。村党支部应督促村委会依法实行自治,并通过村民会议或村民代表会议形成决议,监督村委会贯彻落实,监督村委会和村委会干部的工作。村党组织应该在法律制度范围内严格按照《村民委员会组织法》活动,充分协调与村委会的关系,把主要精力放在贯彻党的领导、路线、方针,应从大量的具体事务中解脱出来,避免行政化的倾向。村委会要增强党的领导的观念,自觉地接受和依靠村党支部的领导,在国家法律范围内、党的领导下有秩序、有计划进行村民自治。村民委员会是村民自治组织中的工作机构,向村民会议负责并报告工作。村民委员会依法行使自己的职责,要真正落实村民直接选举产生村民委员会的制度规定,要落实为农民服务的制度,为农民致富铺路,真正成为农民致富路上的带头人。村民委员会要深入了解民情、充分反映民意、广泛集中民智、切实珍惜民力,涉及村民利益的、关系民生的事项(比如财务收支、生产经营、公共福利、村办企业、赈灾扶贫、教育医疗)等等,决策方案要事先进行公示,然后召开村民大会或者村民代表大会讨论通过,重大决策能够体现多数村民的意愿。

二是要增强农村党的基层组织的执政能力,提高村民自治组织的自治能力。加强和改善村党组织的领导,就是要发挥村党组织在村级重大事务民主决策中的领导核心作用,村党组织要和村委会一道组织村民依法完善村民自治制度,保障村民当家做主的权利;要发挥村党组织在村级民主选举中的领导核心作用,党组织成员应通过合法程序,进入村民选举委员会,主持选举委员会工作。党组织班子成员和全体党员要积极参加村委会选举、村民代表选举、村民小组长选举,带头抵制各种违法违纪行为;要在贯彻党的路线方针政策、履行村民义务,执行村民会议和村民代表会议决定上,发挥党员先锋模范作用;要发挥村党组织在日常村务管理和民主监督中的领导核心作用,村党组织要经常听取群众意见,在涉及群众切身利益问题上按大多数群众的意见办理,要组织党员和群众监督村委会实施村民会议和村民代表会议决定贯彻落实情况。农村基层党组织在发挥领导核心作用的同时,还要尊重其他组织的地位和作用,尊重农民的主人翁地位,支持和保障农民依法直接行使民主权利。

三是提高村民自治组织的自治能力。首先,要进一步加强村级组织和村干部队伍建设,积极引导各类人才向农村基层流动,注重从农村致富能手、退伍军人、外出务工返乡农民中选拔村干部,引导高校毕业生到村任职,鼓励党政机关和企事业单位优秀年轻干部到村帮助工作。要加强对村委会换届选举工作的指导,把那些组织信任、农村需要、群众拥护的优秀人才选进村委会班子。要建立和完善村干部报酬待遇稳步增长机制和业绩考核奖励制度,确保他们工作有合理待遇、干好有发展前途、退岗有一定保障。其次,进一步创新村民代表会议制度。健全以村民会议或村民代表会议为主体的议事决策制度,强化村民代表会议职能,切实保障村民群众的决策参与权。村民会议是由本村全体村民组成的自治组织的权力机构,拥有本村的最高决策权。凡涉及全体村民利益的重要事项都要由村民会议或村民代表会议讨论决定,在召开村民代表会议前,村民委员会要将会议议题提前公布,代表们要听取所代表的农户的意见。必须召开村民会议或村民代表会议民主决策的事项应当包括:村民委员会拟定的经济和社会发展规划;乡统筹的收缴方法、村提留的收缴和使用;村干部享受误工补贴的人数及标准;从村集体经济所得的使用;村办公益事业需要村民负担的事项等。土地调整等特别重大事项由村民会议（户代表会议）讨论决定，并严格遵循"提出议案、两委研究、村民代表会议（村民会议、户代表会议）讨论决定、组织实施、报告结果"五个步骤进行。

3.加强监督管理。要加强对农村干部的作风建设，引导他们牢固树立群众观点，始终把群众利益放在首位。落实村民委员会组织法关于监督和制约村民委员会的规定，加强村民对村民委员会的监督。要想实现真正有效的监督制约，关键的是要从制度上赋予维护农民利益的组织，针对当前农村实际，可以考虑在现有组织的基础上进行完善创新。

一是建立村民代表会议下的民主监督理事会，村务监督委员会由村民选举产生，村民委员会成员及其近亲属不得担任村务监督机构成员，监委会主任由委员选举产生，其成员应当具备财会、管理知识，民主监督理事会由3～5名村民代表组成，其中设会长一名，实行任期制，与村委会平行且同期同届，其成员有权列席或参加村"两委"会议，有权对不符合制度规定的"两委"决定提出废止建议，并交由村民代表大会表决，同时承担解疑释惑、化解矛盾、消除群众对村"两委"工作的误解，以及参与组织评议村"两委"干部等使命。在村党支部领导下开展工作，监督村务公开情况。具体职责是：首先，对重大村务决策情况进行监督。重大村务决策包括村财务当年预决算、财务季度收支、村干部报酬及离任审计、村集体经济所得收益及使用、土地征用补偿及分配、"一事一议"筹资、村集体债权债务、集体资产和资源处置、新农村建设项目资金及使用、社会各界扶持资金及使用、村民捐助资金及使用、水费的收取、各项惠农资金的落实、计划生育奖励扶助对象的审批、救灾救济款物的发放、宅基地审批、村民自治章程、村规民约的制定和修改、其他重大村务决策等。其次，主持村干部民主评议活动。坚持村民民主评议干部制度，制定评议规则，定时定期进行统一安排。明确规定评议主体、评议对象、评议内容、评议方式、评议原则和评议要求等事项，使这一制度的实施既要有利于对村委会及其成员的有效监督，又要有利于发挥村委会及其成员工作的积极性、主动性和创造性，提高村务管理效率。村民代表会议每年听取和审议村委会的工作报告和村干部的述职报告，对"两委"班子成员进行评议，评议结果与村干部的使用和工资直接挂钩。

二是加强审计监督，认真落实财务审计等制度，对财务收支真实性、合法性，财经纪律，内部监控制度的完备性和有效性进行审计，对主要村干部进行经济责任审计，进一步健全任期和离任经济责任审计、罢免等制度措施，加强对村干部履行职责情况和廉洁自律情况监督。

三是加强外部监督。拓宽群众监督渠道,全面推行村会计委托代理服务制度。在村民自治内部监督乏力的情况下,政府或权力机关应充分发挥它的作用,对村委会的选举、日常工作(尤其是财务开支)等进行外部监督。村委会或者村委会成员作出的决定侵犯村民合法权益的,受侵害的村民可以申请人民法院予以撤销,责任人依法承担法律责任,特别是对影响村民自治的非正常因素。如贿选、暴力、威胁等违法行为发生时,国家机关的外部监督应充分发挥其作用。

(三)建立健全以村民自治章程和村规民约为主体的民主管理制度

村民自治章程是村民自我管理、自我教育、自我服务的综合性章程,其内容十分广泛,基本上包括了村民自治和村务管理的各个方面。村规民约是指生活在一定区域内的村民商量制定的大家共同遵守的行为规范,大多是关于维护社会秩序的规定,其内容主要是从社会公德、家庭美德、村风民俗、邻里关系、诚实守信、公共秩序和精神文明等方面提出要求,或就村中某一事情做出规定,作为村民的基本行为准则。村规民约对于规范村民行为,提高村民素质,具有重要作用。村民自治章程和村规民约都是村民自治的行为规范,是实施国家关于村民自治法律法规的配套措施,是推进村民自治制度的运行机制,是乡村形成现代法治社会不可或缺的制度规范。所以,建立健全以村民自治章程和村规民约为主体的民主管理制度就显得十分必要。

1.村民自治章程和村规民约要以党的方针政策和国家法律法规为依据,由村民群众结合本村的实际制定。在制定村民自治章程和村约过程中,需组织农民学习、研究党的各项政策和国家的法律法规,使村民受到较为系统、生动的社会主义民主法制教育,相当于一次很有实效的普法运动。村民自治章程和规约更是把法律法规和国家政策与本村的实际情况结合起来,成为全村村民共同遵守的行为准则,这样能使村民间接地运用国家的法律和方针政策来维护自己的利益,并通过对利益的维护,自觉地遵纪守法,从而为党和国家的方针政策和法律法规在农村的贯彻落实提供了保证。充分协调好乡村地区的"民间法"与国家法律法规之间的关系,避免它们之间产生摩擦。我们都知道,在中国现代传统的乡村社会,民间法仍是维系一定秩序的主要规范,并且起到了很好的作用。为此,我们不能忽视民间法中的一些精华部分,我们应该对其加以引导、规范,合理地运用民间法这一优势资源,实现国家法与乡村自治规范的融合,以促成乡村民主规范的形成和运行,实现和辅助实现村民委员会组织法的内容,达到村民自治。目前,要对照新的《村民委员会组织法》规定,对村民自治章程和村规民约等相关制度进行修订,使村规民约、村民自治章程与法律法规相一致,不断完善村民自治实践的制度体系。

2.要规范化运行村民自治章程和村规民约。首先,规范化运行村民自治章程和村规民约为提高村务管理水平奠定基础,有利于理顺各方面的关系,从而使村务民主管理进入了规范化、程序化的阶段。同时它还有效地帮助政府部门、司法部门处理了一些复杂的社会问题,减少了政府的财政费用,也维护了本村的生产、生活秩序。其次,村民自治章程和村规民约规范了干群关系,体现了村民的意志和愿望。村民自治章程和村规民约既约束村民又约束村官,使干部群众在制度管理下都是管理者又都是被管理者,形成了自我管理、自我教育、自我服务的机制。它通过规范化的运行,逐渐化解了乡村社会的各种矛盾,增强了村民和干部的法治意识和自治意识,从根本上改善了干群关系。

(四)培养和强化村民的民主意识

虽说经济基础决定上层建筑,但并不是经济发展了,其民主就自然实现。提高村民的民主意识,在某种程度上讲是改变农民"从身份到契约",从小百姓到国家主人,从农民到公民的过程。

1.要强化宣传教育提高村民整体素质。利用会议、广播、电视、墙报以及一些通俗易懂、农民喜闻乐见的方式,宣传法律法规和政策,宣传村民自治典型事迹和先进经验,特别是要加大对国家有关村民自治政策及党的各项惠民利民的方针政策的宣传。用规范引导实践,用事实说服群众,用先进事迹鼓舞人心,加强村民文化素质教育,帮助村民树立正确的人生观和价值观,让村民知道如何正确行使法律赋予的民主权利;掌握沟通和交流的技巧,懂得妥协和宽容,培养互信与互助,学会遵守约定和规范,提高民主意识和参政议政能力,为健全农村基层民主创造良好的环境和条件。

2.通过各种各样的组织活动,提高村民的民主意识。组织载体对民主意识的形成很重要,为什么乡邻间的互助习惯不能扩张到全村,不能延伸到更广的区域?为什么中国的农民只有家庭意识,而没有社会意识?为什么农民只会管理家庭,而不愿管理公共事务?基本的原因在于小农经济规模的狭小及其贫困化,在于小农自给自足的生产方式,但是,也许更重要的还在于他们没有建立自己的组织。农民为了保护自己的经济和政治利益,最好的办法就是组织起来,以组织的形式和组织的力量同其他社会阶层发生各种联系。其组织形式越完善,组织力量越强大,其利益保护就越有效。另一方面,通过组织收集农民的意见和建议,乡村生活也变得日益民主。所以,应尽快在农村建立起农民自有、自治、自享的组织,这种组织既可以承担原来属于政府职权范围内的涉及农村经营与合作方面的权力,也可以作为农民的利益集团参与涉及农民利益的决策制定过程,从而使农民的利益得到进一步的保障,提升农民依法有序参与自治活动的能力和水平。让村民通过各种各样的组织活动,直接参与各项村民自治制度,既可以启蒙大家的民主意识,也可以使大家体会到这些民主制度给他们所带来的实实在在的好处,从而为他们以更积极的态度参与以后所有的村民自治活动奠定基础。

(五)完善民主选举制度

民主选举是村民自治的基础和前提,是农民行使当家做主权利的最基本的表现,地方政府要重视抓好以下环节。

1. 对选举制度进行规范与完善。要解决民主选举存在的诸多问题,关键是要对选举制度进行规范与完善,要规范村民选举委员会的产生方式、人数;要对选举前、选举时、选举后的各项有关选举工作进行组织和监督;要避免乡镇政府或上一级部门对选举所进行的监督演变成组织领导甚至一手操办;应当考虑当地实际,比如,"经济发展状况"、"人口素质"、"发展不平衡"等因素,应当制定出既规范又合乎程序更切实可行便于在实际当中操作的选举办法,要保障整个选举过程的公开性和透明度等等。

2. 依法细化并严格制定候选人任职资格。《村民委员会组织法》第23条规定:"村民委员会及其成员应当遵守宪法、法律、法规和国家的政策,办事公道,廉洁奉公,热心为村民服务。"但这个标准没有可操作性,是对当选后的村委会及其成员的要求,而不是对候选人的资格条件规定。同时,《村民委员会组织法》应增加违法违纪候选人消极的限制性资格条件,防止个人素养较差的人员被选为村委会成员的尴尬情况发生,使村委会成员候选人资格条件的规定易于操作。此外,对竞选演讲方式、外出务工村民选举投票方式应适当完善;对村委会成员的年龄、综合素质以及连任的届数也应进行限制。

3. 调整村委会每届任期。《村民委员会组织法》规定,村委会每届任期三年,任期太短,不利于开展工作。把大量的精力花在选举上,而选举出来的干部由于任期过短,造成新上任干部没有长远目标,调动不了积极性。上届村委会所办之事新上任干部衔接难,或无法衔接、不急衔接等原因,直接造成工作被动。而且现在中央、省、县和乡镇五年才换届,村委会主任绝大部分是乡镇人大代表,三年换届后一些落选的村主任的人大代表资格依然存在,新当选的村主任却无法担当村民的代言人。建议村委会任期增加到五年，这有利于基层干部队伍的稳定，也有利于村级工作的连续性。

4.进一步规范竞选行为，明确界定贿选。当前，村委会选举竞争越来越激烈。对于非法及不正当的竞争方式，《村民委员会组织法》虽列举了威胁、贿赂、伪造选票三种，但仍存在贿选认定难、调查取证难、遏制杜绝难等问题。从实际操作来看，一旦认定为贿选，对当选者只是取消其当选资格，对落选者却是毫发无损，违法成本太低。建议相关部门对认定贿选的标准、条件、程序做出明确界定，并增加惩处贿选违法行为的条款。

（六）完善村务公开制度

村务公开是指村民委员会把村民普遍关心的、涉及村民切身利益的重大事项，通过一定的形式和程序告知全体村民，并由村民参与管理、实施监督的一种民主举措。村务公开是实现村级事务民主决策、民主管理和民主监督的重要方式，有利于村民自治制度的发展和完善。

1.进一步完善村务公开制度。进一步健全并落实村务公开民主管理实施细则，切实把群众最关心、与群众利益息息相关的问题作为村务公开的重点，以保障村民应有的知情权、参与权、决策权和监督权，使群众监督由对村务活动结果的监督延伸至村务决策及其整个执行过程的监督。进一步完善村务公开制度，对公开事项、公开时间、审核办法等做出具体规定。同时，进一步规范村务公开的工作程序，包括定期公开事项的内容、时间、地点、形式和意见受理等，都要符合规范要求。村务公开要规范化管理，实行一户一张明白卡，一组一名监督员，一村一个公开栏，一乡一支专业监管队，一县（市、区）一个监控室，真正做到"给村民一个说法，还村干部一个清白"。

2.创新村务公开形式。为了解决村务公开制度中存在的盲点和问题，应实现村务公开的标准化和科技化，可以考虑运用现代网络科技进行村务公开网络化，创新村务公开形式。一是村务公开网络化扩大了村务公开的范围，在乡村社会中引入了社会公众、舆论监督的力量。"阳光"下的暴露可以有效减少贪腐。二是村务公开网络化提供了村民监督、质疑的有效通道，很好地解决"熟人社会"中当面提问"抹不开面子"的问题，形成了一个新的更为自由、顺畅的公共话语讨论空间，有利于更好地表达村民的心声，便于政府和村、组干部了解民意，做好决策和执行工作。三是村务公开网络化使上级党委、政府以及社会力量可以随时、便捷地对地方村务公开进行监督，从而更好地促进公开内容的真实性和及时性。四是村务公开网络化延长了公开的时限，可以从较长时限上对村务进行监督。

（七）构建以社会自治功能为导向的农村社会组织机制

社会组织是村民自治的协助者。20 世纪中后期，民间社会组织在全球范围内广泛兴起，一场结社革命席卷全球，从美洲到欧洲，从亚洲到非洲、拉丁美洲，各种社会组织迅速成长。这一时期，在政府和民间推动下，我国农村部分地区专业合作社、行业协会等社会组织也逐渐成长起来。根据相关统计，目前我国农村各类社会组织约有 200 万个，包括经济合作组织、公益性组织和互助组织等，如各类专业经济协会、老年协会、庙会、灯会、用水者协会以及环境保护协会等，构成了农村社会中一种重要力量。农村社会组织既是加强和完善农村社会管理的重要内容，又是农民参与社会管理、提供公益服务的重要组织载体，是村民自治的协助者。农村社会组织在募集社会资金、动员公众参与、吸引志愿人员、直接面向个人或群体帮助他们解决具体问题与困难等方面的优势，使其在市场不愿做、政府提供公共物品和公益服务力不从心的领域发挥拾遗补缺的重要作用。我们要积极培育农村服务性、公益性、互助性社会组织，提高农民的组织化程度，完善村民自治的组织体系。培育和完善各种农村社会自治组织，不仅能够为村民自治的成长提供必要的社会条件，有益于弥补村民委员会等原有村民自治组织的不足，更好地满足乡村社会多元化的内在需求，而且也有助于农民群众参与组织化机制的建立，促进农村民主管理的规范运作和良性发展。要根据社会组织的专业性、公益性等特点，积极引导，争取它们的支持、参与和帮助，发挥它们的指导、协调、组织作用，加快农村经济发展步伐，提高农民的文明道德水平，促进农村和谐稳定。

（八）发展农村经济，为村民自治制度的健全奠定坚实物质基础

经济基础决定上层建筑。要进一步健全村民自治制度，必须大力发展农村经济，不断提高农民群众的物质文化生活水平和壮大集体经济实力，这是进一步健全村民自治制度的物质基础。

1. 发展农村经济。要充分认识发展农村经济是贯彻落实《村民委员会组织法》，增强村两委凝聚力和战斗力的基础，是建设新农村，实现共同富裕的内在要求。要深刻理解发展经济是第一要务，服务民生是村两委的中心工作这一硬道理，围绕"发展"和"民生"两大主题，想民之所想，急民之所急，解民之所忧，采取有力措施，大力发展农村经济。根据本村实际，制定经济发展规划，并组织和动员各方面力量保证规划实施。通过领导和支持集体经济组织管理集

体财产,协调利益关系,组织生产服务和集体资源开发,逐步壮大集体经济实力。充分发挥优势,积极争取外部支持,搞好招商引资、项目建设和产业发展,向科技求效益,向市场求效益;要通过建立科技示范基地、采取公司加农户的方式,促进特色产业发展,带领广大群众及早摆脱贫穷,实现共同富裕,从而为村民自治奠定良好的物质基础,并在生产发展的基础上,本着实事求是、量力而行的原则,大力兴办公益事业。

2.建立村级组织运转经费保障机制。实行村民自治需要经费支持,如民主选举和兴办公益事业就需要比较多的投入。因此,要在农村经济发展的基础上,逐步建立资金稳定、管理规范、保障有力的村级组织运转经费保障机制,确保村级组织依法有效履行职能。

第十章

创新农村社会保障制度
加强城镇化的保障

社会保障是现代国家政府的一项重要社会经济政策。社会保障制度是国家为公民提供一系列基本生活保障,使公民在年老、疾病、失业、灾害及丧失劳动能力等情况下,从国家和社会获得物质帮助的制度。社会保障有三个主要功能:一是社会稳定的"安全网"。相对于自然经济形态,市场经济的职业风险和社会风险程度大大增高,无论是城市还是农村的劳动者,仅靠个人往往难以抵御。国家通过社会保障制度,把众多社会成员联结在一起,共同化解风险,突破了家庭、行业、地域的局限,有利于减少社会贫困,避免由此引发的社会震荡。二是收入分配的"调节器"。在市场经济中,竞争法则造成初次分配差距拉大。社会保障以其很强的收入再分配功能缩小贫富差距,平衡不同利益群体之间的关系,推动实现社会公平的目标。发达国家在实施社会保障制度后,基尼系数一般能够从初次分配时的 0.44 左右降为 0.28 左右。三是经济波动的"减震器"。在市场经济中,经济的周期性波动难以避免。在经济运行处于低谷时期,往往出现社会消费萎缩,公众信心降低的现象。政府通过调整社会保障的项目和标准,改善居民消费预期,调节社会总需求,有助于减小经济波动的振幅。对我国来讲,社会保障关系到亿万人民群众的切身利益,是全面建设小康社会、构建社会主义和谐社会的重要内容。农村社会保障是全国社会保障体系的一个重要组成部分,农民应当与城镇居民一样,是享有社会保障的主体,但我国传统的城乡二元户籍制度使政府在农村社会保障制度构建中出现职能缺位。农村社会保障这一政府公共服务与农村居民公共需求之间的不平衡问题,已经成为阻碍我国城镇化和现代化进程的重要因素。创新农村社会保障制度对于促进农村经济发展,实施城镇化发展战略,扎实推进社会主义新农村建设,全面构建和谐社会,具有极为重要的意义。

一、创新农村社会保障制度的必要性

(一)建立健全农村社会保障制度是保障农民基本权益的客观要求

我国宪法明确规定,"中华人民共和国公民在年老、疾病或者丧失劳动能力的情况下,有从国家和社会获得物质帮助的权利。国家发展为公民享受这些权利所需要的社会保障、社会救济和医疗卫生事业"。农民是公民成员,依法享有宪法赋予的享受社会保障的基本权利。长期以来,为支持工业发展,农业和农村付出了巨大代价,工业产品与农产品之前存在的"剪刀差"和限制农村人口流动等方面政策,导致了城乡贫富悬殊。近年来,国家陆续通过取消农业税等政策进行工业反哺农业,推动农村发展,但农民的各类保障仍主要由家庭而不是由社会或国家承担。按照建设和谐社会和统筹城乡的要求,必须缩小日渐扩大的城乡差距,让农民分享社会经济发展成果,实现社会公平,逐步建立农村社会保障制度,是统筹城乡的必要条件,也是实现人人享有社会保障目标的必然要求。中国是传统农业大国,第六次全国人口普查农村人口占全国总人口的 50.32%,广大农民群众的基本要求和愿望是实现"生有所靠、病有所医、老有所养",社会保障是国家立法强制实施的,是全体公民依法享有的权利,维护农村居民的公民权益,需要建立农村社会保障制度,农村社会保障体系是中国社会保障体系的重要组成部分,建立农村社会保障是实现社会公平和体现人的自由和尊严的客观要求。

(二)创新农村社会保障制度是保持社会稳定的必然要求

农村的稳定是中国社会稳定的基础,"农村不稳,则国家难定"。但是长期以来,中国农村并没有建立完整的社会保障体系,主要还是通过个体的家庭保障来实现,"积谷防饥,育儿养老"的观念在农村社会根深蒂固。家庭养老的主要内容是指由子女向自己年老的父母提供经济支持、日常生活照顾以及精神上的慰藉等。由于我国社会保障范围覆盖不全,保障水平很低,传统的家庭养老模式为维护社会稳定,促进经济发展作出了积极贡献,这是应该肯定的。家庭养老历来是我国人民的传统美德,今后应该继续提倡并使其发挥应有的作用。但由于 20 世纪 80 年代初我国农村全面推行计划生育政策,生育男孩的家庭不许再生第二胎,这样一方面导致只生女孩的家庭因根深蒂固的传统观念使家庭养老难以落实,另一方面使农村也和城市一样涌现出大量 4—2—1 结构的家庭。若按以家庭养老为主的思路,届时农村中一对夫妇除了抚养一个孩子外,还将供养四个以上的老人。再加上长期以来农村经营的绝对收益呈现下降趋势,农村家庭养老将不堪重负,完全依靠家庭养老风险很大,传统家庭养老保障模式受到严重挑战,计划生育的基本国策也受到严重威胁,传统的家庭养老模式不适合农村经济和社会发展,客观上要求建立农村社会保障制度,实现由传统的家庭养老向制度性社会养老过渡;随着中国经济体制改革的不断深入,以土地保障为主的农村家庭保障制度的地位和作用不断弱化,"城乡二元制"的社会保障制度种种弊端不断显现,农民要求建立和完善农村社会保障制度,健全"社会保险、社会救助、社会福利"等社会保障制度,完善养老、医疗、卫生、生育、教育、扶弱、帮困等家庭保障和社会救助体系,这是社会发展的客观要求和必然结果,势在必行。通过社会保障代替家庭保障和土地保障,建立农村社会保障体系,解决好农民和被征地农民工的社会保障,无疑可以减轻家庭负担,缓解农村贫困,增加农民福利,有助于维护农村社会的稳定,促进农村经济与社会协调发展和社会和谐,维护国家的长治久安。

(三)创新农村社会保障制度是拉动经济增长的重要举措

由于国际金融危机的冲击,我国外需市场受到了严重影响,加快转变经济发展方式,更加注重消费对经济增长的拉动作用。而要发挥消费的作用,就必须更加重视保障和改善民生。一项对我国的初步研究表明,城市家庭每增加一个有保障的人口,家庭消费支出将增加 1 041 元;农村家庭每增加一个有保障的人口,家庭消费支出将增加 483 元,发挥社会保障体系的消费乘数效应,对于释放农村消费需求具有重要作用。健全完善的农村社会保障体系,有利于启动农村消费市场,促进城乡经济的协调发展;也是刺激农村消费、扩大内需、拉动经济增长的重要举措。要把增加农村社会保障投入作为扩大内需的重要措施,把健全农村社会保障体系作为扩大农村需求的长效机制。

(四)创新农村社会保障制度是适应市场经济发展的客观需要

市场经济作为一种竞争经济,在微观方面总是伴随着优胜劣汰和强弱分化,有企业和个人的优胜与发展,也必然会有企业和个人的破产和被淘汰,这是市场经济所固有的规律。同时,竞争还会排斥老、弱、病、残、孕、伤、穷等不能正常从事劳动的人,使这些人的基本生活难以维持。而社会保障作为一种社会机制,它既具有稳定机制,又具有调节功能。作为稳定机制,它能够维护社会安定,对社会起"减震器"和"安全网"的作用;作为调节功能,它常常被人们称作社会资源的"调节器",对社会资源具有合理配置和优化组合的作用。如果忽视社会保障制度的建立与完善,放任农业走向市场而不管不问,放弃社会保障制度这种"杠杆调控",任由市场经济"强弱分化"消极作用的影响,必然会拉大贫富差距,形成社会不安定因素,最终导致社会的不稳定。改革开放以来,随着社会主义市场经济体制的逐步建立,我国农村经济始终保持了良好的发展势头,农村各项社会事业全面进步,农民收入稳步增长,生活水平不断提高。但是,在农村经济和社会发展过程中也不可避免的会出现一些负面影响,例如农民的贫困问题,农民的养老、医疗等社会保障问题,农村人口老龄化问题以及农业劳动者经营风险保障问题等等。此外,随着农村改革的不断深化和农业劳动生产率的提高,中国将有大量的剩余劳动力需要转移到第二、第三产业就业,这些脱离传统农业的农民,如同城镇职工一样,也迫切需要有稳定的社会保障。这一系列问题的解决,有赖于农村社会保障制度的建立和完善,有赖于完善社会主义市场经济体制,促进农村市场经济发展。

(五)创新农村社会保障制度是实现农业现代化生产的必然要求

社会保障是社会化生产的产物,在现代市场经济中,社会保障制度是一个经济社会制度不可缺少的重要组织部分,也是市场经济运行所不可缺少的条件。中国农民素有靠山吃山,靠水吃水的情愫与习惯,历来将土地作为祖祖辈辈繁衍生息的根本和抵御未来风险最基本、最可靠的保障。社会化的大生产,必然要改造农村落后的自给自足的小生产模式,最终实现农业商品化、规模化、集约化、现代化生产,必然要使农村现有的土地经营模式向集约化、规模化的方向调整,使更多的农民从土地中走出,参加到非农产业的行列中去,甚至走出农村融入城镇。因此,只有健全完善包括"社会保险、社会救助、社会福利"等社会保障制度,才能真正帮助农民抵御未来生、老、病、死、伤、残等事故风险,消除其后顾之忧。否则,即使他们能够稳定地从事非农产业并获得稳定的高收入,也不会放弃土地使用经营权,最终也就难以实现农村农业现代化、规模化、产业化、集约化、商品化的改造。所以,创新农村社会保障制度将有助于推动土地适度规模经营,促进农村劳动力的合理流动,实现农业现代化。

(六)创新农村社会保障制度有利于促进农村经济的可持续发展

在中国,城乡收入差距大,相对于城市较为健全的保障体系来看,农村社会保障制度的建设大大落后于城镇,这种状况已经严重制约了农村经济的可持续发展。农村经济的可持续发展,必须以不断深化农村改革与大力发展农村市场经济为基本前提,而市场经济的一个显著特点就是"风险性",农村经济也是一种典型的风险经济。以家庭联产承包为主的双层经营体制的实行,使农户成为独立的商品生产者和市场行为主体,从而决定了他们必须独立承担生产经营中的各种风险。农业生产经营风险主要表现在以下几个方面:一是土地保障功能不断弱化,仅靠农业生产已很难保障农民的基本生活。二是在农业产业结构调整过程中,因为市场因素的不确定性、政策导向和经营管理上的失误等原因,有可能造成一定的风险损失。三是由于农村生产力发展水平的制约和法治不健全,自然灾害频繁,人为破坏严重所造成的风险损失。要从根本上解决这些问题,把农民的生产经营风险减少到最低程度,必须建立农村社会保障制度。只有通过社会保障机制切实保障农民的利益,才能解除农民的后顾之忧,使他们集中精力搞好农业生产经营,促进农村经济的可持续发展。

二、建国后农村社会保障制度的历史演变

我国农村社会保障制度经历的演变过程与农村土地制度的变革之间存在着内在的直接联系,农村土地制度的四次变革为农村社会保障体系的建立提供了保证,农民的生活、医疗、养老、经济等社会保障也在其中经历了四个阶段的演变和发展:一是土地的所有权、经营权都归农民,形成以土地保障为主的家庭保障时期;二是土地所有权和经营权都归集体的集体社会保障时期;三是改革开放以来农村实行的家庭联产承包责任制时期,土地所有权归集体,经营自主权归农民,重新返回以土地为主的家庭保障时期;四是由家庭保障向社会保障正式制度变革的时期。

(一)以家庭保障为特征的农村社会保障制度的萌芽阶段(1949—1956年)

在漫长的中国农业社会中,家庭既是基本的生活单位,也是基本的保障主体。农民依靠在土地上的劳作保障自己的生活,当遇到特殊的困难时,往往以求助帮助自己解决问题。在这种传统的保障形式中,家庭保障起到了无以替代的作用。新中国成立之初,百废待兴,旧中国留下的烂摊子急需整顿,经济

发展尚未步入正常的轨道,当时政府的主要任务是恢复千疮百孔的国民经济,对于社会保障体系的构建问题,尚无暇予以太多的关注。这就决定了这一阶段农村社会保障工作应急性强、社会化程度低,缺乏制度性措施,政府根据自己的财力对困难农民的生活给予适当的补助,但是总体上以家庭保障为主。

(二)计划经济体制建立后以集体保障为特征的农村社会保障制度的初步探索阶段(1957—1977 年)

随着第一个五年计划和社会主义改造的完成,中国逐步建立起了社会主义计划经济体制。在农村,生产经营活动由原来的以家庭为单位转变为主要以高级农业合作社为单位组织进行,这标志着农村集体经济制度的基本确立。之后开展的人民公社化运动,以"三级所有,队为基础,按劳分配"作为农村集体经济的基本原则。以生产队为基本核算单位的集体经济成为农村中占据统治地位的经济形式。与农村集体经济的组织形式相适应,农村社会保障制度在这一时期的显著特征就是以集体保障为主,显示出集权化特征,家庭保障的功能基本消失。这一时期的农村社会保障以人民公社和生产队的收益为经济基础,并且以人民公社和生产队为组织基础,以农村社会成员为保障对象,提供基本的生活保障,农村社会成员生、老、病、死依靠集体经济的力量基本上能够得到保障。这一时期的农村社会保障虽然由于中国政治环境的变化出现过波折,但是和建国初期相比,其保障范围、保障水平和实施办法都发生了很大的变化,取得了一定的进步。上世纪 70 年代末农村合作医疗的覆盖率达到全国行政村的 90%。它配合了中国确立的重工业优先发展的工业化战略的实施,在经济发展水平较低、积累率很高的情况下,保障了农民的基本生活和生存权,维护了农村社会的稳定,一定程度上促进了农村和农民的发展,维护了农村的稳定。

(三)改革开放以家庭保障和土地保障为特征的农村社会保障制度的变革阶段(1978 年至 20 世纪 90 年代初期)

改革开放之后,农村实行家庭承包经营,农村集体经济大多数被极大的削弱甚至瓦解,原来的以人民公社体制为基础、以集体保障为主的农村社会保障失去了其赖以存在的经济基础和组织依托。家庭保障得以回归,成为农村社会保障的主体。而且,农村集体社会保障由于制度惯性在其解体的同时,并没有为农民建立起替代性的社会保障制度,这样农民拥有经营权的土地承担作为生产资料和社会保障的双重功能。农民获得集体土地的承包经营权之后,经营土地取得的收入成为保障农民基本生活需要的主要手段,同时也是农村家庭养老的重要手段,并且土地也成为从事非农产业的农民遇到风险时的"退路",成为应对生活风险的重要物质基础,承担起失业保障的功能。

但是在这一时期,随着工业化的发展和市场化的发育,农村家庭保障和土地保障都在发生着变化,在社会转型和体制转轨的双重冲击下,这两种社会保障方式产生的效用都产生了弱化现象。随着土地生产能力的下降和农民收入的相对减少,隐性化了的问题逐步显性化,所以政府不得不着手对农村社会保障制度进行改革,可是在有限预算约束的条件下,政府短期内也不会将保障资源分配的重点转移到农村中来,这是由农业风险高、收益低的特点和农民博弈能力不足决定的。所以,农村社会保障进展缓慢。

(四)市场经济进程中的农村社会保障制度的探索阶段(20世纪90年代初期至新世纪初)

进入上世纪90年代以来,建立现代社会保障制度成为完善社会主义市场经济体制的重要课题,社会保障进入制度化阶段。党的十四届三中全会出台的《关于建立社会主义市场经济体制若干问题的决定》中,提出建立与我国目前社会生产力发展水平以及各方面的承受能力相适应的多层次的社会保障体系,并规定建立统一的社会保障管理机构。1998年九届人大通过的政府机构改革方案中,组建了劳动与社会保障部,统一主管养老、医疗、失业保险等保障工作。在大力推进城镇社会保障制度建立与完善的同时,有关部门进行了农村社会养老保险、医疗保险和低生活保障等制度的试点工作,并逐步在全国农村推广试行。

为了解决市场经济条件下的农村社会保障缺失问题,中国一方面在原有保障项目的基础上,探索重建农村社会保障制度的新形式,通过制度化、规范化、社会化的突进使之既符合市场经济的要求又符合农村发展的实际状况。另一方面针对传统的农村社会保障项目不能满足农民多样化需求的客观情况,对农村社会保障项目的设置进行了探索和尝试,一些社会保障项目,从无到有,并进入社会化、法制化的轨道。对原有农村社会保障项目的改革取得最显著成绩的当属新型农村合作医疗的重建与创新。农村合作医疗制度在解决农民就医看病方面曾作出了突出的贡献,但是由于市场经济的冲击,农村集体经济的普遍削弱,农村合作医疗的运转几乎达到了难以为继的地步。在1993年发布的《中共中央关于建立社会主义市场经济体制若干问题的决定》中明确指出,要"发展和完善农村合作医疗制度"。但是此后近十年时间,农村合作医疗的重建并没有取得预期效果。直到 2002 年,中共中央、国务院提出"到 2010 年新型农村合作医疗制度要基本覆盖农村居民"的战略目标之后,农村合作医疗制度的回复和重建才开始加速并取得良好效果。新型合作医疗在制度设计上的两个突出变化实实在在反映了政府意愿的改变,一个是筹资机制由个人交费为主转化为个人缴费、集体扶持和政府资助相结合;另外一个是不再以村为单位而是以县为单位进行筹资并建立基金在全县范围内分散风险。通过几年的发展,新型农村医疗合作制度在参合率、支出水平和受益人次上都有显著提升,在解决农村居民就医难、看病贵方面发挥了重要作用。

在探索多样化的农村社会保障项目的尝试中,农村社会养老保险制度的试点稳步推进。面对农村日趋严重的农村人口老龄化趋势和农村青壮年劳动力的大量外流,1991 年国务院决定由民政部选择一批有条件的地区,在部分地方开展了农村社会养老保险(简称"老农保")试点。主要做法是:以个人缴费为主、集体补助为辅,采取个人账户基金储备积累的保险模式,参保人满 60 周岁后,根据其个人账户基金积累额和平均余命确定养老金发放标准。"老农保"是我国在农村建立社会养老保险制度的首次探索,1993 年国务院批准建立农村社会养老保险管理机构,各种规章制度与操作方案陆续出台,农村社会养老工作在全国推广。以商业保险方式运行社会保险,超越了农村经济发展水平。追溯社会保障发展的历史,农村社会保障大都是国民经济进入工业化发展的成熟时期才开始普遍建立起来的。实施农村社会保障是工业剩余反哺农业高级阶段的主要措施,而且优先在农业雇佣劳动者中建立,然后才扩展到全体农民。我国农村乡镇企业职工、定职村干部、农村义务兵、民办教师等所谓职业保险容易发展的事实,也印证了这条规律。社会保障制度的筹资原则应该是国家、企业负担大头,个人交纳小头。我国实行的"以个人交纳为主"的户村社会养老保障制度,实质上是以大数法则规律来解决农民集团内部的跨期转移问题。所以"老农保"这种主要靠农民个人缴费的制度缺乏生命力,多数地方的村集体经济和政府财政没有投入,农民参保积极性不高,覆盖面窄。

农村最低生活保障制度在原有的"五保户"制度和受灾救济的基础上有了进一步的发展和完善。依照国务院《关于在全国建立最低生活保障制度的通知》,各地制定了农村社会最低生活保障制度,农村最低生活救助对象确定为四类:一是家庭成员均无劳动能力或基本丧失劳动能力的无劳户;二是家庭主要成员在劳动能力年龄段,但因严重残疾而丧失劳动能力,家庭保障确有困难者;三是家庭成员虽在劳动能力年龄段,但因常年有病基本或大部分丧失劳动能力,家庭保障确有困难者;四是家庭主要成员因病、因灾死亡,其子女均不到劳动能力年龄段,生活特别困难者。在具体审查过程中,部分县市又规定七个"不定",有效地抑制了问题户的"搭便车"行为。凡符合保障条件的农户,由本人申请,村民会议讨论,村委会上报,乡镇政府审查,张榜公布,报请民政部门审批后实施。实施农村最低生活保障所需要的资金,基本由各级财政分级负担,这是这一制度能够顺利开展的关键因素。资金基本来源于中央下拨的救灾资金和地方本级财政自然灾害救济事业费。本着低标准起步、逐步调整的原则,资金仅能保障救助对象最低层次的生活需要和仅能保障特困户的基本需求。这一时期农村社会救助的方法和手段也有了重大的改变,更加契合时代发展的步伐和农民的实际需要。

(五)新世纪我国农村社会保障制度框架基本形成(21世纪初至今)

党的十六大以来,按照加快构建社会主义和谐社会和贯彻落实科学发展观的要求,以人为本,从基本国情出发,统筹城乡发展,建立农村社会保障制度。根据中央的统一部署,各级政府和有关部门将加快建立农村社会保障制度作为保障和改善民生的重要内容,公共财政支出更多向社会保障倾斜,让广大群众分享经济社会发展成果。坚持广覆盖、保基本、多层次、可持续的原则,形成政府主导下的资金来源多渠道,保障水平多层次、管理服务社会化的格局,我国农村社会保障制度框架已基本形成。

三、创新农村社会保障制度建设面临的主要问题

(一)社会保障观念不强

1.有些领导社会保障意识淡薄。封建社会的小农经济、自给自足观念对中国人产生了根深蒂固的影响。在政府干部这一层面,将农村社会保障看作是一种负担,担心这么多的农民怎么负担得了,对在我国农村建立社会保障制度的紧迫性和重要性认识不足,农村社会保障意识淡薄。一些人认为,农民应该依靠家庭和土地养老,有条件的农民可以搞商业保险,不必搞社会养老保险;还有的人认为,搞农村社会养老保险会加重农民负担,不应推行而应制止;甚至还有的人认为,农民养老是农民个人的事情,政府不应过问,由农民自己计划和安排自己的晚年生活。

2.不少农民社会保障观念不强。在当代农村，封建社会小农经济的观念影响依旧强烈，中国传统文化中的保守思想使人们视政府为高高在上的"青天衙门"，由于惧怕政府政策的改变，农民又因为"话语权"微弱，无法及时地维护自己的正当权益，因而有不少农民对农村社会保障制度采取了一种远观而不参与的态度；农村人口习惯依赖土地养老和家庭养老，自我养老被视为子女不孝的表现之一，这些习惯和观念也严重影响了社会养老保险在农村的发展。

（二）农村社会保障发展不够平衡

1.城乡社会保障发展不平衡。据测算，占总人口 2/3 的农民，只享有社会保障支出的 10% 左右。从人均社会保障费用来看，城市居民是农民的 20 倍以上。目前，全国在城镇务工就业的农民在 1.3 亿人以上，这些人的社会保障没有纳入到社会保障制度中。城乡经济和社会的二元结构，决定了城乡社会保障体系也必然是二元性的，城镇已初步建立了水平较高且完整的社会保障体系，城镇职工享有社会保险、社会救助、住房保障等较为全面系统的保障，养老保险金也已实现了社会统筹，建立了国家、企业和个人共同负担的基金模式，医疗保险、失业保险、工伤保险以及女职工生育保险，都在原有的制度上进行了改革和逐步完善。受经济社会发展水平、城乡二元结构、制度建设起步较晚等因素制约，我国农村社会保障事业总体相对滞后，保障面较窄，保障水平偏低，一些政策措施刚性不强，资金难以得到有力保证，与实际需要有一定差距，部分地区还存在政策落实不到位等问题。在广大的农村，仍然是以国家救济和乡村集体办福利事业为主的社会保障，除养老保险和医疗保险进行了改革试点以外，其他保险项目基本上没有建立起来。无论是优抚、"五保"，还是救灾、救济，都是以特定的农民为对象的，数量也很少，大多数农民并没有享受社会保障。这种非均衡的二元保障政策，直接造成城镇居民与农村人口在社会保障资源享用与权利分配过程中的不平等，农民群体往往在医疗、教育和就业保障方面遭遇排斥和挤压，无法分享到应有待遇，致使农村社会保障的发生体系不健全，保障水平低层次。特别是农村社会福利服务设施严重匮乏，例如，全国农村小学的校均固定资产总额为 70 万元，而城市小学的校均固定资产总额则达到 580 万元，是农村地区小学的 8.3 倍，更不用说教育质量在城乡之间、城区之间的巨大差距了。在医疗领域，从设施上看，全国仍有近 10% 的行政村没有卫生室，全社会每千人口医疗机构床位数为 3.31 张，而每千农业人口乡镇卫生院床位数仅为 1.05 张；从医师数量上看，城镇社区卫生服务中心平均拥有 3.2 个执业医师,而该比例在村卫生室仅仅为 0.12。城乡社会保障水平的差别和农村社会福利服务设施的落后,直接放大了城乡差距,损害了社会公平。2009 年我国城乡收入差距达 3.33∶1,如果加上各种福利保障及其他社会福利服务设施,这个差距达到 6∶1。因此,包括各种福利服务设施在内的社会保障的不均等现象,客观上是导致城乡差距、地区差距、群体差距持续拉大的重大因素。社会保障不均等一方面受城乡二元分割的影响,另一方面又进一步固化了城乡二元分割。农村社会保障供应不足和城乡社会福利服务设施不均等,对农村居民的货币收入产生了直接的替代效应。收入分配差距和城乡居民生活质量差距的扩大,导致农民对社会公平认可度严重偏低,社会矛盾日益增多,破坏了社会的和谐发展。

2.农村社会保障制度间发展不平衡,农村养老保障成为"短板"。五保供养制度历史悠久、相对规范,最低生活保障、新型农村合作医疗、医疗救助等制度建立不久,被征地农民社会保障和农民工社会保险等制度建设正在逐步推进,新型农村社会养老保险制度还处于试点起步阶段。农村养老保障发展较为迟缓,绝大多数农民既无养老保险,也无福利性保障(只有极少数两者兼有),而国家对这项关系农村长远发展和广大农民根本利益的制度也还没有进行最终决策,使这项制度成为农村社会保障体系建设的"短板"。此外,区域统筹不够,东、中、西部的农村社会保障水平差距较大,东部农村社会保障水平比较高。

(三)农村社会保障管理体制不顺,责任主体不明晰

1.条块分割、多头管理。我国农村社会保障的管理不够科学和规范化,长期以来一直处于"条块分割、多头管理"的状态。我国农村社会保障管理涉及多个部门,农村社会保障主要有农村社会养老保险、被征地农民社会保障、农村最低生活保障、农村五保、救灾救济、社会优抚、新型农村合作医疗、农村医疗救助等项目,分别由人力资源和社会保障、民政、卫生等部门管理,各级财政承担有关农村社会保障的财政支持和基金管理工作。这些共同行使农村社会保障职能的机构,由于实施部门所处地位和利益关系的不同,在实际工作中会发生决策及管理上的矛盾,难以相互协调、形成合力,政策规定及筹资办法会政出多门,必然导致保障政策检验与实际效果之间的偏差,难以形成统一的管理格局。农村社会保障基金也缺乏有效的监督,这些都直接影响农村社会保障的顺利实施。

2.责任划分模糊,分工不明晰。事权划分及其财政支出责任不明,对上级

政府和下级政府支出责任缺乏合理界定,不利于更好地调动各级政府发展农村社会保障事业的积极性,出现下级依赖上级、地方依赖中央的现象。政府、部门、企业和家庭之间,政府各部门之间皆存在责任分工不明确的问题,如政府责任与市场责任相混淆,这既不利于有计划地缓解历史遗留问题,也使现实责任难以准确配置,不利于政府职能的行使,也妨碍了市场作用的发挥。社会保障基金既有县市统筹又有省级统筹,统筹形式多种多样,统筹办法各地自行确定,责任划分模糊。而社会保险经办机构集社会保险的收、支、管、用与政策制定于一身,没有一个机制对它进行有效的监督,导致社会保障费管理不严格、漏洞大,社会保障资金运转处于无序状态。一些地方随意提高社会养老统筹比例,大大超出国家规定的 20% 的养老保险缴费率,并且存在挪用、浪费社保基金的现象,危及社保基金的安全。

(四)农村社会保障法制不健全、政策不配套

1. 我国社会保障立法仍然不能适应事业发展的需要,社会保障制度作为一项基本的国家"民生"制度,其建立和完善需要依靠国家法律法规的支持。但是,我国农村社会保障工作已制定的条例中,很多是通过各种"红头文件"发布的,大部分是停留在政策规定层面上,没有上升到法律法规高度,缺乏必要的法律依据和保证,没能形成体系,不具备较强的操作性和权威性,致使农村社会保障工作的法制化、规范化水平不高,难以有效推进农村社会保障工作。由于中央集中立法严重欠缺,地方立法畸形繁荣发展。而地方制定的规章制度,立法者是多种主体参与,"法出多门,各行其是",甚至相互冲突矛盾,使一些本来已有的地方社会保障立法也陷入"有法难依"的困境。

2. 政策配套不够。农村社会保障方面的制度衔接、政策配套不够,信息沟通和共享程度不高,协调协作不够,整体推进合力不强,特别是农村养老保障基本制度尚不完善。农村社会保障的新老衔接、城乡衔接、地区衔接都缺乏制度规定。由于农民工就业不稳定,身份可能随时转换,相应的养老制度安排也会不同,如何衔接目前还没有很好解决。在医疗保险方面,一些地方要求农村中小学生加入城镇居民基本医疗保险,但同时农村以家庭为单位参加新农合,二者的衔接也要加以研究,避免农民重复参保,增加负担。又如,在注重解决新的被征地农民社会保障问题的同时,对历史遗留的被征地农民社会保障如何解决,也没有明确的规定。

(五)农村社会保障资金缺乏稳定来源

资金严重不足是束缚农村社会保障制度发展的重要原因。中央财政用于社会保障的支出比例偏小,只有 10％左右,且这 10％的投入也大多数给了城镇居民,农村从国家财政获得的主要是每年的扶贫开发基金和用于"五保户"最低生活补助的救灾救济资金,人均的保障额远远低于城镇居民,有限的资金难以满足农民需求。各级财政对农村社会保障的投入较少,一些县级财政困难,缺少开展农村社会保障工作的资金。当前很多乡镇是负债财政,集体经济基本没有来源,社会保障体系建设中要求集体负担的部分很难落实。农村经济发展相对落后,农民收入不高,大部分农民实际无力承担各类保险费用,即使部分农民有能力缴纳,也由于对社会保险制度认识不清等原因,而不愿参加,社保资金就缺乏稳定性与持久性。我国社会保障费的征收方式没有统一规范,有的地方委托地税机关征收,有的地方实行按地区、分行业征收的办法,也有些地方采取差额结算缴拨,还有些地方采取按规定协议缴费,各省市的社会保障项目多少不一,比例不同,又没有法律的约束,因而征收手段不硬,导致收费困难,欠费现象普遍。被征地农民社会保障方面,现行征地补偿标准低,不足以支付被征地农民社会保障费用。土地补偿费和安置补助费仅相当于当地城镇职工 1.2 年的平均工资和 5 年的农民人均纯收入。

(六)农村社会保障基层管理薄弱

受诸多因素制约,农村基层社会保障管理机构不健全,未形成农村社会保障的工作网络,农村社会保障大量的具体工作集中在县以下乡镇进行,但目前多数乡镇均未成立相应专管社会保障事务的工作机构;已成立有关机构的,人力、工作经费也难以得到保障,工作力量薄弱、设施条件简陋等问题比较突出。比如,全国平均每名县级新农合经办人员要负责 3 万名左右农民的参合经办工作,许多乡镇没有专门的社会保障机构,负责多项社会保障工作的民政岗位仅配备 1 名助理员,有的还是兼职。由于管理水平较低,制度不完善,农村社会保障在资格审核、资金发放等方面存在不够规范、随意性较大的问题。如一些地方农村最低生活保障对象的认定条件和审批由乡镇自行决定,有的乡镇采取分指标到村的办法,造成认定标准不清,低保发放有一定的随意性;一些地方政府违规使用农村扶贫专项资金,有的挪用农村养老和合作医疗结余基金,使制度面临运行风险等。

四、创新农村社会保障制度的对策

我们党和国家历来高度重视农村群众的生产生活,改革开放特别是党的十六大以来,党中央、国务院作出了一系列重大决策部署,着力推进农村社会保障工作。目前,以农村最低生活保障制度、新型农村合作医疗制度、农村医疗救助制度、农村五保供养制度、自然灾害生活救助制度等为主要内容的农村社会保障体系初步形成,被征地农民、农民工社会保障工作取得了长足进展,一些地方还探索开展了农村养老保险试点,初步保障了农村群众基本生活。农村社会保障体系建设虽然取得了一定进展,但从总体上看,保障水平还较低,有的刚处在试点阶段,要充分认识农村社会保障体系建设的重要性、长期性和艰巨性,以高度的使命感和责任感,创新农村社会保障制度,切实把农村社会保障这项重大惠农工作落实到位。

(一)创新农村社会保障制度,更新观念

社会的变革与发展,需要观念不断更新。没有观念的转变,一切的制度设计都将显得苍白无力。因此,要减少我国农村社会保障制度建设过程中存在的阻力,更新观念是前提,强化社会保障观念是关键。

1.增强各级领导干部的社会保障意识。通过宣传教育,使广大领导干部认识到由低层次的家庭自我保障和土地保障转变为社会保障是社会发展的历史必然,是社会主义新农村建设的题中之意,是维护农村稳定乃至整个社会安定和谐的重点工程,社会保障就是维护社会公平正义和实现国民共享发展成果的基本的不可替代的制度安排,增强各级领导干部的社会保障意识,加大财政对社会保障的投入,应该在继续关注城市居民社会保障的同时,向农村倾斜,特别重视农村居民的社会保障。目前我国社会保障支出大概占到国家财政的12%左右,这个比例显然很低。而欧洲财政的钱有45%以上是用在社会保障上的,美国财政也有1/3以上的钱用在社会保障方面,所以我国社会保障投入应该随着 GDP 的增长而不断增长,持续提高社会保障支出在国家财政支出中的比例,在"十二五"期间应当达到20%。

2.要增强农民的社会保障意识。西方国家在社会保障方面通行的是"自己为自己买单"、"将买单任务托付给国家"的观念,这种观念非常值得我们学习。在社会主义市场经济条件下,我们应该强化我国农民的平等、竞争观念,

改变视政府高高在上的态度,增强平等意识,农民才会增强对农村社会保障制度的信心,才能树立自己的主人翁地位,主动争取话语权,增强农民的自我保障意识,使广大农民积极投入到农村社会保障制度建设中来。

(二)创新农村社会保障制度,统筹城乡社会保障发展战略

1.统筹城乡社会保障发展战略的重要性。党的十七大要求加快建立覆盖城乡居民的社会保障体系,保障人民基本生活。党的十七届三中全会提出贯彻广覆盖、保基本、多层次、可持续原则,加快健全农村社会保障体系。社会保障制度的城乡统筹发展战略,是完善社会保障制度互助共济和收入支持等功能的举措,是促使社会财富得到公平合理分配和实现全体国民共享发展成果的必要且重要的途径,是调和城乡矛盾、缩小城乡差距,消除城乡社会冲突源,促进和谐社会建设的方法,对维护社会稳定具有重要作用。经历改革开放 30多年的高速发展后,我国已经是一个跨入了中等收入国家行列的新兴工业化国家,并正在向现代化强国迈进。在这样的时代背景下,推进城乡统筹的社会保障制度、促进基本公共服务均等化,不仅是市场经济的内在要求和社会公平的基本标志,而且日益成为中国经济可持续发展和整个社会走向和谐的必要条件,从而是国家在新的历史发展阶段必须承担并完成好的一项重大任务。尽管社会保障制度在一个时期内不可能消除城乡差别,但无论是农村社会保障各项制度的设计,还是城镇社会保障制度的完善,都要为实现城乡统筹打好基础,用城乡统筹、公平共享的思路指导社会保障的制度建设,朝着实现基本公共服务均等化的方向努力。

2.统筹城乡社会保障发展战略的内容。在农村社会保障制度的制度设计和建设中,一定要基于城乡统筹,逐渐缩小差距,而不是扩大差距,以促进公平的实现。城镇居民的养老保险和农村居民的养老保险要实行城乡统筹,城镇居民的医疗保险和农村居民的合作医疗,也都应该是城乡统筹,因为他们都是政府责任加个人责任,筹资可以有别,但是从责任分担方式、保障方式上却是完全一样的,经办机构没有必要按照农民和市民来区别。继续认真做好农村低保、新型农村合作医疗、自然灾害生活救助、社会福利、农村五保供养、农村医疗救助等工作,切实加快新型农村社会养老保险、农民工社会保险、被征地农民社会保障工作推进步伐。农村社会保障制度的建立时间不能一刀切,应按步骤分期实施。应尊重地区实际差异,在不同的地区建立不同程度的社会保障标准,社会保障模式也应因地制宜,鼓励东部地区带动和帮助中西部地区发展,加大对革命老区、民族地区、边疆地区、贫困地区的扶持力度。加快破除

城乡二元体制,更加注重发展农村社会保障事业,努力缩小城乡差别。要解决城镇化过程中农民工的社会保障问题,为不稳定就业的农民工建立过渡性的农民工养老保险制度,并根据农民工最终流向实现与城镇职工基本养老保险制度和农村养老保险制度的过渡和衔接。在制定出台农村社会保障各项制度的过程中,要从实际出发,统筹考虑城乡衔接、新老衔接、地区衔接问题,切实保障农民权益。如新农保、被征地农民社会保障、农民工社会保障、农村低保、农村五保、农村低保与农村社会救济、新农合与农村医疗救助、计划生育奖补政策等制度,都有一个制度衔接问题,有的还有一个关系转续的问题。要建立科学合理的农村社会保障待遇确定和调整机制,农村社会保障制度提供的总体待遇水平应与我国农村生产力发展水平相适应,做到适度而不过度。农村社会保障制度内部不同项目之间以及不同群体之间的待遇水平要相互衔接,不能人为地扩大差距,引发矛盾。各项农村社会保障待遇水平的调整要机制化,建立健全与 GDP 增长率、物价水平或收入水平等指标联动的更加透明、更加科学有效的待遇调整机制,尽可能减少人为因素。总之,应以新型农村社会养老保险制度为重点,创新构建统筹城乡发展的制度统一、保障水平适度、相互协调且互为补充的农村社会保障体系。

(三)创新农村社会保障管理体制,明确政府的主体责任

1.明确政府的主体责任。中国农村社会保障制度发展缓慢的原因是多方面的,但农村社会保障薄弱的最根本原因,是政府对农村社会保障责任承担的缺位。在农村社会保障制度建设中,政府应当充当主角,承担主导责任,全面统筹管理农村社会保障工作。政府责任主要包括领导管理责任、引导责任、利益主体的协调责任和资金的监管责任等。政府应当构建和经济发展水平相适应的农村社会保障制度的基本框架,制定农村社会保障制度建设的远景规划与近期规划。明确中央和地方在农村社会保障领域的分工和财政责任,要建立社会保障预算,逐步加大各级财政对社会保障的支持力度。

2.创新管理体制,彻底消除"条块分割、多头管理"现象,使管理机制更加统一、规范、有序。要实行社会保障大部制,将民政部负责的农村低保和五保供养职能、卫生部负责的新农合职能交由新成立的人力资源和社会保障部负责,形成社会保障集中决策、城乡社会保障统一管理的良好局面。

3.高度重视社会保险基金(农村养老保险和新农合)的监管与保值增值工作。有关部门按职责进一步加强基金监管,通过建立民主、科学的农村社会保障的监管机制,强化对农村社会保障资金的收缴、运营、发放等具体业务环节

的监管责任,并加强社会监督,定期披露信息,实行业务公开和信息定期发布制度,增强工作的透明度,每年在行政村范围内公示,从内部控制和社会监督两方面保证基金安全,既防止资金被挤占挪用,也防范冒领、诈骗等风险;建立风险控制机制,严格内部管理,建立健全相应的财务核算、审计监督等项制度,防范、化解市场和道德风险,确保基金安全。要走中国特色的保值增值之路,在确保资金安全的前提下,通过购买国债或金融债券等方式实现资金的增值。基金增值也可以考虑实业投资,比如,投资南水北调、高速铁路等等,既安全又有较高的收益回报。

(四)创新农村社会保障法律体系,完善政策配套实施

1.创新农村社会保障法律体系。中国社会保障的立法建设是薄弱环节,应尽快制定和颁布《农村社会保障法》,把广大农民纳入社会保障范围,明确受保人与社会保障机构的权利和义务,在农村社会保障应遵循的原则、农村社会保障的主要内容及形式、管理体制、资金来源与发放、保障项目的标准、社会保障的监督、法律责任等方面做出明确具体的规定,使农村社会保障工作真正实现"有法可依"。同时,各级人大和政府可以根据各地农村的实际在不与全国性法律法规抵触的前提下,"因地制宜"地出台相应的地方性法规、规章,以便于农村社会保障工作的顺利实施。

2.完善政策配套实施。中央有关部门和各级地方政府必须拟订农村社会保障发展规划,明确农村社会保障的发展目标、思路、原则和实施步骤,制订周密配套的政策实施方案,并根据东、中、西部的具体情况明确具体的实施目标和任务,按照城乡统筹发展的要求,逐步打破城乡二元社会保障结构,通过改造"土地＋家庭"、"集体＋家庭"等农村社会传统保障模式,健全包括农村养老保险、合作医疗、最低生活保障、灾害性(弱势群体)救助等基本制度,建立农村非农产业群体社会保障机制,构建城乡社会保障相衔接的通道,探索与农村经济发展水平相适应、与其他保障措施相配套的农村社会保障模式,使农村社会保障制度既符合市场经济的规律,又能体现社会主义制度的特点。

3.认真贯彻实施相关的法律政策。《中华人民共和国社会保险法》的出台,宣告了我国以政策为支柱的社会保险时期的结束,以及以法律为支柱的社会保险时期的到来。它从国家立法层面上确立了国家建立基本养老保险、基本医疗保险、工伤保险、失业保险、生育保险等社会保险制度,保障公民在年老、疾病、工伤、失业、生育等情况下依法从国家和社会获得物质帮助的权利,其中凸显的四大亮点,即养老医保"异地漫游"、养老保险"全国统筹"、社会保

险保费强化征收、监管"盯牢"保命钱,体现出统筹城乡的原则,突出了参保人员的合法权利,彰显了平等保障人民基本生存权利的精神。法律和政策的生命力在于贯彻实施,《社会保险法》的颁布,为我国覆盖城乡全体居民的社会保险制度的实现打下了坚实的基础。但新法律的落实,还有待于我们克服经济发展中的瓶颈和城乡有别的现实,多加强宣传普及,认真贯彻执行。

(五)创新农村社会保障筹资模式,建立缴费激励机制

1. 积极探索资金筹措的有效途径。农村社会保障体系是一项涉及面广、政策性强、难度大的工作,只有动员社会各方力量积极参与,才能保证这项事业的顺利发展。一是要建立稳定的多渠道筹集社会保障基金的制度,让农村社会保障资金的筹集从单一主体化走向多元化,使农村社会保障的筹资机制由个人缴费向个人缴费、集体扶持和政府资助相结合的形式转化,并通过提高政府和集体对农民参保的补助比例、将失地农民纳入城镇保障、农民工社会保障单位部分强制执行等政策,激励、吸引农民参保,真正使土地成为农村社会保障的基本资源、家庭成为农村社会保障的基本主体、农村非农收入成为农村社会保障的重要来源、国家集体的扶持与社会公众的支援救助成为农村社会保障的有益补充;二是要扩大农村社会保障资金的筹集范围(筹集渠道主要包括:社会捐赠、慈善事业、发行彩票收入、发行社会保障长期债券、国有股减持的一部分转化为农村社会保障基金、国有大型企业的分红充实到农村社保基金、集体或企业的赞助),减小其风险程度,真正通过打破城乡二元社会保障结构、健全农村社会保障机制、使农村社会保障实现社会化,来分散农村社会保障的风险;三是加强农村社会保障资金、资源的管理,通过安全、规范、公平、公正、透明的资金资源使用,使该保障的农民能真正得到保障,该救助的农民能够及时得到救助,让农村社会保障资源充分发挥作用。

2. 建立缴费激励机制。针对新农保、新农合等缴费型的农村社会保障制度,通过政策激励,建立科学、合理、可持续的农民自愿缴费机制。建立新农保和新农合农民个人缴费与待遇挂钩机制,将基础养老金水平和医疗保障与缴费数量和年限适当挂钩,吸引农民参保,激励农民多缴多得。

(六)创新农村社会保障基层服务网络,提高服务效率

1. 加大基层服务网络投入。加强农村社会保障基层工作队伍建设,为基层工作开展农村社会保障提供必要的人力、物力和财力。按业务量核定经办系统的编制,明确经办系统财政全额拨款事业单位性质,做到机构、编制、人才、经费、

工作"五到位",确保国家的社会保障法律、法规在农村得到较好的贯彻落实。

2. 整合经办管理资源,提高服务效率。要在创新管理体制的基础上,整合城镇职工基本医疗保险、城镇居民医疗保险、新农合的经办管理,整合农村养老保障与计划生育奖励扶助制度,整合农村低保(社会救助)与扶贫开发资源,集中社会保障资源,使城乡居民共用同一个管理平台、同一个管理信息系统,一方面,使城乡居民享受基本相同的公共服务;另一方面,方便流动就业劳动者(主要是农民工)参加医保、享受医疗和补偿费用,还可以节省大量的经办平台和信息系统重复建设资源,发挥整合优势,提高系统使用效率,避免人力、财力的浪费,提高服务效率。针对农民居住分散的特点,大力推行社会保障卡,方便参保农民持卡缴费、领取待遇和随时查询本人参保信息。

3. 加强信息系统建设。农村的社会保障既要搞好物质上的基本生活保障,又要完善社会保障服务,建立一个功能齐全、覆盖面广、规范透明的农村社会保障信息服务网络。加强社保、民政、公安、计生、扶贫等各部门系统的协调,逐步推动建设统一的社会保障数据库和公共服务平台,建立横跨农村低保、新农合、农村养老保险多项业务,纵接县、乡镇、村的信息系统,提高基层农村社会保障业务经办能力,为农村社会保障业务的拓展提供有力的技术支撑和保障,更好地为农村居民提供社会保障服务。

(七)创新农村社会保障的"造血功能",发展农村经济

经济发展与社会保障密切相关,经济发展是社会保障的基础,为社会保障提供发展条件。只有把经济发展好,才能建立完善的社会保障体系,提高社会保障水平。在当前我国农村经济发展水平较低的条件下,应当结合各地农村的实际情况,加快农村经济发展,增强自身"造血功能",为逐步建立和完善农村社会保障体系奠定坚实的物质基础。加快农村经济发展,就是从战略的高度给予农村和农业更大的关注,加强农村产业支撑建设,加大对农村和农业生产的投资力度,提高农民综合生产能力,推进农业和农村经济结构战略性调整,加快农业生产方式的转变,使农业发展获得必要的动力和保证,改善农业生产的条件,特别是水利设施建设和土地改良工作。积极稳妥地推进城镇化建设,在农村工业化的推动下,促使大量农村人口有组织、有步骤地向城镇转移,逐步减轻在农村实行社会保障制度的沉重的人口压力。不断拓宽农民就业渠道,提高劳动效率,提高农民素质,增加农民收入,加快农村经济社会的全面发展,为农村实行社会保障制度提供个人缴费资金上的保证,也为创新农村社会保障构成提供强有力的支撑。

第十一章

创新农民就业安居制度
提高城镇化的功效

农民工进城就业既是劳动力市场配置的客观要求,也是市场经济发展的必然结果。农民工进城就业对我国经济社会发展做出了巨大贡献,给农村和城镇带来了双赢的变化。但事实上我国城镇对农民工的态度是"经济接纳,社会拒入",农民工一直处于城镇社会的底层,其应有的权益往往得不到有力的维护。近年来,虽然国家出台了《劳动合同法》、《就业促进法》等维护劳动者合法权益的法律法规,在城乡就业准入方面的限制已基本打破,但农民工在就业机会、就业报酬、就业服务和就业权益等方面,仍与城镇居民存在很大差别。制度障碍是农民工进城就业困难、就业保障不足的重要原因。这就要大胆创新,打破现行影响农民工就业的各种制度限制,尽快制定与完善有利于农民工进城就业的相关制度,有效推进和保障农民工进城就业安居,让农民工共享改革发展成果。这不仅会有效缓解农村富余劳动力的就业压力,发展农村经济,而且有利于加强城市经济建设,加快工业化和城镇化进程,推进城乡统筹发展,促进社会的和谐发展。

一、创新农民就业安居制度的重大意义

(一)是贯彻落实科学发展观的必然要求

科学发展观的要求是统筹城乡发展,而统筹城乡就业是统筹城乡发展的重要内容。统筹城乡就业是就业制度的创新,它要求从国民经济和社会发展

全局和战略的高度,把城市和农村就业作为一个有机的整体看待,一体化地考虑就业与产业政策、投资政策、社会事业发展政策等的关系,不断理顺和优化城乡就业关系,促进城乡劳动力市场一体化和农村劳动力的有序和稳定转移,促进城乡各类要素双向流动,扩大城乡就业,实现城乡就业的统筹规划、良性互动和整体健康发展。只有通过以工促农、以城带乡,使城乡富余劳动力得到有效安置,尽快地更多地将农民从传统农业中转移出来,转变生产方式,增加经济收入,改善生活环境,提高内在素质,才能不断缩小城乡差距,统筹城乡发展才有坚实的基础。

(二)是解决好"三农"问题的必然要求

解决好"三农"问题的关键是要加快发展经济,要从城乡一体化和协调发展的新体制出发,打破有损农民利益的制度壁垒,通过以工促农,以城带乡,加快农村经济社会发展,增加农民收入,改变城乡二元结构。近年来的实践证明,农民在非农产业和城镇就业已成为当前农民增收最直接、最有效的途径。因此,解决好"三农"问题的关键是解决农民充分就业问题,就是要创新就业制度,打破传统的利用行政手段将劳动力分割为城镇劳动力和农村劳动力的格局,按照市场经济的要求,承认和实现劳动力择业自由和选择工作地点的自由,让农民工和城镇职工一样拥有平等的就业机会,统筹城乡就业管理与服务,让农民工和城镇职工一样享有公共就业服务,加快农村富余劳动力转移,减少农业劳动力和农村人口,降低农村自然资源的负载率,使土地向务农劳动力稳定流转集中,促进农业和农村现代化。

(三)是实施城镇化发展战略的必然要求

中国城镇化的主体就是农民工,中国城镇化的核心问题就是农民工问题。实施城镇化发展战略不仅是城镇在空间数量上增多、规模上扩大、功能上提升的过程,也是农业劳动力向非农产业转移、农业人口转变为非农业人口并向城镇集聚的过程。我国已进入城镇化加速发展期,如果继续将农民排斥在城镇化和工业化进程之外,我国经济的结构性矛盾将更加突出和尖锐,产业结构优化升级更加困难。近年来,我国城镇化水平的提高在很大程度上主要来源于农民工进城就业,沿海各省份城镇化率的提高,主要来自进城农民工的不断增加;内地各省份城镇化率的提高,主要来自农民工离乡人数不断增加。而加强传统产业的技术改造,发展先进制造业,加快发展战略性新兴产业,都需要为农民工在城市定居创造条件,努力造就一支稳定的熟练工人队伍。所以,实施城镇化发展战略必须坚持速度与质量并重,把城镇化快速推进与质量提升有机结合起来,促进城镇化从单纯追求速度型向着力提升质量型转变,全面提高城镇化的质量,要解决农民的市民化问题,要创新就业制度,让农民工能在城镇定居,使企业能形成稳定的、不断积累经验和技术的产业大军,对企业的人力资本积累、技术进步和产业升级创造积极的条件,加快产业结构优化升级,促进国民经济平稳较快发展,使城镇化发展战略健康发展。

(四)是促进社会和谐发展的必然要求

创新就业制度推进农民工市民化涉及几亿农村人口转入非农产业和城镇的社会经济结构变迁,涉及几亿农村人口生产方式和生活方式的转变,是我国社会主义现代化进程中一个重大战略问题。这个问题处理得好,我国的现代化进程就可以比较顺利,处理不好也可能造成重大的不稳定因素。我国长期以来实行的是城乡分治的户籍管理制度,农民工长期处在城市的边缘,只被当作廉价劳动力,不被城市认同、接纳,乃至受到忽视、歧视或伤害,融不进城市社会,享受不到应有的权利,这必然会累积很多矛盾。因为他们自身的合法权益难以得到保护,必然也会导致他们对城市社会普遍怀有疏离感和缺乏责任意识,不稳定隐患随时随地都有可能爆发,对构建和谐社会产生威胁。因此,要站在构建和谐社会战略的高度,充分认识到在实现现代化的进程中创新就业制度推进农民工市民化的重要性,把以人为本、公平对待、一视同仁作为解决好农民工问题的根本要求,以稳步推进农民工市民化为方向,以扩大农民工转移就业、保障农民工合法权益、完善农民工公共服务和安置农民工进城安居为重点,加快推进劳动就业、义务教育、公共住房、社会保障、户籍等制度的改革,允许符合条件的农民工在城镇就业和落户,转变为城镇居民,逐步形成农民工与城市居民身份统一、权利一致、地位平等的公共服务制度体系,促进农民工共享改革发展成果,构建平等和谐的城乡关系,确保社会和谐发展。

二、农民就业安居制度的主要障碍

改革开放以来,中央提出了对农民进城务工就业实行"公平对待,合理引导,完善管理,搞好服务"的方针,颁布了《国务院关于解决农民工问题的若干意见》,形成了较为完整的农民工政策体系,在清理与取消针对农民进城就业的歧视性规定和不合理收费、简化农民跨地区就业和进城务工的各种手续、保护进城务工农民的合法权益等方面出台了一系列政策。各地区各部门将农民工工作摆在重要位置,突出解决好转移培训、权益维护、社会保险、子女入学等农民工最关心、最直接、最现实的利益问题,在推进农民工市民化方面进行了很多有益的探索。但总的来看,保护农民工合法权益的长效机制还没有形成,农民工管理制度还没有从根本上摆脱城乡分割二元体制的影响,农民工在城镇社会中找不到自己的位置,被封闭的城镇体制抛向城镇公共政策和城镇管理的社会边缘,被限制享有城镇的公共资源,这种边缘化的趋势,有其深刻的历史背景和多种原因,但最严重的是制度障碍。就业制度、户籍制度、不完善的社会保障体系以及不平等的教育体制所形成的约束,在某种程度上成为一种强制的力量将劳动力市场分割开来,它们是城乡一体化就业的最重要的制度障碍。

(一)就业制度

传统计划体制下,劳动力从制度上被分割为城镇劳动力和农村劳动力,而且实行不同的就业政策。在城镇,政府通过统配制实行"劳者有其岗",在农村,则通过全面推行土地改革实现了"耕者有其田",靠土地实行自然就业。市场经济体制下,虽然对就业制度进行了渐进式的改革,但创新还很不到位,农村劳动者在求职、就业、管理等方面仍遇到不平等待遇。

1. 农民工进城就业机会相对有限。一方面是城乡劳动力市场分割依然严重,现行的有关制度在招工程序、比例、领域、行业工种等方面仍倾向城镇居民,就业与促进就业政策大多针对城镇下岗失业人员,那些好的工作都要求本地城镇户口,把脏的、累的、难的、险的、苦的留给农民工,农民工不能平等地获得就业机会。另一方面是农民工组织化程度低,进城农民工以非正规就业为主,大多数是没有经过组织的,是以亲友老乡介绍外出就业为主,在城镇不同的地方、不同的行业、不同的单位,各做各的事,各找各的工作,最多是以少数的乡缘、地缘、血缘等联系在一起。这两方面情况导致虽然农民工能吃苦、不怕累,但进城就业仍存在困难。

2. 就业服务援助制度不覆盖农民工。就业信息的建立与发布、就业免费服务和培训、就业与再就业扶持政策、困难群体就业援助制度等基本上不把农民工纳入服务范围。就业渠道与信息不通,公益性职业介绍机构对于农民工更多的是摆设,为农民工服务的中介组织较少且不规范,黑中介仍屡禁不止,整顿治理不力,农民工常常受害。农民工就业培训机会少。农民工难以自由地进入城镇的劳动力市场,对职业的选择性较窄,主要集中在没有技术含量的苦力工作,从事职业危险性较大的工作。农民工有1/3从事建筑劳务,工作条件恶劣,劳动安全卫生保护措施不到位,时刻受到职业病与工伤事故的威胁。

3.劳动用工管理不规范。大多数用人单位不依法与农民工签订劳动合同,滥用试用期、把农民工作为廉价的临时工使用,随时可能解雇;有签订劳动合同的则是存在不少合同期限短、内容不规范、履约不理想的问题。农民工超时劳动比较普遍,农民工工资水平普遍偏低,城乡劳动者同工不同酬,缺乏正常的工资增长机制。有的地方农村劳动力进入城镇就业,还要被强制性收取管理费、用工调节费等。

4.农民工权益难保护。农民工的就业权、休息权、获得报酬权、伤残获得医治权、人身自由权等屡遭侵害,职业病和工伤事故较多。大多数农民工不会自觉运用正规渠道解决问题,也没有主动向劳动、工会、妇联等部门反映其权益受到侵犯问题,相关部门维权职能发挥不够。

(二)户籍制度

1.户籍制度制造了等级和利益差别。壁垒是农民工身上的最大枷锁,是"农民工"概念产生的根源,也是农民工无法与城镇居民处于同等地位、享受同等权利的最终根源。现行户籍制度人为地划分出农业户口和非农业户口,并附加户籍制度以外的一些社会功能,导致了城镇和农村居民在最低生活保障、经济适用房或廉租房住房保障、社会保险、征兵、退伍兵安置、优抚对象的抚恤优待甚至交通事故赔偿上的待遇差别问题,使农民工只能作为城镇的暂住人口,不能享受与城镇居民平等的权利,人为地制造了等级和利益差别,加深了城乡分割的裂痕,造成了对农民工的歧视,无法使农民工在城镇安居乐业。

2.户籍制度成为农民工权益保障的障碍。户籍制度抬高了农民工进城的门槛,使城镇化进程处于僵持状态,成为农民工谋求机会公平、待遇平等、权益保障的障碍,限制了农民工融入城市社会。由于现行的选举制度与户籍制度直接联系在一起,按现行的选举法及相关法规规定,农民工不能在就业地参与所居住社区的选举。这使得农民工长期游离于城市政治生活之外,利益诉求难以在城市公共政策的制定中得到充分反映,农民工的利益诉求在很大程度上都是通过间接渠道表达的,如新闻媒体的关注等,这就使得他们的利益表达具有一定的时间滞后性。一旦成为社会关注焦点,往往是以突发事件和危机处理方式出现的,具有群体伤害性和社会破坏性的特点。我们还不能忽视的是这种户籍制度所形成的心理状态:农村人口流向城市是一种地位的向上流动。这种心理状态导致农村人口简单地以流向城市为目标,给城市的管理带来巨大的压力。

(三)社会保障制度

长期以来,我国社会保障体系并存着两个相互独立又相互联系的层次,城镇企事业单位中的就业人员享受着相对较为完善、水平较高的社会保障服务;而农村广大居民在这方面的情形恰好相反,主要依靠家庭保障而缺乏社会保障。所以,我们的社会保障制度有一个严重的缺失:没有将农村人口纳入进来。城市的社会保障也不是开放型的,大量在城市工作的农民工无法享受城市的社会保障,这两方面都使农民工有着很大的后顾之忧。一是农民工不能享受城镇低保。由于城市和农村最低生活保障是按属地管理原则审批和确定低保对象,所以农民工难以纳进流入地城市的低保范围,不能享受城镇低保。二是农民工参加养老保险的比例很低。这既有农民工就业状态不稳定而难参保等客观存在的问题,也有用人单位怕参保增加人工成本、地方政府担心推进农民工参保会影响本地投资环境等主观方面的问题。还有现行制度不适合农民工方面的问题:参保费率相对偏高和养老保险接续麻烦。三是大多数农民工还没有参加城镇医疗保险。由于新农合以县为单位统筹,参合农民工在务工地就医不能即时即报,住院费用补助率也较低,他们迫切希望能像银行"一卡通"那样,建立新农合的跨区域结算体系。四是覆盖农民工的城镇住房保障体系还没有建立。从农民工的居住方式看,目前,农民工在城市居住主要靠三种渠道解决:由用工单位提供住房、租房和购房。从大城市特别是东部沿海地区情况来看,在城乡结合部租房的农民工占大多数,购房的很少。城市的经济适用房、廉租房等公共住房基本上不对农民工开放,农民工住房仍游离于城镇住房保障体系之外。这些情况与农民工希望定居城镇的意愿形成鲜明对照,并成为他们进城就业安居的障碍。

(四)教育制度

目前,我国农村基础教育规模是城市基础教育的两倍,但它所得到的教育经费投入总量却还不到城市的一半,农村教育经费投入严重不足。虽然新成长的农村劳动力素质有所提高,但是从整个农村劳动者队伍的素质来看,仍然不能满足经济发展的需要。农村劳动力的文化素质和技术素质明显偏低,影响了城乡就业一体化工作的顺利实施。农民工在城镇就业和居住越稳定,越期望子女完全融入当地教育制度安排,随着农民工数量的逐年增加,农民工随迁子女的教育需求也日益增长，许多城市公办学校教学资源未能相应扩充，还有相当多的农民工子女就读于农民工子弟学校。民办的农民工子弟学校教学条件普遍不高，收费标准参差不齐。我国高中教育还没有纳入免费义务教育范围，农民工家庭高中阶段教育负担较重，由于负担重，农民工子女初中毕业后弃读高中的现象比较普遍。

三、创新农民就业安居制度的对策

　　长期以来，我们的观念是只注意经济发展为主导，忽略了社会协调发展，注重的是廉价农民工资源的索取与利用，没有同等关注农民工的切身利益、生活质量和人力资本的培育提升。这种没有更新的农民就业、安置和待遇模式已不适应以人为本的科学发展观指导下的市场经济发展新阶段新环境的要求了。因此，必须把以人为本、公平对待、一视同仁作为解决好农民工问题的根本要求，创新农民就业、安置和待遇等方面的制度、政策与模式，要以扩大农民工转移就业、保障农民工合法权益、完善农民工公共服务和安置农民工进城安居为重点，加快推进劳动就业、义务教育、公共住房、社会保障、户籍等制度的改革，允许符合条件的农民工在城镇就业和落户，转变为城镇居民，逐步形成农民工与城市居民身份统一、权利一致、地位平等的公共服务制度体系，寻求经济与社会发展的协调与平衡，确保进城农民在就业、住房、养老、医疗、教育等方面与城市居民同等待遇，实现农民工"上岗有培训，劳动有合同，工资有保障，伤病有保险，维权有渠道，环境有改善"的目标，确保农民工共享改革发展成果、安居就业，提高城镇化的功果，为构建和谐社会打下坚实基础。

（一）加快劳动用工管理制度创新，切实维护城乡劳动者权益

　　1. 构建平等就业制度。构建平等的就业制度是农民安居就业的前提。一是在就业市场准入上要实现劳动者平等获得就业机会的权利。加快劳动用工制度创新，逐步打破城乡区域和身份户籍界限，取消各种限制农村劳动力进城务工就业的政策规定和制度障碍，逐步形成城乡劳动者平等的就业制度。城乡就业一体化并不是简单地解决农村剩余劳动力转移这样的问题，它还倡导公民以自身条件赢得就业机会，让农民与市民在统一的劳动力市场上进行公平、公正、公开的就业竞争，劳动力供求主体双向自由选择确定劳动就业关系，从而让进城农民就业合法化、制度化和效率化。二是要实现农民工平等获得

劳动报酬的权利。在劳动关系上要实现农民工平等获得劳动报酬的权利,包括建立农民工工资合理增长机制,加强劳动者与企业谈判的平等地位,改善劳动条件和劳资关系,实现同工同酬等。要消除各种用工歧视,为城乡劳动者搭建公平的就业平台,构建和谐劳资关系,维护农民在城镇就业的合法权益。

2.统一农民工就业管理。改革城乡分割的就业管理体制,改变多头管理的现象,确定农民工就业工作由劳动保障部门负责实施,加大财政投入,集中政府分散的就业扶持经费、发挥其最大效应,并且健全"培训—就业—维权"三位一体的工作模式。其他相关部门以大局为重,切实配合和协助,消除部门利益之争,切实解决农民工问题统筹城乡发展。劳动保障部门的职能应由城镇延伸到农村,统筹开发城乡劳动力资源,疏通城乡两条就业渠道,对进城务工农民进行科学有效地指导和服务,提高他们的组织化程度,引导农村劳动力向城镇有序转移。统筹城乡就业的工作重点在基层,难点在村居(社区)。各地劳动保障部门要通过认真调研,采取先试点、后推广的方式,在居(村)委会一级探索设立就业服务平台(如劳动保障工作站),配备兼职劳动保障协管员,形成覆盖城乡、功能完善的劳动管理和就业服务网络,为广大求职者提供职业培训、职业指导和职业介绍等就业服务。

3.完善劳动合同制度。一是推行和落实劳动合同制度。为维护城乡劳动者的劳动权益,改善劳资关系,要注重在各类企业全面推行和落实劳动合同制度,所有用人单位实行法定代表人或负责人负责制,必须依照法定程序直接与农民工本人订立并履行劳动合同,不得以劳务派遣合同、集体合同或与包工头的合同代替与农民工个人的劳动合同。明确与之建立了劳动关系的农民工也是用人单位的职工,实行城乡劳动者同工同酬,逐步健全工时、休息、休假等各项基础标准,科学合理地确定劳动定额,进一步健全最低工资制度。必须将农民工工资按月足额直接发放到农民工本人。加强对用人单位支付工资情况的日常巡查、举报专查和专项检查,对发生工资拖欠的用人单位,要依法从严处罚,在欠薪高发行业和企业建立工资保证金制度。二是做好劳动用工备案制度。用人单位自用工之日起即与劳动者建立劳动关系,应当建立包括农民工在内的职工名册备查,并应到登记注册地的县级以上劳动保障行政部门如实办理劳动用工备案手续。

4.建立统一的劳动力市场。一是加快培育和完善城乡劳动力市场体系。为促进城乡劳动力合理、有序流动,政府应加快培育和完善城乡劳动力市场体系,真正实现用人单位与劳动者双向选择。一是构建劳动力统一市场。政府应进一步整合劳动力市场(包括劳务市场、人才市场),将城乡分割、行业分割、部门分割的劳动力市场统一起来,消除劳动力市场分割局面,并按照"科学化、规范化、现代化"标准以及"制度化、专业化、社会化"的新"三化"要求,逐步完善市场服务设施和服务机构,为促进城乡所有劳动者就业提供有效载体。二是所有的劳动力市场要城乡一视同仁。所有的劳动力市场、行业、工种、企业、事业、机关对农民工免费开放,农民工只要凭身份证就可以进入任何一家劳动力市场,各行业和工种尤其是特殊行业和工种要求的技术资格、健康等条件,对进城就业农民工和城镇居民一视同仁,努力消除对农村劳动力的就业歧视,降低农民工进城的就业门槛。

(二)加快公共就业服务制度创新,建立健全覆盖城乡公共就业服务体系

1.加快建立和健全就业信息网络。一是建立全国统一的劳动力市场信息服务平台。要尽快建立全国统一的劳动力市场信息服务平台,特别是省级劳动保障部门要掌握好不同地区、省、市的劳动力供求信息,建立覆盖农民工的就业信息服务系统,构建劳动力供需信息公共网络,对进城务工农民进行科学有效地指导和服务,努力让流动的农民都能得到及时有效的信息,提高他们的组织化程度,引导农村劳动力向城镇有序转移。有条件的地区,要尽快建成省、市、县、乡镇四级联通的劳动力市场信息网络,开通远程可视招工系统,逐步实现职业介绍和就业服务工作运用计算机管理,运用市场机制和信息网络,大力提高服务效率和服务质量。二是建立广覆盖的信息公开制度。信息交流不畅已成为制约农民工就业的一个瓶颈,各级劳动力市场信息中心、职业培训机构以及正规的职业中介机构应当建立统一的信息网络以减少信息不对称的副作用;统一集中各职业介绍机构的就业信息,完善信息发布渠道,不仅要在劳动力市场和互联网上公布,而且要在报刊等媒体上公布,还可以发送各种宣传资料,使农民工普遍能够平等获取可靠、有效、优质的就业信息。同时要将就业服务信息延伸到乡村,通过建立乡村劳务组织、配备劳务输出指导员或协理员,将就业信息和就业服务及时有效地提供给农村劳动者。并通过就业信息宣传单、手机信息发布网、"就业信息服务摊"使农村劳动者得到便捷的就业信息服务。三是要积极培育劳动力市场中介组织。政府要积极培育劳动力市场中介组织,扩大劳务信息服务,增强市场透明度,降低供需双方的交易成本,为进城农民就业提供有效高质服务。要进一步加大对劳务中介市场和用工市场的清理整顿力度,取消各种不合理收费,坚决打击假借招工之名坑骗农民钱财的行为。

2.完善就业和创业培训机制。一是建立开放的就业培训制度。各级政府部门要把对进城农民的培训教育作为自己的一项重要职责,实施农村劳动力转移"阳光工程",健全劳务培训和输出网络,建立健全支农信息平台,为农民培训和择业提供服务。紧密结合城镇就业岗位的需要,整合各类培训资源,分级制定农村劳动力转移培训与农村实用技术培训计划的发展目标与政策措施,抓好对进城农民的各种职业技能培训,培养和造就有文化、懂技术、会经营的新型农民,全面提高农民素质,提高进城农民的就业竞争力。培训应坚持自愿原则,由农民工自行选择并承担费用,政府给予适当补贴,允许农民工低息或全额贴息贷款参加培训,对通过技能鉴定或获得技能资格证书的给予补助或奖励,对技能培训合格的优先推荐就业。用人单位应对所招用的农民工进行必要的岗位技能和生产安全培训。劳动保障等有关部门要对各类培训机构加强监督和规范,防止以培训之名,对农民工乱收费。二是加强返乡创业培训。加强返乡创业培训,增强农民创业能力,努力营造更加广阔的农民创业平台,加快县域经济发展和城镇化建设步伐,结合地方产业特色和区位特点等要素,搞好市场开发,提供更多的创业机会和创业空间,引导广大农民群众进城入镇、经商创业,鼓励务工人员返乡创业,推动"回乡创业工程"进一步发展,拓宽城镇就业空间。

3.建立平等的就业激励制度。鼓励用人单位招用农民工,根据招用农民工的人数给予融资担保和一定数额的税收减免,缴纳社会保险费的给予社会保险补贴,对小企业给予小额贷款,对重点企业给予贷款贴息,就业培训经费计入成本在税前列支;采取补贴或奖励等办法鼓励公共职业介绍机构对农民工免费提供职业介绍服务;鼓励农民工自谋职业或回乡创业,对农民工从事个体经营的,给予定额的税收减免,免缴登记类、证照类和管理类的各项行政事业性收费,自筹资金不足的,还提供小额担保贷款与贴息。漳州市劳动和社会保障局、市总工会、市妇联于 2012 年 1 月至 3 月在全市范围内共同开展以"搭建劳务对接平台,帮您尽早实现就业"为主题的"春风行动"。服务对象一方面是各类有转移就业意愿的农村劳动者,重点是准备进城务工的农村新成长劳动者和各类有就业意愿的城镇劳动者。另一方面是各类有招聘用人需求的用人单位,重点是各地推荐的"用工规范诚信企业",要求走访、宣传、服务、政策的到位。2012 年 2 月 1 日在市中山公园举行 2012 年春季大型劳动力招聘会,250 多家企业参加现场招聘,提供 60 多个工种 18 000 个就业岗位,有14 000 多人参加招聘会,共计 3 608 人达成就业意向。

4.建立公平的就业援助制度。为农民工建立临时性、应急性的社会救济,建立城乡统一的就业和失业登记制度,实行覆盖城乡的社会失业调查制度。将进城符合一定条件的农民工分别纳入现行的再就业政策扶持范围和困难就业援助范围,依照城镇居民的相关规定相应享受再就业政策,按比例安排残疾人就业,对困难人群免费进行技能培训、免费提供就业岗位及生活救助等援助。

(三)确立"就业优先"的政策基本取向和制度创新,创造更多就业机会

1.加大政策支持就业力度。一是在编制国民经济和社会发展规划时,始终把扩大就业摆在经济社会发展的突出位置,积极发展就业容量大的劳动密集型产业、服务业和各类所有制的中小企业;二是在制定产业政策时,坚持把引导包括农民工在内的各类人员就业作为促进相关产业发展的重要目标,加大对现代农业和服务业的投入支持力度,大力发展采用先进技术的劳动密集型产业,并运用就业政策工具,鼓励创造就业。

2.推进体制机制创新,创造更多就业机会。好的制度能创造出无穷的就业机会,这对于我国经济结构的根本性调整和经济、社会的长远、可持续发展,都具有基础性作用。制度创新能创造更多就业机会,因为很多就业机会是通过制度创新来释放的。打破行政性垄断、降低服务业门槛就可以培育无数就业机会。如解除政府对城市出租车营运的管制,将能创造200万个就业机会。除了出租车行业,电力、石油、电信、医疗、教育等领域,都有巨大的打破垄断、降低门槛以释放民间活力的空间。

(四)建立城乡真正统一的户籍制度,确保农民工在城镇行使民主权利

1.改革户籍与福利合一户籍制度的户籍制度。现行的户籍制度是统筹城乡经济社会发展过程中的核心问题,尽管国家为适应经济发展的需要,对户籍管理制度进行了一系列改革,但一些地方并没有完全按照国家的有关规定执行。全国大多数省份宣布实现城乡统一登记的居民户口制度,但是附着在户籍制度上的公共服务和福利制度并没有发生实质改变,特大、大型乃至一些中等城市的户籍改革也基本没有放开。各户籍制度改革试点地区在政策设计上,原则上规定具有稳定工作、稳定收入和稳定住所及一定工作、居住年限的农民工,可以在城镇落户并享有与当地城镇居民同等的权益,但实际上落户的前置条件还很多,农民工难以真正在城镇落户。所以,创新户籍管理制度,就

要逐步改革户籍与福利合一的社会管理制度,不把获得城市户籍与放弃农村土地权利挂钩,逐步消除户籍人口与非户籍人口之间的不平等待遇和差距,还原户籍的人口登记功能,突破以户籍与福利合一的社会管理制度,将户籍与福利脱钩,这才是户籍制度改革的根本方向所在。成都和浙江等地方对户籍管理制作出了重大改革,放开户口后没有产生消极影响,也没有产生人们担心的社会震荡。有条件的地方可从实际出发,实行按居住地登记户口的制度,除保留户口簿、居民身份证、居住证外,其他证件一律取消,依据合法固定住房与出生地来决定户口所在地,切断户口与利益之间的关联,从根本上消除对农民工的歧视。

2.确保农民工在城镇行使民主权利。农民工在城镇行使民主权利,既是农民工权益保障的重要内容,也是推进城镇改善服务的重要手段。"十二五"时期,要进一步探索福利与户籍脱离的人口社会管理制度,建立健全推进农民工市民化的长效管理机制,推进农民工行使民主权利,促进农民工在城镇当家做主。一是大力推动农民工融入城市社区。构建平等开放的城镇社区,创建多种形式的农民工参加城市管理渠道,鼓励农民工参与社区自治,增强作为社区成员的意识,提高自我管理、自我教育、自我服务的能力。丰富农民工的文化生活,切实保障农民工的文化权益。推动农民工参与社区的公共活动、建设和管理,发展与城市居民的交往、互信和互助,使城市社区成为农民工和当地居民共建、共管、共享的社会生活共同体。二是使农民工的利益有制度化的表达渠道。要建立健全农民工依法参加城市社区民主选举和管理的制度,逐步增加农民工在流入地党代会、人代会代表和政协委员的名额,推动农民工参政议政,以民主促民生。让农民工参加工作单位和居住社区的民主决策、管理和监督活动,农民工通过参加基层选举和管理维护自己的权利,自觉运用正规渠道反映问题,农民工的利益诉求能直接和及时反映并得到合理有效解决。

3.维护好农民工的合法权益。涉及农民工的诉讼案件原则上适用简易程序快速审理,减免诉讼费,降低农民工诉讼的资金和时间成本,及时采取必要的诉前与诉讼保全措施,确保农民工的合法权益能得到及时有效维护。要健全劳务纠纷协调仲裁机构,加强队伍建设,精简劳动争议仲裁机构、对农民工申诉的劳动争议案件依法简化程序,减少环节,缩短时限,及时受理,快速审理,减免费用;解决好拖欠工资、劳动环境差、职业病和工伤事故频发等突出问题,维护好农民工的合法权益,为进城农民创造一个良好的社会环境。

（五）加快社会保障制度创新，促进农民工在城镇落户定居

无论是在城市还是在乡村，劳动力自由流动的一个重大后顾之忧就是社会保障问题。但由于目前城乡经济社会条件相差甚远。农民的社会保障基本处于无助的自然状态，试图让城乡两种不同水平的保障制度马上并轨，一下子实行统一的社会保障制度是不现实的，需要根据实际情况，实行城乡有别、地区有别的策略。

1. 建立有效覆盖农民工的社会保障体系。要继续完善农民工参加各类社会保险项目的办法，切实提高农民工参保比例和保障程度。探索打通城保和农保的有效管理措施，搭建五种保险统一管理的大社保平台，提高养老保险对农民工的覆盖面，逐步建立个人缴费、单位匹配、国家补贴的参保办法，促进农民工有能力同等参加城镇职工社会保险，健全农民工医疗保障制度，切实落实工伤保险，实行"同命同价"政策，农民工受伤或死亡，赔偿标准与城镇居民一样，解决农民工的大病医疗保险和疾病住院医疗保险，确保农民工看得起病，将符合一定条件的农民工纳入最低生活保障与失业保险范围，缩小城乡保障方面的差别。

2. 建立覆盖农民工的城镇住房保障体系。保障性住房已成为当前农民工最迫切要求解决的问题之一，完善农民工住房支持政策，逐步将农民工住房纳入城镇住房保障体系，是提高农民工生活质量和促进农民工社会融入的必然要求，也是实现市民化安居乐业要求的一个重要支撑点。要顺应城镇化发展趋势，稳步推进覆盖农民工的城镇保障性住房体制改革，促进农民工市民化，建立多层次住房供应体系，多渠道改善农民工居住条件，促进农民工在城镇落户定居。

（六）加快农村教育制度创新，逐步缩小城乡教育水平的差别

由于农村劳动力整体素质不高，劳动力转移供给和城镇劳动需求之间存在一定偏差，即使户籍和就业的"篱笆"完全撤除，农民进城也会遇到人力资本短缺的问题。所以要加快农村教育制度创新，逐步缩小城乡教育水平的差别。一是政府要更多地承担农村义务教育的责任。各级政府尤其是中央政府要更多地承担农村义务教育的责任，切实保障农村基础教育的经费投入，保障九年制义务教育阶段的经费投入。二是着力发展职业技术教育。积极探索适应我国产业发展需要，符合劳动者就业创业要求的职业培训、再培训机制。重视抓好新成长劳动力和农村青年的技能型、实用型、管理型培训，提高劳动者的素

质。特别要重视对农村青年实施免费职业技术培训,让他们掌握一技之长,提高就业竞争力。三是鼓励社会力量开展各类职业培训。引入市场机制开展职业培训,有利于调动社会各方的积极性,提高职业培训的效率。各地要充分发挥各类民办培训机构的作用,在严格培训标准和质量管理的前提下,以政府出资购买培训成果的方式,鼓励各类培训机构公平竞争,实现劳动者就业创业培训的市场化。

参考文献

1. 中发(2000)11 号文件,即中共中央、国务院《关于促进小城镇健康发展的若干意见》。

2.《中共中央关于构建社会主义和谐社会若干重大问题的决定》,人民出版社 2006 年版。

3. 仇保兴:《和谐与创新——快速城镇化进程中的问题、危机与对策》,中国建筑工业出版社 2006 年版。

4. 孔祥智:《制度创新与中国农村城镇化》,中国经济出版社 2001 年版。

5. 胡顺延、周明祖、水延凯等:《中国城镇化发展战略》,中共中央党校出版社 2002 年版。

6. 潘维、贺雪峰:《社会主义新农村建设的理论与实践》,中国经济出版社 2006 年版。

7. 马戎、刘世定、邱泽奇:《中国乡镇组织变迁研究》,华夏出版社 2000 年版。

8. 马洪、王梦奎:《中国发展研究》,中国发展出版社 2002 年版。

9. 徐勇:《三农中国》,湖北人民出版社 2003 年版。

10. 辜胜阻:《当代中国人口流动与城镇化》,武汉大学出版社 1994 年版。

11. 黄英伟:《农民身份》,新华出版社 2010 年版。

12. 杜鹰、张红宇、黄佩民:《农业法制建设》,中国农业出版社 2001 年版。

13. 王禹:《我国村民自治研究》,北京大学出版社 2004 年版。

14. 赵秀玲:《村民自治通论》,中国社会科学出版社 2004 年版。

15. 詹成付:《村民自治案例集》,中国社会出版社 2005 年版。

16. 丁元竹:《社会发展管理》,中国经济出版社 2006 年版。

17. 李文良:《中国政府职能转变问题报告》,中国发展出版社 2003 年版。

18. 张军:《中国城乡统筹发展:现状与展望》,载《中国乡村发现》2009 年第 13 期。

19. 住房和城乡建设部课题组:《"十二五"中国城镇化发展战略研究报告》,中国建筑工业出版社出版 2001 年版。

20. 国家发展改革委员会城市与小城镇改革发展中心课题组负责人李铁:《我国城镇化的现状、障碍与推进策略》,载《中国党政干部论坛》2010 年第 1 期。

21. 黄学贤、吴志红:《建国以来我国农村的城镇化进程》,载《东方法学》(沪)2010 年第 4 期。

22. 宋爱军:《论农村城镇化建设中农村金融服务体系的构建》,载《中小企业管理与科技》2009 年第 1 期。

23. 邹进泰、邹光、徐峰:《中国乡镇管理体制改革研究》,载《理论月刊》2006 年第 9 期。

24. 张玉华、刘文锁:《乡镇体制变迁的改革出路探讨》,载《党政干部论坛》2005 年第 1 期。

25. 詹成付:《关于深化乡镇体制改革的研究报告》,载《经济研究参考》2006 年第 57 期。

26. 杨连波:《农村金融机构面临的风险及防范对策》,载《财会月刊》2008 年第 18 期。

27. 史卫民:《农地承包纠纷仲裁解决机制的探索与思考》,载《农业经济》2007 年第 7 期。

28. 曹务坤、盛蓉:《完善农村土地承包经营权纠纷调解制度》,载《重庆工学院学报》(社会科学版)2008 年第 7 期。

29. 白呈明:《农村土地纠纷的社会基础及其治理思路》,载《中国土地科学》2007 年第 6 期。

30. 肖文涛、黄保成:《我国乡镇政府职能履行面临的问题及对策研究》,载《中国行政管理》2006 年第 3 期。

31. 陈宗柏:《关于乡镇政务公开的法律思考》,载《四川行政学院学报》2002 年第 5 期。

32. 卢福营:《村民自治的发展方向》,载《政治学研究》2008 年第 1 期。

33. 赵理富:《村民自治与村级党组织的功能转换》,载《湖北行政学院学报》2007 年 6 月。

34. 叶富春：《村民自治的历程、意义和问题》，载《哈尔滨学院学报（社科版）》2003 年第 5 期。

35. 福建省委党校课题组游龙波、张诺夫、温敬元：《关于健全村民自治制度的调查与思考——以福建省村民自治制度为例分析》，载《中共福建省委党校学报》2004 年第 1 期。

36. 赵志疆：《社会保障不足是刺激消费的"短板"》，载《经济研究参考》2009 年第 6 期。

37. 马金岭：《金融危机背景下扩大内需的策略探讨》，载《南阳师范学院院报》（社会科学版）2009 年 8 月。

38. 饶文山：《我国农村居民消费现状分析》，载《经济视角》（下）2009 年 8 月。

39. 宋生瑛：《我国农村社会保障困境的思考》，载《农村展望》2006 年第 11 期。

40. 齐海鹏：《西方国家农村社会保障制度的比较分析及启示》，载《中国集体经济》2007 年第 2 期。

41. 王桂娟、冼一兵：《关于完善农村社会保障制度的思考》，载《中国经济快讯周刊》2002 年第 15 期。

42. 佟茹、曹禺：《农村人口社会保障资金筹集模式探讨》，载《商业时代》2011 年第 14 期。

43. 郑功成：《城乡基本公共服务均等化的成都试验——发展实践、宝贵经验与完善建议》，载中国社会科学院《环球市场信息导报》2011 年第 3 期。

44. 胡晓义：《加快建立覆盖城乡居民的社会保障体系》，载《行政管理改革》2010 年第 7 期。

45. 章辉美：《中国农村社会保障制度的变革与社会发展》，载《社会科学辑刊》2006 年第 6 期。

46. 王军：《中国农村社会保障制度建设：成就与展望》，载《财政研究》2010 年第 8 期。

47. 张国强：《构建城乡劳动者平等就业制度的对策研究》，载《改革与战略》2011 年第 1 期。

48. 史云贵、赵海燕：《统筹城乡进程中的农民权益保障机制论析》，载《四川大学学报》（哲学社会科学版）2011 年第 6 期。

49. 周永康：《适应经济社会发展新形势　加强和创新社会管理》，载《人民日报》2011 年 2 月 21 日。

50.许经勇:《我国城镇化面临四个挑战》,载《福建日报》2010 年 10 月 26 日。

51.周小亮:《协调有序、和谐自然地推进小城镇建设》,载《福建日报》2010 年 10 月 26 日。

52.吴元兴:《城镇化跨越发展要做到"五个统筹"》,载《福建日报》2010 年 10 月 26 日。

53.黄奇帆:《重庆农民工户籍改革的探索》,载《学习时报》2011 年 3 月 11 日。

54.费常泰:《浙江嘉兴推出一元化户籍改革新政》,载《21 世纪经济报》2008 年 6 月 11 日。

后 记

中国城镇化的长期性、艰巨性和复杂性，要求我们必须从实际出发，坚持以人为本、统筹兼顾的原则，遵循城镇化发展规律，创新社会管理，以经济增长方式转型为动力，以提升城镇化质量为主线，完善区域和城乡服务功能，坚持节地节能、生态环保，提高城镇综合承载能力，促进基本公共服务均等化，稳步推进农民工市民化，使城乡居民共享城镇化发展成果。就是这种积极探索可持续发展中国特色城镇化道路的认识，使我在理论上不断学习，并经过大量的基层调查研究，积累材料，撰写了《创新社会管理 实施城镇化发展战略》一书。

在撰写这本书的过程中，不但得到本单位有关领导和同事的热情帮助，也得到许多相关单位的支持，特别是漳州市发改委、长泰县岩溪镇和龙海市角美镇的大力支持；还很荣幸地得到漳州市委党校原分管教学副校长、副教授、离休老干部肖彪的指导和作序。因此，笔者在此表示诚挚的感谢！

作者

2012 年 3 月 28 日

图书在版编目(CIP)数据

创新社会管理　实施城镇化发展战略/罗炳锦著. —厦门:厦门大学出版社,2012.9
ISBN 978-7-5615-4370-2

Ⅰ.①创…　Ⅱ.①罗…　Ⅲ.①社会管理-研究-中国②城市化-研究-中国
Ⅳ.①D63②F299.21

中国版本图书馆 CIP 数据核字(2012)第 215155 号

厦门大学出版社出版发行

(地址:厦门市软件园二期望海路 39 号　邮编:361008)

http://www.xmupress.com

xmup @ xmupress.com

厦门市明亮印刷有限公司印刷

2012 年 9 月第 1 版　2012 年 9 月第 1 次印刷

开本:720×970　1/16　印张:14.25　插页:1

字数:260 千字

定价:35.00 元

本书如有印装质量问题请寄承印厂调换